中國古代地理總志叢刊

太平寰宇記

六

〔宋〕樂史 撰
王文楚等 點校

中華書局

太平寰宇記卷之一百二十三

淮南道一

揚州

揚州，廣陵郡。今理江都、廣陵二縣。禹貢：「淮海惟揚州。」唐虞淮海之間，皆州域也。爾雅：「江南曰揚州。」言江南之氣躁勁，厥性輕揚，故曰揚州。天文斗牛之分，星紀之次。七國時屬楚。秦滅裂楚，爲九江郡地。項羽以封英布。高帝封其兄子濞。景帝四年更名江都國。〔一〕自此或爲郡，或爲國，廢置不恒。前漢揚州無定理。後漢揚州方理歷陽，又徙陰陵。〔二〕魏揚州刺史理壽春。吴自壽春移理建業。元帝渡江，歷江左，揚州常理建業。江都郡立爲南兖州。梁末，入北齊，改爲東廣州。歸陳，復舊名。入周，又爲吴州，置總管府。隋開皇九年改爲揚州，仍爲總管。煬帝改爲江都郡，移于坊内，于州置宫，號江都宫。武德二年，賊帥李子通自海陵率衆攻破州城，遂竊據之；三年，子通爲杜伏威所破，未幾伏威歸化，于潤州江寧縣置揚州，以隋江都爲南兖州，〔三〕置東南道行臺；六年，輔公祏竊號江南，驅擁江北諸州，毁撤宫殿，盡過江南，城遂荒廢；七年，趙郡王孝恭討平公祏，改南兖州爲邗州；九年省江寧縣之揚州，改邗州爲揚州大都督府，督揚、和、滁、楚、舒、廬、壽七州。貞觀十年改大都督爲都督，督揚、滁、常、潤、和、宣、歙七州。龍朔二年升爲大都督府。天寶元年改爲廣陵郡，依舊大都督府。乾元元年復爲揚州。自後置淮南節度使，親王爲都督領使；長史爲節度副大使，知節度事。恒以此爲治所。與成都府號爲天下繁侈，故稱揚、益焉。皇朝因之。

元領縣七。今三：江都，廣陵，六合。四縣割出：高郵，建軍。天長，建軍。海陵，入泰州。永貞。入建安軍。

州境：東西二百二十五里。南北一百六十七里。

四至八到：西北至東京一千四百二十里。西北至西京一千九百四十里。西北至長安二千七百里。東至海五百六里，至泰州九十五里。南至大江三十里，渡江至潤州七十里。西至滁州二百里。北至楚州三百里。東南至海四百里，至泰興縣界八十里。西南至和州三百六十里。西北至泗州二百里。東北至泰州鹽城縣三百六十里。

户：唐開元户六萬一千四百一十七。皇朝户主一萬四千九百一十四，客一萬四千七百四十一。

風俗：其俗輕揚淫泆，好學工文。其民織紝稼穡。

姓氏：廣陵郡四姓：戴、高、盛、游。

人物：召平，廣陵人。封東陵侯。〔四〕　劉瑜，字季節，廣陵人。　陳矯，字季弼，廣陵人。官尚書令。〔五〕　陳琳，字孔璋。善爲檄書，建安才子之一，〔六〕仕魏。　劉敬叔，廣陵人。撰異苑。　張紘，廣陵人。　盛彥，母目失明，因食蠐螬，目遂明。　曹憲，江都人。仕隋爲秘書學士。〔七〕　來濟，江都人。相高宗。父護兒，隋開府，故語曰：「來護兒兒爲宰相，虞世南男爲大匠。」〔八〕　徐鉉，字鼎臣，廣陵人。以文章著，官至太宰。〔九〕　李善，揚州江都人。注文選，爲六十卷。　李邕。善子。

土產：莞席，錦綺，白綾，銅鏡，柘木。

江都縣，舊二十鄉，今二十五鄉。本秦廣陵縣地，屬廣陵。〔一〇〕漢景帝立江都國，遂因國以建縣焉。

大銅山，在縣西七十二里，〔一一〕即漢書稱吴王濞即山鑄錢，此其處也。

蜀岡。圖經云：「今枕禪智寺，即隋之故宮。岡有茶園，其茶甘香，味如蒙頂。」

蕪城，即州城。古爲邗溝城也。〔一二〕漢已後荒毁。宋文士鮑明遠爲賦，即此。

廣陵。按郡國志云：「州城置在陵上。」爾雅云：「大阜曰陵。」一名阜岡，一名崑崙岡，故鮑照蕪城賦云：「拖以漕渠，軸以崑崙。」河圖括地云：「崑崙山横爲地軸，此陵交帶崑崙，故云廣陵也。」

大江，西南自六合縣界流入。晉祖逖擊楫中流自誓之所，南對丹徒之京口，舊闊四十餘里，謂之京江，今闊十八里。魏文帝登廣陵觀兵，戎卒十餘萬，旌旗數百里，臨江見波濤洶湧而歎曰：「吾武騎萬隊，何所用之。嗟乎，此天所以限南北也！」

江都故城，在縣西南四十六里。城臨江水，今爲水所侵，無復餘址。

臨江宫。隋書云：「大業十三年二月，大駕出揚子，幸臨江宫，大會賜食，并百僚亦餞于凝暉殿庭，酺戲爲樂數日。時羽葆初成，霜戈花毿，羽旆龍旂，横街塞陌二十餘里，暉翳雲日，前代羽衛無盛斯時。」

十宫，在縣北五里長阜苑内。依林傍澗，竦高跨阜，隨城形置焉，〔一三〕並隋煬帝立也，曰歸雁宫、回流宫、九里宫、松林宫、楓林宫、大雷宫、小雷宫、春草宫、九華宫、光汾宫，是曰十宫。

東府齋。梁宣城王爲揚州刺史，顧野王及王褒並爲賓客。野王好丹青，善圖畫，王于東府起齋，令野王畫七賢，命王褒書贊，時人稱爲兩絶。

興浦。按圖經云：「興浦朝夕往來，恒有遊濁，及乎一朝清徹，後漢太守范邈表以爲瑞也。」

釣臺。西征記曰：「雷陂有臺，高二丈。」又南兗州記云：「即吴王濞之釣臺。」風亭、月觀、吹臺、琴室，並在宫城東北角池側。沈約宋書云：「徐湛之爲南兗州刺史，營搆亭館，以極遊宴之誤。又于城南起萬歲樓，以望鍾山。」澄月亭、懸鏡亭、〔四〕春江亭，在縣南二十七里揚子宫西。以上三亭，皆隋煬帝置。

雷陂。隋煬帝葬于其側。

厲王胥冢。郡國志云：「廣陵厲王胥冢，歲旱鳴鼓攻之，輒致雲雨。」抱朴子云：「吴主時掘大冢，有崇閣徹道，高可乘馬。有銅人，皆大冠執劍。棺中人鬢已頒白，面體如生，以白璧三十枚藉尸，舉之有玉，形似冬瓜，從懷中墮地，兩耳及鼻中有黄金如棗，此骸骨因假物而不朽之效也。」

江祀。江妃志云：「歲三祀之，以伍員爲配。」阮昇之南兗州記云：「其神復號江都王，或易王廟。」

東陵聖母廟，在縣南三十里。按神仙傳云：「東陵聖母，海陵人。適杜氏，師劉綱學仙術，道成，夫不之信也，告官拘于囹圄。頃之，聖母已從獄牕中飛出，衆人望見之轉高入雲中，于是立廟，遠近敬祀之，每表靈驗。常有一青鳥在祭所，人有所失，請問所在，青鳥便飛集盜物之上，以此路無拾遺。」

故齊寧縣。按阮昇之記云：「齊高宗建武五年遏艾陵湖水立裘塘屯，移縣于萬歲村。中興元年廢縣，西南去州城六十一里。」

張公城。圖經云：「漢末，張嬰所築，後因號張公城。在縣西四十里。」

孔融墓，在高士坊西北，去州九里。

孝義里。按宋書曰：「劉宗，武陽村人也。」又阮昇之記云：「宋文帝時爲上黨太守。少有志操，居世清謹。元嘉二年，魏太武兵至廣陵，宗母爲軍所害，遂蔬食，不嘗五味以終世。其所住村，因改爲孝義里。」

孝婦祠。漢書于公以爲孝婦必不敢殺姑，後祭之即雨也。

吴公臺，在縣西北四里。沈慶之攻竟陵王誕所築弩臺也。後陳將吴明徹圍北齊東廣州刺史敬子猷增築之，以射城内。號吴公臺。

雷塘，在縣東北十里。煬帝葬于其地。貞觀十八年，李襲譽爲揚州長史，引雷塘水，又築句城塘，以溉田八百餘頃，百姓賴之。徵拜太府卿。

愛敬陂，在縣西十五里。魏陳登爲廣陵太守，初開此陂，百姓愛而敬之，因以爲名。亦號陳登塘。

合瀆渠，在縣東二里。本吴掘邗溝以通江淮之水路也。昔吴王夫差將伐齊，北霸中國，自廣陵城東南築邗城，城下掘深溝，謂之邗江，亦曰邗溝，自江東北通射陽湖。今謂之山陽瀆。

廣陵縣，舊二十五鄉，今二十六鄉。本漢江都縣地，宋武帝析地置之，高齊又爲廣陵縣。隋初改爲江陽縣。按爾雅注云：「陽在北。」斯地處江之正北，故曰江陽。亦因宋舊名也。隋末廢，併入江都縣。唐貞觀十八年，長史李操奏割合瀆渠以東九鄉復立焉。又按州圖經云：「大業十二年分江陽，又立本化縣于郡南半邏合瀆渠。」今故城在西北一十八里。

桃花基，在縣南。上有廢吴王廟基，即隋置。

邵伯埭，有斗門，縣東北四十里，臨合瀆渠。有小渠，闊六步五尺，東去七里入艾陵湖。按晉書：「太元十一年，太傅謝安鎮廣陵，〔一五〕于城東北二十里築壘，名曰新城。城北二十里築堰，名邵伯埭。」蓋安新築，即後人追思安德，比于邵伯，因以立名。

茱萸溝，在縣東北一十里。西從合瀆渠，東過茱萸埭，七十里至岱石湖入，西四里對張綱溝，入海陵縣界。按阮昇之記云：「吴王濞開此溝，通運至海陵倉。北有茱萸村，以村立名。故記云：〔一六〕邗溝，即吴王夫差所開，漕運以通上國。」

張綱溝，在縣東三十里。從岱石湖入，四里至溝中心，與海陵分界。按後漢書，綱爲廣陵太守，濟惠于百姓，勸課農桑，于東陵邨東開此溝，引湖水灌田，以此立名。

六合縣，西南一百一十里。舊二十二鄉，今二十一鄉。本楚棠邑，春秋時，伍尚爲棠邑大夫，即此地。左氏傳襄公十四年：「楚子爲庸浦之役故，子囊率師于棠。」杜預注云，庸浦、棠，皆此地也。〔一七〕秦滅楚，以棠邑爲縣。漢不改，封陳嬰爲棠邑侯，即此也。晉安帝于此置秦郡，北齊置秦州，後周改爲方州，又改爲六合郡，〔一八〕因六合山爲名。隋廢郡爲六合縣。〔一九〕唐武德七年又置方州。貞觀元年州廢，以縣屬揚州。

瓜步山，在縣東南二十里，東臨大江。宋元嘉二十七年，元魏太武帝嘗率師百萬至六合，登瓜步山，隔江望秣陵，繞數十里。宋人震恐，將走會稽，遣使求和，獻其方物，具百牢之禮，然後乃退。

六合山，在縣西北七十五里。隋開皇三年于此置六合鎮；九年，晉王平陳，于此臨江觀渡兵馬。〔二〇〕

小石山，一名小帆。〔二一〕

赤岸山。南兗州記云：「瓜步山東五里，江有赤岸，〔二二〕南臨江中。」羅君章云「赤岸若朝霞」，即此謂也。濤水自海入江，衝激六七百里，至此岸側，其勢始衰。郭景純江賦云「鼓洪濤于赤岸」，即此也。

銅城。郡國志云：「六合縣有銅城，即吴王鑄銅處。」滁塘。陳壽吴志「赤烏十三年，孫權遣軍十萬，作滁塘以淹北道」，而有斯浦也。石梁溪，西北自滁州清流縣界流入。宋元嘉中，石梁澗中，古銅鐘九口，大小行列引次南向，刺史臨川王獻以爲瑞鐘。郡國志云「梁于石梁置涇州」是也。

卷一百二十三校勘記

〔一〕景帝四年更名江都國　史記卷一七漢興以來諸侯王年表、漢書卷二八地理志下皆載景帝四年置江都國。按史記卷一一孝景本紀：「三年正月，吴王濞反，六月，吴楚七國之亂平，「徙汝南王非爲江都王。」則江都國之置在三年，非四年。

〔二〕又徙陰陵　按續漢書郡國志四：九江郡治陰陵，「歷陽，侯國，（揚州）刺史治」，壽春，劉昭注引漢官云揚州刺史治。通典卷一八一州郡一一：後漢揚州「理歷陽，漢末移理壽春，劉繇又移理曲阿」。與續漢志合，未見後漢揚州徙治陰陵。

〔三〕以隋江都爲南兖州　「南兖州」，萬本、庫本同，中大本作「兖州」。按舊唐書卷四〇地理志三：揚州，武德三年，「以隋江都郡爲兖州，置東南道行臺。」又江都縣：「隋爲江都郡，武德三年改爲兖州。」通典云「大唐初爲兖州。」則中大本是。下文「改南兖州爲邗州」，「南兖州」亦應作「兖州」。

〔四〕召平廣陵人封東陵侯　萬本、中大本、庫本皆無，蓋非樂史原文。

〔五〕陳矯字季弼廣陵人官尚書令　萬本、中大本、庫本皆無，蓋非樂史原文。

〔六〕字孔璋善爲檄書建安才子之一　萬本無「字孔璋」及「建安才子之一」之文，而「善爲檄書」上有「廣陵人」三字，庫本同。按三國志卷二一魏書陳琳傳云：「廣陵陳琳字孔璋。」則宜有「廣陵人」三字。

〔七〕曹憲江都人仕隋爲秘書學士　萬本、中大本、庫本皆無，蓋非樂史原文。

〔八〕來護兒兒爲宰相虞世南男爲大匠　萬本、庫本皆無下一「兒」與「男」，亦是。

〔九〕徐鉉至官至太宰　萬本、中大本、庫本皆無，蓋非樂史原文。

〔一〇〕屬廣陵　萬本、中大本、庫本「廣陵」下皆有「郡」字。按秦無「廣陵郡」。漢景帝三年置江都國，史記卷五九五宗世家：「漢武帝元狩二年，江都王建謀反，「自殺，國除，地入于漢，爲廣陵郡。」廣陵縣于漢景帝後屬江都國，漢武帝元狩後屬廣陵郡。譚其驤秦郡新考謂秦置東海郡，秦郡界址考謂「東海郡境全有漢志之泗水、廣陵二國，東海、臨淮二郡有之而不全」，則秦廣陵縣屬東海郡。

〔一一〕在縣西七十二里　「西」，輿地紀勝卷三七揚州引元和郡縣圖志作「西北」，宋本方輿勝覽卷四四揚州同。

〔一二〕古爲邗溝城也　讀史方輿紀要卷二三引本書云：邗溝城，「在州西四里蜀岡上。」嘉慶重修一統志卷九七揚州府引本書同。

〔一三〕竦高跨阜隨城形置焉　「竦高跨阜」，萬本及嘉慶重修一統志卷九七揚州府引本書皆作「高跨岡阜」。「城」，輿地紀勝揚州引本書作「地」。

〔一四〕懸鏡亭　「懸」，輿地紀勝揚州引本書作「垂」。

〔一五〕太元十一年太傅謝安出鎮廣陵　按晉書卷七九謝安傳載出鎮廣陵事在孝武帝時，不繫年月。資治通鑑卷一〇六東晉孝武帝太元十年四月，謝安「出鎮廣陵之步丘，築壘曰新城而居之。」此「十一」之「一」爲衍字。

〔一六〕故記云　按太平御覽卷七五引阮勝之記曰作「故史記云」，此疑脱「史」字。

〔一七〕杜預注云庸浦棠皆此地也　庫本同，萬本無此文。按左傳襄公十三年杜預注：「庸浦，楚地。」襄公十四年闕杜注釋地，此云未詳所據。

〔一八〕又改爲六合郡　按輿地紀勝卷三八真州引本書作「改秦郡爲六合郡」，宜有「秦郡」二字。

〔一九〕隋廢郡爲六合縣　按隋書卷三一地理志下：「開皇初廢六合郡，四年改尉氏爲六合。」則非「廢六合郡爲六合縣」。又隋志云「大業初方州廢」，此脱。

〔二〇〕六合山至于此臨江觀渡兵馬　「西北」，庫本同，中大本作「北」。按輿地紀勝真州引元和郡縣圖志作「在縣北八十里」，宋本方輿勝覽卷四五真州同，則中大本是。萬本無此文，誤。

〔二一〕小石山一名小帆　「小石」，庫本同，萬本作「石帆」。按輿地紀勝真州引本書曰「石帆堆」，又云「今號小帆山」。則此「小石山」宜作「石帆山」。

〔二二〕瓜步山東五里江有赤岸　萬本、庫本無「江」字，嘉慶重修一統志卷七三江寧府引本書同，疑此「江」字衍。

太平寰宇記卷之一百二十四

淮南道二

和州　楚州　鹽城監

和州

和州，歷陽郡。今理歷陽縣。禹貢揚州之域。春秋時楚地。左氏傳云：「吳取楚太子建之母於巢。」又云：「楚子囊師于棠。」杜預云：「楚地。」和州蓋分爲二邑，皆楚境。〔一〕戰國時猶爲楚地。秦屬九江郡。漢爲歷陽縣，屬郡不改。土地十三州志云揚州後徙于陰陵，〔二〕今按濠州定遠縣界陰陵故城是也，即知漢末兼爲揚州。在吳時爲重鎮。晉爲淮南郡地。東晉改爲歷陽郡。〔三〕又按郡國志云：「歷陽西過胡城，即晉王遵築以禦石虎。」〔四〕宋因之，兼立南豫州。齊、梁因之不改。梁末，侯景亂，江北之地盡屬高齊。〔五〕高齊立爲和州，改臨江爲齊江，以和州領歷陽、齊江二郡。後又省齊江并烏江，并入歷陽爲一郡。隋開皇十三年罷郡，省齊江之譙縣入歷陽縣，以爲和州。煬帝初州廢，復立歷陽郡。唐武德三年，杜伏威歸順，因改爲和州。天寶元年改爲歷陽郡。乾元元年復爲和州。

領縣三：〔六〕歷陽，烏江，含山。

州境：東西七十九里。南北一百八十五里。

四至八到：東北至東京一千四百八十里。西北至西京一千九百里。西北至長安二千七百四十里。東渡江至宣州二百五十六里。〔七〕南至宣州三百二十六里。南至廬州二百三十四里。〔八〕北至滁州一百六十二里。東南至横江西岸一十五里，大江中心爲界，與宣州當塗縣相接。西南至廬州巢縣界一百四十五里。東北至揚州六合縣界一百五里。〔九〕西北至廬州慎縣界一百一十里。〔一〇〕

户：唐開元户二萬一千。皇朝户主四千七百八十九，客四千九百六十一。

風俗：同揚州。

人物：無。

土産：貢：紵布。茶，魚，稻。

歷陽縣，元十二鄉，今八鄉。本漢舊縣也，南有歷水，故曰歷陽。漢九江都尉居之，屬九江郡。後漢爲揚州刺史所理之地。

雞籠山，在縣西北三十五里。淮南子云：「麻湖初陷之時，有一老母提雞籠以登此山，乃化爲石。今山有石，狀如雞籠，因名之。」

六合山。梁武登此山以望六合，故名也。

梁山，在縣南七十里。俯臨江水，南對江南之博望山。宋書云：「孝武帝大明七年祀梁山，大閲水軍于中江。是日，有白雀二集華蓋，有司奏請改元爲神雀，帝不許，因立雙闕于梁山。」又侯景之亂，梁將王僧辯軍次蕪湖，與景將侯子鑒戰于梁山，大破之。江東岸有博望山，屬姑孰，二山隔江相對，望之如門，南朝謂之天門山。兩岸山頂各有城，並將軍王玄謨所築，自六代爲都，皆于此屯兵捍禦。

横江浦，在縣東南二十六里。建安初，孫策自壽春欲經略江東，揚州刺史劉繇遣將樊能、于糜屯横江，孫策破之于此。對江南岸之采石往來濟處。隋將韓擒虎平陳，自横江濟，亦此處也。

當利浦，在州東十二里。本名揚浦。晉龍驤將軍王濬平吴，水軍揚帆順流于此而下，王渾以旗招不住，〔二〕濬報云風利不得泊，遂先入石頭。後因以當利爲名。

沸井。和州圖經云：「郡有沸井一所，在郡西百步古城内。」

洞口浦。魏將曹休、張遼伐吴至此，吴軍相望。水經注云：「江水左列洞口。」〔二〕

巢湖東石梁。禹爲理水之門，故置之。今又俗名項口是也。

麻湖，亦古歷陽城之地，在縣西三十里。源出桑山。淮南子云：「歷陽之都，一夕反而爲湖。」晉地理志云：「漢明帝時，歷陽淪爲麻湖。」按淮南子則云在明帝時，繆矣。麻湖與皇后、湖名。潭、亦湖名。包浦名。爲一湖，〔三〕分而自殊矣。

歷陽湖。郡國志云：「昔有一書生遇一姥，姥待之甚厚，生謂姥曰：『此縣門前石龜眼赤血出，此地當陷爲湖。』姥後數往候之，門吏問姥，姥具以對。吏因以硃點龜眼，姥見遂走上西山，顧城遂陷爲湖。今湖中有明府魚、婢魚、奴魚。」

濡須塢，在縣西南一百八十里。南臨須水，狀如偃月。漢建安十七年，吴聞曹操將來，因築此塢。吴録云：「初欲夾水立塢，諸軍皆曰：『上岸擊賊，洗足入舟，何用塢爲？』吕蒙曰：『兵有利鈍，戰無百勝，如有邂逅，步騎蹙人，〔四〕不暇及水，豈得入船乎？』權曰：『善。』遂築塢。曹操不能下而退。」陸士衡辨亡論云：「濡須之戰，臨川摧鋭。」即此處也。

平疴湯，在州北四十五里。此湯能愈疾，故曰平疴。有碑序。

彭祖宅。按列仙傳云：「歷陽有彭祖宅，禱祈風雨，應期而至。」

烏江縣，東北四十里。舊十五鄉，今四鄉。本秦烏江亭。漢東城縣地，項羽敗于垓下，東走至烏江，亭長艤船待羽處也。魏黄初三年，曹仁據烏江以討吴。晉太康六年始于東城界置烏江縣。隋爲烏江郡。〔一五〕

四隤山，〔一六〕在縣西北七十五里，項羽既敗于垓下，東走至東城，所從唯二十八騎。漢兵追者數千，羽乃引騎因四隤山而爲圓陣，即此山也。

項亭。漢書云：「漢軍追羽至東城，烏江亭長艤船待之。」即此。今有廟，在縣南三里。史記云「身死東城」是也。

江水，經州城北，下五里，與上元縣分中流爲界。

烏江浦，在縣東四里。

安陽渡，在縣東北八十一里，與上元縣對界。〔一七〕

包浦，與陰塘水同入皇后湖。湖即東連包浦，西翼潭湖。

含山縣，西南五十五里。〔一八〕元十二鄉，今管四鄉。本晉龍亢縣地，晉太興二年，元帝置。今縣南有龍亢村。建元初又立蒙縣，周天和元年併入歷陽。至唐武德六年改置含山縣，八年廢焉。長安四年又置，改爲武壽縣。神龍元年改爲含山縣。以縣境衆山所含，故名含山縣。

大峴山，在縣西北一十三里。按酈道元注水經云：「滁水東經大峴山，西北流大峴亭，〔一九〕即此山也。」齊東昏之末，裴叔業據壽春叛，附元氏，東昏遣蕭懿往大峴拒之，是其所也。

禱應山，本名白石山，在縣西南八十里。列仙傳云：「歷陽有彭祖石室，今山下有洞，洞口初俯僂而入，約十步乃漸高廣，莫知遠近。又有二石龍，鱗甲皆成，即彭祖所居之室。洞出鍾乳，常有石燕飛集。」唐開元二十年勑禁樵採，賜名禱應山。大曆中有道士商棲霞，歷陽人也，居此絶粒三十餘年，身輕若飛。

新婦港，在縣南一百七十里。源從東關來，經當縣界二十里入大江。昔有人居此江口，新婦至孝，故以爲名。

斗米逕水，在縣西南八十里。按舊經：「歷陽豪傑李子建當隋末杜伏威之起，從伏威守城。伏威分兵戍柵口，欲開路運糧，以救軍食。子建請以東關下開溝，通黄港陂，〔二〇〕入歷湖，率都下人各賫米一斗就功，米盡逕成，饋運無闕，故謂之斗米逕。」

廢龍亢縣，在縣東南四十里。輿地志云：「舊屬譙國。周大象元年拓定江淮，併入歷陽，依舊爲龍亢縣。隋平陳後以其地還歷陽。〔二一〕唐分歷陽爲含山縣，此屬焉。」

東關，在縣西九十里。按輿地記云：「南譙郡蘄縣界有巢湖，湖東南口有石梁鑿開渡水，名東關。」古老相傳夏禹所鑿，高峻險狹，實守扼之所。吴、魏相持于此，南岸吴築城，北岸魏置柵。

魏武帝祠，在縣西南九十里。按魏志：建安十八年，「曹操侵吴，樓船東泛巢湖，將逼歷陽，至濡須口，登東關以望江山。」後人因立祠焉。

江水，在縣南一百七十里。

楚州

楚州，淮陰郡。今理山陽縣。禹貢揚州之域。春秋時屬吴。吴越春秋云：「吴將伐齊，自廣陵掘江通淮。」〔二二〕即此是也。戰國時屬楚。史記云：「越已滅吴而不能正江、淮北，楚乃東侵，廣地至于泗上。」今泗州是也。秦併楚，置三十六郡，蓋屬九江郡，〔二三〕即射陽縣之地。漢書地理志云射陽屬臨淮郡，在徐州之部。續漢書郡國志云射陽屬廣陵郡、下邳國。〔二四〕自魏至西晉，俱爲臨淮、廣陵二郡地。〔二五〕東晉爲重鎮，元帝以劉隗屯守。穆帝時，中郎將荀羡北討，云：「舊淮陰鎮地形都要，水陸交通，易以觀釁。沃野有開殖之利，方舟運漕，無他屯阻。」乃營立城池焉。宋書郡國志并山川記云安帝義熙元年省射陽縣，分廣陵之鹽城地立山陽、東城、左鄉三縣，爲山陽郡，〔二六〕屬南徐州。宋因之。郡國志云：「北對清泗，臨淮守險。有陽平石鼈，〔二七〕田稻豐饒。」義熙中僑立兖州。〔二八〕入齊，因以兖州爲重鎮。梁初得之，尋入後魏，又爲山陽郡。隋初郡廢爲楚州。煬帝初州廢，以地併入江都郡。唐武德四年，臧君相歸附，立爲東楚州，領山陽、安宜、鹽城三縣；八年廢西楚州，以盱眙來屬，仍去「東」字。天寶元年改爲淮陰郡。乾元元年復爲楚州。後唐天成三年升爲順化軍節度。周顯德五年平淮南，降爲防禦州。皇朝爲團練州。

元領縣五。今四：山陽，淮陰，寶應，鹽城。一縣割出：盱眙。入泗州。

州境：東西四百七十六里。南北二百七十里。

四至八到：西北至東京二千二百五十五里。西北至西京一千六百七十里。西北至長安二千五百三十里。東至海二百一十五里。南至揚州三百里。西至泗州傍淮路二百二十里。北至漣水運路至海四百一十五里。北至淮七十里。東南至泰州界八十里。海陵縣是也。西南至招義縣四百二十里。西北至泗州二百六十二里。東北至淮口入海水路一百八十里。

户：唐開元户一萬四千七百四十八。皇朝户主一萬五百七十八，客一萬三千八百三十九。〔二九〕

風俗：漢書地理志：楚俗同揚州。

人物：韓信。淮陰人。枚乘，字叔，淮陰人。枚皋。字少孺，乘子。〔三〇〕

土產：絲，絹，貲布，淮白魚。

山陽縣，元九鄉，今四鄉。本漢射陽縣地，在射水之陽，故曰射陽。漢高祖封劉纏爲射陽侯。晉義熙九年省射陽縣，置山陽郡，〔三〕屬徐州，又立山陽縣以隸焉。以境内有地名山陽，因名郡。戴延之西征記云：「山陽，津名。」

山陽。漢吴王濞反于廣陵，山陽王率衆于此拒之，因名山陽，以旌忠也。

石鼇山。郡國志云山有石鼇游，因名之。今山下有鄧艾築城存。

茶陂。按淮陰圖經云：「縣南二十里有茶陂。」

淮水。酈道元注水經云：「淮泗之會，即角城也。左右兩川，翼夾二水入之，〔三〕即謂泗口也。」

邗溝水，南自安宜縣界流入。吴越春秋云：「吴將伐齊，北霸中國，自廣陵掘江通淮。」運糧之水路也。

南昌亭，在縣西三十五里。史記云：「韓信布衣時，從南昌亭長寄食。亭長妻患之，乃晨炊蓐食，餐時不爲具食，信竟絶之。信爲楚王，都下邳，至國召亭長，賜錢百萬，〔三〕曰：『公，小人也，爲德不卒。』」

都梁宫，煬帝置以避暑。

公路浦，淮口也。昔袁術向九江，將奔袁譚，路出斯浦，因名之。

淮陰縣故城。水經注云：「淮水又東經淮陰縣故城北，臨淮水。漢書：高帝六年封韓信爲淮陰侯。昔韓信去下邳而釣于此處。〔三四〕今城東二冢：西冢，漂母墓也，昔漂母食信于淮陰，信爲楚王于下邳立冢增墳以報母也；東冢，即信母墓也。」

漢高祖廟，在縣西四十五里。惠帝元年令郡、諸侯王立高帝廟。至今猶存。

射陽湖，在縣東南八十里。漢書：「廣陵王胥有罪，其相勝之奏奪王射陂。」即此也。今謂之射陽湖，與鹽城、寶應三縣分湖爲界。大曆三年，與洪澤並置官屯，自後所收歲減。今並停廢。

故倉城，東南接州城。隋文帝初將伐陳，因舊城修築，儲蓄軍糧，有逾百萬。迄于大業末年，恒有積穀，隋亂荒廢。

淮陰縣，西五十里。舊七鄉，今四鄉。本漢舊縣，屬臨淮郡。宋于此置北兖州，後廢。隋開皇三年又置淮陰縣。

濁水，今謂之山陽濁。東南自州郭下，西北流經縣北，流入于淮，即古之邗溝。昔吴夫差將伐齊北霸中國，自廣陵掘江連淮，以通糧運。舊水道屈曲，多諸梁埭，隋文帝重加修掘通利焉。

韓信城。信本此縣人，其冢宅處所並存。後受封爲侯，因築此城。

淮水，在縣西二百步。

枚乘宅墓，在縣南二百步。趙嘏詩云「家在枚皋舊宅邊」，〔三五〕即此也。

白水塘，在縣南九十五里。故老云：「鄧艾平吴時修此塘，置屯四十九年，灌田以充軍儲。」

淮陽婆羅樹碑，在縣南二百步。海州刺史李邕文并書。

鹽瀆。漢書淮陰、鹽瀆，屬臨淮郡。

寶應縣，南九十里。舊十四鄉，今六鄉。本安宜縣。梁氏志云：「本漢平安縣，〔三六〕屬廣陵郡。」唐武德四年于此立倉州，領安宜一縣；七年州廢，縣隸楚州。肅宗末，以獲天寶，因改爲寶應縣。

安宜溪，在縣界古安宜邑，〔三七〕因此溪爲名。

白水陂，在縣西八十五里。鄧艾所立，與盱眙縣破釜塘相連，開八水門立屯，溉田萬二千頃。大業末，破釜塘壞，水北入淮，白水塘因亦竭涸。今時雨調適，猶得灌田。

射陽湖，在縣東六十里。中流與鹽城分界。

箕山，在縣東六十里。

得寶記。按楚州刺史鄭輅撰。記云：「開元中，有李氏女子嫁賀若氏，既寡爲尼，名真如，家于鞏縣。天寶元年七月七日，有五色雲自東方而來，雲中有人引手授以一囊，令寶之。及天寶末，真如流寓安宜縣。肅宗元年建子月十八日夜，真如忽見阜衣二人引去東南，奄至一城，樓觀嚴飾，見天帝謂曰：『下界喪亂，殺氣腥穢，達于諸天，莫若以神寶壓之。』乃授以第二寶，復謂真如曰：『前所授汝小囊，有寶五段，人臣可得見之。今者八寶，唯王者所宜見。』真如具以聞官，建巳月上達。肅宗方疾，視寶，促召代宗，謂曰：『汝自楚王爲太子，今上天賜寶于楚，天祚汝也。』因改號寶應元年，升楚州爲上州，縣爲望縣，改安宜縣爲寶應。真如所居之地得寶，河壖高敞，境物潤茂，後爲六合縣尉崔珵所居兩堂之間。西域胡人過，嘗望而瞻禮也。八寶：一曰如意寶珠，二曰紅靺鞨，三曰琅玕珠，四曰玉印，五曰皇后採桑鉤二枚，六曰雷公石二枚。其五寶：一曰玄黄天符，二曰玉雞，三曰穀璧，四曰王母玉環二枚。」

鹽城縣，東南二百里。元四鄉。本漢鹽瀆縣，屬臨淮郡。晉安帝更名鹽城縣。僞唐割屬泰州。皇朝太平興國三年卻割還楚州。〔三八〕

海水。阮昇之南兖州記曰：上有南兖州鹽亭一百二十三所。縣人以漁鹽爲業，略不耕種，擅利巨海，能致饒沃，公私商運充實，四遠舳艫往來，恒以千計。此吴王所以富國强兵而抗漢室也。」

射陽湖，在縣西北一百二十里。湖闊三十丈，通海三百里，預五湖之數也。

鹽城監

鹽城監，古之鹽亭也，歷代海岸煎鹽之所。元管九場。僞唐以爲鹽監。周顯德三年平江淮之後，因之不改焉。

鹽場九所，在縣南北五十里至三十里，俱臨海岸：五祐，紫莊，南八游，北八游，丁溪，竹子，新興，七惠，四海。

卷一百二十四校勘記

〔一〕左氏傳云至皆楚境　原校：「按左氏傳：昭公二十三年，『吴取太子建之母于鄍。』襄公十四年，『楚子囊師于棠。』據釋例所載，則鄍爲蔡地，棠爲楚地，皆闕其所在，今記皆以爲和州之境，又以鄍爲巢，未知本何書。又按滁州總序亦引『師于棠』事，云是『今之六合』，蓋今揚州屬邑，和、滁二州，南北正相接，今記併引以序二州，疑必有所據，然不無舛誤。」按左傳昭公二十三年，楚太子建之母在鄍，「吴大子諸樊入鄍，取楚夫人與其寶器以歸。」此取太子建母于鄍，非取于巢；又定公二年，吴軍圍巢，「克之，獲楚公子繁。」此取公子繁于巢，非取于鄖，本書混合二事爲一，實誤。杜注：「鄖，鄖陽也。」蔡邑，在今河南新蔡縣境；巢，楚邑，在今安徽桐城縣南；二地相距既遠，又不相關。棠，楚邑，在今江蘇六合縣西北，本書附之于揚州六合縣下，是也，不應又指在和州。

〔二〕揚州後徙于陰陵　據續漢書郡國志四載，後漢揚州治歷陽，漢末移治壽春，通典卷一八一州郡一一載，劉繇又徙治曲阿，未聞揚州徙于陰陵，參見本書卷一二三校勘記〔二〕。

〔三〕東晉改爲歷陽郡　輿地紀勝卷四八和州總序引元和郡縣圖志云：「晉平吴，立淮南郡，後改歷陽郡。」亦以歷陽郡爲淮南郡所改置。按宋書卷三六州郡志二：歷陽郡，「晉惠帝永興元年分淮南立。」輿地廣記卷二一同，則西晉惠帝永興初分淮南郡置，非東晉改淮南郡置。

〔四〕即晉王遵築以禦石虎　「遵」，太平御覽卷一六九、輿地紀勝和州引郡國志皆作「導」，此「遵」爲「導」字形近而訛。

〔五〕江北之地盡屬高齊　「高齊」，輿地紀勝和州引本書作「東魏」。按資治通鑑卷一六四梁元帝承聖元年：「侯景之亂，州郡太半入魏，自巴陵以下至建康，以長江爲限。」亦云「東魏」。通典卷一七一州郡一：「及侯景平後，江北之地，悉陷高齊。」又注云：「太清初，侯景以十三州來降，旋爲東魏將慕容紹宗所敗。二年，景舉兵反，圍建康，陷之。及景平後，元帝承聖初，齊將辛術南伐，盡復淮南江北之地。」梁承聖元年平侯景之亂，北齊辛術南伐，于是齊地至于長江，以時代而言，云：「北齊」是，然其時正值東魏爲北齊替代，云「東魏」亦可。

〔六〕領縣三　萬本、中大本、庫本「領」上皆有「元」字。

〔七〕東渡江至宣州二百五十六里　「五」，萬本、庫本皆作「二」。

〔八〕南至廬州二百三十四里　「三十四」，萬本作「二十四」，庫本作「二十」。按和州治歷陽縣，即今安徽和縣，廬州治合肥縣，即今合肥市，位於和州之西北，本書卷一二六廬州：「東至和州二百九十五里。」元豐九域志卷五和州：「西北至本州界一百一十五里，自界首至廬州一百二十里。」此「南」蓋爲「西」字之誤。

〔九〕東北至揚州六合縣界一百五里　「五」，萬本、庫本皆作「五十」。

〔一〇〕西北至廬州慎縣界一百一十里　「十」，萬本、庫本皆作「十五」。

〔一一〕王渾以旗招不住　「住」，庫本同，萬本作「止」，嘉慶重修一統志卷一三一和州引本書同，以文義「止」字爲優。

〔一二〕江水左列洞口　按水經沔水注：「沔水又東合洞口，水出安昌縣故城東北大父山，西南流，謂之白水。……洞水又西南流注于沔水。」則洞水即白水，爲漢水支流，水入漢水之口爲洞口，即今湖北棗陽縣南滚河，非和州歷陽縣之洞口。資治通鑑卷一一二東晉安帝元興元年：「桓玄至姑孰，使其將馮該等攻歷陽，襄城太守司馬休之嬰城固守。玄軍斷洞浦，焚豫州舟艦。」胡三省注：「洞浦即洞口，魏曹休破吕範處。」此即歷陽之洞口，本書引水經注誤。

〔一三〕皇后湖名潭亦湖名包浦名　萬本、庫本無注文「湖名」、「亦湖名」、「浦名」，永樂大典卷二二六六引本書同，此蓋非樂史原文。

〔一四〕步騎蹙人　按三國志卷五四吕蒙傳裴松之注引吴録作「敵步騎蹙人」，此疑脱「敵」字。

〔一五〕隋爲烏江郡　舊唐書卷四〇地理志三同。按隋書卷三一地理志下：「烏江，梁置江都郡，後齊改爲齊江郡，陳又改爲臨江郡，周改爲同江郡。開皇初郡廢。」輿地廣記卷二一同，則隋無「烏江郡」之置。通典卷一八一州郡一一：「後周改爲烏江郡，隋爲烏江縣。」王仲犖北周地理志卷六：「隋書地理志作『周改爲同江郡』，誤，則此『隋』蓋爲『周』字之誤。

〔一六〕四隤山　「隤」，庫本同，萬本作「潰」，嘉慶重修一統志和州引本書同。又宋本方輿勝覽卷四九和州亦作「潰」，輿地紀勝和州又作「瓄」。下同。

〔一七〕與上元縣對界　「界」，庫本同，萬本作「岸」，輿地紀勝和州引元和郡縣圖志同，按作「岸」是。

〔一八〕西南五十五里　「西南」，嘉慶重修一統志和州引本書作「西」。元豐九域志卷五、輿地紀勝和州皆作「西」。按唐宋和州治歷陽縣，即今安徽和縣，含山縣即今含山縣，在和縣西，作「西」是。

〔一九〕西北流大峴亭　清趙一清據本書原文補出今水經注已佚之滁水，作「西北流逕大峴亭」，此「流」

下應有「逕」字。

〔二〇〕黄港陂　「港」，庫本同，萬本作「洛」，嘉慶重修一統志和州引本書同。

〔二一〕在縣東南四十里至隋平陳後以其地還歷陽　「東南」，輿地紀勝和州引本書作「南」。「後」，紀勝引本書作「復」，此「後」疑爲「復」字之誤。

〔二二〕自廣陵掘江通淮　「廣」，底本作「高」，萬本、庫本同，據太平御覽卷一六九、輿地紀勝卷三九楚州引吴越春秋改。

〔二三〕蓋屬九江郡　譚其驤秦郡新考：秦置有東海郡。秦郡界址考：東海郡，「郡境全有漢書地理志之泗水、廣陵二國，東海、臨淮二郡有之而不全。泗水，漢武析東海所置，非秦之泗水。廣陵，故楚漢之際東陽郡，蓋分東海南境置。其地介在江淮間，右九江，左大海，舊不知秦有東海郡，遂以爲九江之分壤。」則秦代地屬東海郡，非九江郡。

〔二四〕續漢書郡國志云射陽屬廣陵郡下邳國　按續漢書郡國志三，射陽屬廣陵郡，不屬下邳國。輿地廣記卷二〇、輿地紀勝皆云楚州「東漢屬廣陵郡、下邳國」是也，不是指射陽縣而言。

〔二五〕自魏至西晉俱爲臨淮廣陵二郡地　按續漢書郡國志三：「下邳國，武帝置爲臨淮郡，永平十五年更爲下邳國。」晉書卷一五地理志下：「臨淮郡，漢置，章帝以合下邳，太康元年復立。」則漢臨淮郡於東漢永平十五年更置爲下邳國，西晉太康元年復置，三國魏無「臨淮郡」，通典卷一八一州郡一一淮陰郡楚州：「晉屬臨淮、廣陵二郡地。」不涉及魏，是也。

〔二六〕義熙元年省射陽縣至爲山陽郡　「元」，本卷山陽縣序作「九」。輿地廣記楚州：「義熙七年置山陽郡，改射陽縣爲山陽縣。」輿地紀勝亦云：「義熙七年置山陽郡。」此「元」或爲「九」，或爲「七」字之誤。

〔二七〕有陽平石鼈　「陽平」，底本作「平陽」，萬本、庫本同，據南齊書卷一四州郡志上乙正。錢大昕廿二史考異云：「當爲陽平郡，轉寫顛倒耳。周山圖傳亦云於石鼈立陽平郡。」

〔二八〕義熙中　按輿地紀勝楚州引本書作「義熙八年」。

〔二九〕客一萬三千八百三十九　「三千」，萬本、庫本作「一千」。

〔三〇〕枚乘字叔淮陰人枚皋字少孺乘子　萬本、中大本、庫本皆無，蓋非樂史原文。

〔三一〕義熙九年省射陽縣置山陽郡　輿地廣記、輿地紀勝楚州皆載義熙七年置山陽郡，未知孰是。參見本卷校勘記〔二六〕。

〔三二〕淮泗之會即角城也左右兩川翼夾二水入之　「泗」，原作「水」；「角城」，原作「城角」。按水經淮水注：「淮、泗之會，即角城也。左右兩川，翼夾二水決入之所，所謂泗口也。」本書卷一七：宿遷縣，「角城，在今縣東南一百一十一里。縣道記云：舊理在淮之北，泗之西，亦謂之泗城。」此「淮水」爲「淮泗」之誤，「城角」爲「角城」之倒誤，並據改正。「入之」宜作「決入之所」。

〔三三〕賜錢百萬　按史記卷九二淮陰侯列傳作「賜百錢」，此「萬」字衍。

〔三四〕昔韓信去下邳而釣于此處　「下邳」，輿地紀勝楚州引本書同，史記卷九二淮陰侯列傳、漢書卷三四韓信傳、水經淮水注、初學記卷六引水經注皆作「下鄉」，此誤。

〔三五〕家在枚皋舊宅邊　「邊」，底本作「傍」，據萬本、庫本及輿地紀勝楚州、嘉慶重修一統志卷九四淮安府引本書改。

〔三六〕漢平安縣　「平安」，底本作「安平」，萬本、庫本同，據漢書卷二八地理志下乙正。

〔三七〕在縣界古安宜邑　按輿地紀勝楚州引本書云「在寶應縣西南四十里」，與此別。

〔三八〕太平興國三年卻割還楚州　按宋會要方域六之一一、輿地紀勝楚州引國朝會要、元豐九域志卷五楚州皆載開寶九年改隸楚州，所記年代與此別。

太平寰宇記卷之一百二十五

淮南道三

舒州

舒州，同安郡。今理懷寧縣。禹貢揚州之域。春秋時皖國也。史記云：「皖，偃姓，咎繇之後。」春秋時，楚滅之，爲楚東鄙。戰國時屬楚。秦置三十六郡，爲九江郡。在漢即皖縣，今州是也，屬廬江郡。續漢書郡國志：廬江郡自舒縣徙居皖縣。〔一〕建安中，編户皆東渡江，江西遂虚，合肥以南唯有皖城。後爲吴所克，遂爲重鎮。赤烏四年，諸葛恪屯之。晉太康地記：「廬江郡徙皖，更移居于舒。」宋書州郡志云：「晉安帝後于舊皖縣城置懷寧縣，〔二〕仍分廬江郡置晉熙郡。」宋、齊皆因之。梁置南豫州，〔三〕後改爲晉州。北齊改曰江州。陳又爲晉州。隋初又爲熙州。煬帝三年廢州爲同安郡。唐武德四年改爲舒州，領懷寧、宿松、太湖、望江、同安五縣；其年割宿松縣置嚴州；五年割望江置高州，又改高州爲智州；

六年舒州置總管府，管舒、嚴、智三州；七年廢智州，望江屬嚴州；八年又廢嚴州，以望江、宿松二縣來屬。貞觀元年罷府。天寶元年改爲同安郡。至德二年改爲盛唐郡。乾元元年復爲舒州。

元領縣五：〔四〕懷寧，桐城，望江，宿松，太湖。

州境：東西五百八十三里。南北三百三十五里。

四至八到：西北至東京一千三百三十里。西北至西京一千七百五十五里。西北取廬州路至長安二千六百一十五里，取蘄、黄路二千八百八十里。東至宣州八百五十里。南至江州水陸相兼共五百七十里。西至蘄州三百里。〔五〕北至廬州四百里。北度大山至壽州八百里。東南至江州八百里。東南水路二百四十里至皖口入大江處，又沿流東北一百里至石碑大江中，與池州分界，首東南七十二里至池州，都四百一十里。〔六〕西南至蘄州三百七十里。西北至壽州三百七十里。〔七〕東北至廬州三百八十里。

户：唐開元户二萬五千六百。皇朝户主一萬二千八百四十二，客一萬九千三百三十八。

風俗：揚州之域，婚嫁喪祀，〔八〕與諸夏同，率性真直，賤商務農。

人物：周瑜，字公瑾，廬江舒人。事吴，獨破曹公於赤壁。瑜精音律，有誤必顧，諺曰：「曲有誤，周郎顧。」〔九〕　朱邑，字仲卿，舒人。遷北海太守，以治行第一，拜大司農。　何叔度，望江人。母早亡，奉姨若母。姨卒，朔望哭之哀。官太常。　何尚之，叔度子。　何充，字次道，望江人。累遷尚書令，輔幼主，爲社稷臣。謚文穆。　何準，字幼則，充弟。女爲穆帝后。　何點，字子皙，尚之孫。嘗召入華林園，帝詔拜常侍。點捋帝鬚曰：「乃欲臣老子耶！」遂辭去。〔一〇〕

土産：白紵布，開火茶，酒器，鐵器，蠟，常春藤。〔一一〕

懷寧縣，舊二十五鄉，今十六鄉。本漢皖縣，魏正始二年，孫權遣諸葛恪屯皖縣城以伺邊隙；四年，司馬懿攻皖，恪退屯柴桑。永嘉亂後遂廢。晉安帝復于舊縣改置懷寧縣。

潛山，在縣西北二十里。其山有三峯，一天柱山，一潛山，一皖山，三山峯巒相去隔越。天柱即司玄洞府九天司命真君所主。魏時，左慈居潛山，有煉丹房，今丹竈基址存。唐天寶年中，玄宗夢九天司命真君現于天柱山，置祠宇；有二白鹿現，號曰白鹿洞。洞東有香土，色如金，號香泥洞，今殿基在洞之上也。皇朝就修真君祠爲靈仙觀。山有孔真人、左真人壇。按地理志：「山高三千七百丈，周迴二百五十里。山東面有激水，冬夏懸流如瀑布。下有九井，一石牀容百人。其井若逢亢旱，殺犬投其中，即降雷雨，犬亦流出。」

橋公亭，在縣北，隔皖水一里。即漢末橋公有二女，〔一二〕孫策與周瑜各納其一女。今亭基爲雙溪寺。

多智山，在縣西北三百里，山高九百八十丈。自壽州霍山縣西南入懷寧、太湖界，西接蘄州。其山兩岸相去十里，北有水一道流入霍山縣界小山，迤邐一百里，連太湖縣。山南有水一道流入太湖縣界。其山有茶及蠟，每年民得採掇爲歲貢。秋夏時有毒蛇、沙虱，人不敢登。獸有熊、猴，木多松、梓，工巧所用，諺謂之多智山。

玉鏡山，在縣北二十里。唐貞元二年，從皖山東南忽然爆裂，〔一三〕皎然如玉，行路遠見，如鏡懸焉。其年，刺史呂渭聞奏，因山改萬歲鄉爲玉鏡鄉。

皖水，在縣西北。自壽州霍山縣流入，〔一四〕經縣北二里，又東南流二百四十里入大江，謂之皖口。

吴塘陂，在縣西二十里，皖水所注。曹操遣朱光爲廬江太守，屯皖，大開稻田。吕蒙上言曰：「皖地肥美，若一收熟，彼衆必增，如是數歲，操態見矣，宜早除之。」于是權親征皖，破之。此塘即朱光所開也。

大江水，在縣南一百八十里，〔一五〕與望江縣分界。至皖口南對江州，半江中流與彭澤縣分界；東對石磾，大江中流又與池州分界。

長風沙，在縣東一百九十里。置在江界，以防寇盜。元和四年入圖經。李白長干行

云：「相迎不道遠，直至長風沙。」即此處也。〔一六〕

山谷寺，在縣西二十里。梁大同二年以山谷爲名。寺東北隅有第三祖塔。大曆七年勑改爲覺寂塔。

吴陂堰，在縣西二十里。魏志：「揚州刺史劉馥開芍陂及茹陂、七門，以溉稻田。」又云：「吕蒙鑿石通水，注稻田三百餘頃。」開皇十八年，刺史梁慈更廣溝渠，又加稻田百餘頃。自貞元二年，洪水湧潰，疇皐成洲，古之良田半爲沙鹵。

西溪館，在城西一里。前刺史吕渭所置，以招嘉客。睇山夾沼，爲舒州之勝景。

皖山祠，在縣西。按輿地志：「皖公山神，在縣治西北二十里。云周大夫皖伯之神也。」漢書地理志云：「灊縣，天柱山南面有祠。」〔一七〕其神聰亮，百姓歸誠，歲崇奠祭。至隋大業八年，懷寧令辛公義移就皖水之陰，吴陂堰側，里人號爲吴陂神。前刺史張萬福奏加金紫光禄大夫。

吴陂祠。按魏志云：「揚州刺史劉馥開吴陂以溉稻田。」又云：「吕蒙鑿石通水，注稻田三百餘頃，功利及人。」先未立廟，里人以灊山廟在吴陂之側，因指名以祀焉。唐開成五年，刺史鄭穀又以神不得與神仙雜處，〔一八〕遂于廟垣之東别建祠宇。

伍員祠，在縣北二里。按史記云：「伍員，楚人也。爲父復讎，將兵伐楚。人思志烈，遂爲立祠。」

周瑜祠，在縣東南二里。吴書云：「周瑜，廬江舒人也。」有功于吴，鄉人仰其威德，爲立祠。

鐵牛。漢書地理志云：「皖有鐵官。」鑄鐵作牛，埋于城北十步，以鎮此地。至北齊皇建二年，刺史王洪乃遣掘牛，遂舉入城，未鎔鑄，于時城中人馬多疫，〔一九〕因問巫覡，咸曰鐵精爲祟，遂使人送牛本處當埋之地，時土没牛六寸，自是以來，牛見出地一尺五寸。

廢皖城。唐武德五年，大使王弘讓析置，在古逢龍城内。按魏志：「臧霸討吴將韓當，當引兵逆戰于逢龍。」即此地。其城居皖水之北，遂號爲皖城。至七年，使人蕭儼併入懷寧。廢城壕壍，今尚依然。

廢安樂城，在縣南二十里。唐武德五年，大使王弘讓析置，在古武功城内。〔二〇〕按梁天監七年，大將武會置，遂號武功。其年，使人蕭儼以所居僻隘，隸入懷寧縣，遂省。

廢梅縣城，在縣北七十里。武德五年，王弘讓置，在古龍鳴城内。其城，齊天統三年行臺右丞盧潛屯兵于此，于時龍鳴城内，潛以爲不祥，移軍在外，乃號龍鳴城；至七年，使人蕭儼以兵數少，割入懷寧縣，〔二一〕遂省。

廢皖陽城，在縣北二十二里。武德五年，大使王弘讓析置。以城在水北，故曰皖陽；至七年，使人蕭儼廢入懷寧縣。

廢石潭鎮，在縣東北八十里。〔三〕北齊皇建二年立。齊、梁二國兩界相鄰，梁數稱兵，互相侵逼，齊乃立鎮以相防禦。陳太建五年廢。至武德五年，王弘讓置，八年又廢。

合江亭，前刺史裴靖置，以求陂、皖水二派合流亭下，遂以名之。

桐城縣，東北一百四十里。舊十九鄉，〔三〕今五鄉。左傳魯定公二年，「桐叛楚」。桐實小國，楚人附庸。本漢樅陽縣地，屬廬江郡。武帝紀：元封五年，「南巡狩，自尋陽浮江，射蛟江中，獲之。舳艫千里，薄樅陽而出，作盛唐樅陽之歌。」梁于此置樅陽郡。隋文帝開皇十八年改爲同安縣，以縣内有同安故城，因以爲名。今爲桐城縣，取桐鄉爲名。

呂亭山，在縣北十七里。按吴志，吴將呂蒙代魯肅，督西陵屯軍于此。因名。

符度山，在縣東九十里。其山頂三巖下約容三五十人，〔四〕及天井一所，泉常如霢霂，下通深潭。又有金穴，村人採金入穴，見大蛇嚇其口，自此不敢入。西南獨山一所，號爲創山，直上數千仞。三巖及此山内，古跡不可勝紀。其三巖懸泉常流，〔五〕枕帶江湖。

樗蒲山，在縣東南一百一十里。山有二石，各高六丈，自然如人相對樗博之狀，攄揭指形，頗有遺像。

五峴山，在縣西一百里。其山五重巖巘交映，因名五峴。

益唐山，〔二六〕在縣南一里。按漢書武帝紀：元封五年，「巡狩過盛唐，作樅陽盛唐之歌。」酈道元注水經云：「此水源東南流。」盛唐戍，俗訛謂之小益唐，即此地。

團亭港，在縣東六十里。按括地志云：「其水發源于界内南峽山，東南一百五十里入團湖。」

樅陽湖，在縣東一百五十里。按漢書武帝本紀：元封五年，「南巡狩，至盛唐，望祀南岳霍山。自尋陽浮江，射蛟，泊樅陽岸，〔二七〕作盛唐樅陽之歌。」水遶團亭，與江水而東流。

巢湖水，在縣東二百一十里。按酈道元注水經云「施水又東經湖口戍」，即此湖也。其水發源于廬江縣界三公山，下入縣界。

團亭湖，與白石湖相連，在縣南六十里。湖水發源，已具團亭水序。湖中出兩小山，亭亭峻嶮，白石皎焉。二水相連，遂爲團亭、白石之號。

南硤戍，在縣北四十七里。按吴志云：「呂蒙與甘寧伐皖，張遼將軍救之，至硤石聞城已拔，乃退硤石，築南硤戍。」是古南廬州，因名南硤。〔二八〕

朱邑祠堂。漢書云：「邑爲桐鄉嗇夫，後爲大司農。卒，屬其子葬于此。後人思之，遂立祠宇，迄今祭祀。」

縣山舊城。按開元二十二年移縣出山城前置。其城内叢篠深密，猛獸窟其中，〔二九〕兼出毒蛇，邑人久爲之弊。〔三〇〕元和八年，縣令韓震焚燒草木，栽植松杉。今亦荒廢。

同安故城，在縣郭東門外。隋大業九年築，十三年被賊李子通攻陷，因廢此城。人因以爲名。

古巢城，俗號爲古重城。在縣南六十五里。按史記「成湯放桀于南巢」，即此城。城三重，故號重城。南北川澤，左右陂湖。

樅陽故城，在縣東南二百里。按地理志云：「漢武帝元封五年置樅陽縣，屬廬江郡。」梁天監年改縣爲樅陽郡。陳太建中亦爲樅陽縣，割屬熙州。隋開皇十八年停廢。〔三一〕

陰安故城，在縣東南一百八十里。按宋書州郡志：「晉熙郡陰安縣也。」又云梁以陰安改屬樅陽郡。隋開皇三年罷郡，縣遂省。

望江縣，南二百一十六里。舊五鄉，今三鄉。本漢皖縣地，宋書州郡志：「晉安帝于此立新冶縣，屬晉熙郡。」亦爲大雷戍，按宋書注云：「西岸有大雷江，自尋陽、柴桑沿流三百里入江，即新冶縣也。」歷宋、齊、梁不改。至陳于新冶置大雷郡。隋開皇初郡廢，十一年改爲義鄉縣，屬熙州，十八年又改爲望江縣。

大雷池，水西自宿松縣界流入，自發源入縣界，東南積而爲池，謂之雷池。又東流經縣南，去縣百里，又東入于海。江行百里爲大雷口，又有小雷口。晉成帝咸和二年，蘇峻反，溫嶠欲下衛京師，庾亮素忌陶侃，報嶠書曰：「吾憂西垂過于歷陽，足下毋過雷池一步。」宋鮑明遠有登大雷岸與妹書，乃此地。又孝子傳曰：「孟宗爲雷池監，作鮓一器以遺母，母不納。」

周瑜廟。水經注云：「江水對雷水之地側有周瑜廟，亦呼之爲大雷神。」

何無忌廟。爲宋鎮軍、尋陽太守，〔三〕與徐道覆戰于南昌，以兵寡戰歿。因其立廟焉。

孟宗宅，在縣北一里。即泣竹生筍之處。

王祥池，在縣西南二十里。即臥冰取魚處也。

麴令祠堂，在縣北三百五十步。按唐登科記：「麴信陵，貞元元年進士，擢第本縣。」圖經云：「爲茲邑令，時亢旱，精誠祈禱，刊文于石，沈于江中，神明立降甘雨。貞元五年，百姓感其惠，立祠祭祀。」白居易詩云：「我聞望江縣，麴令撫惸嫠，在官有仁政，名不聞京師。身没欲歸葬，百姓遮路岐。攀轅不得去，留葬此江湄。至今道其名，男女涕皆垂。」

宿松縣，西南一百六十里。元九鄉。本漢皖縣地，元始中爲松滋縣，屬廬江。晉武平吴，以荆州有松滋縣，遂改爲宿松縣。〔三三〕唐武德四年置嚴州，七年州廢來屬。〔三四〕

桑落洲，在縣西南一百九十四里。江水始自鄂陵分派爲九，于此合流，謂之九江口。初，盧循反，劉毅自往征之，發自姑孰。時循欲先寇江陵，循將徐道覆使告循曰：「劉毅兵重，宜併力平之，既尅建康，江陵可傳檄而定。」循乃來與毅戰于桑落洲，〔三五〕爲循所敗，衆皆没。按此洲與江州潯陽縣分中流爲界。

烽火山，在縣東北六十里。按郡國圖云：〔三六〕「齊、陳二國割江爲界，征伐不息，烽候頻驚，此山高敞，可以瞻望，齊永明八年，因置烽火于山。」

鹹湖，在縣西南八十里。湖水廣闊，常有鹹魚甚大。

太湖縣，西南一百里。舊十二鄉，今三鄉。本漢皖縣地，在宋武帝初置，元嘉二十五年廢。〔三七〕又至泰始二年復置，在龍山太湖水之側，因爲縣名。元嘉末年以縣居山嶮，移就平原，去舊縣三十八里。至齊建元二年，行臺左丞盧潛更修故太湖城，立爲龍安郡，以太湖、東陳二縣屬焉。陳太建五年，郡及東陳縣並廢，唯太湖縣獨存。隋初又爲晉熙縣。至大業十三年，賊李子通破没。至唐武德四年，大使鮑安仁還立爲縣。

司空山，在縣東北一百三十里。

嵯峨山，在縣南七十里。

太湖水，源出縣西稻積山，東南流入大江。

廢青城縣，在縣東四十里。按魏書：「武帝遣將軍曹仁修築。至黄初元年廢。」〔三八〕又至唐武德四年，大使鮑安仁復置爲青城縣，至七年廢入荆陽縣。

廢荆陽縣，在縣東四十五里。唐武德四年，大使鮑安仁于此立縣，至八年廢入太湖縣。其城依據山險。

廢東陳縣，在縣東四十四里。齊高帝建元二年，行臺左丞盧潛置。至陳太建五年廢。

卷一百二十五校勘記

〔一〕續漢書郡國志廬江郡自舒縣徙居皖縣　按續漢書郡國志四，廬江郡治舒縣，皖爲郡屬縣，不載「自舒縣徙居皖縣」之文。三國志卷四六吴書孫策傳：建安四年，策「襲拔廬江，(太守)勳衆盡降。」裴松之注引江表傳：策「自與周瑜率二萬人步襲皖城，即克之，得術百工及鼓吹部曲三萬餘人，并術、勳妻子。表用汝南李術爲廬江太守，給兵三千人以守皖。」則後漢末，廬江郡自舒縣徙治皖縣。

〔二〕晉安帝後于舊皖縣城置懷寧縣　按宋書卷三六州郡志二云晉安帝分廬江郡立晉熙郡，治懷寧縣，而不載此文。舊唐書卷四〇地理志三：舒州懷寧縣，「晉於皖縣置懷寧縣，晉置晉熙郡。」蓋本書引誤。

〔三〕梁置南豫州　按隋書卷三一地理志下：「同安郡，梁置豫州。」同安郡治懷寧縣。輿地廣記卷二一舒州、輿地紀勝卷四六安慶府（南宋慶元元年升舒州爲安慶府）皆云「梁置豫州」，此「南」字衍。又隋書地理志：淮南郡，「梁曰南豫州。」按淮南郡治壽春，可證梁南豫州不在此。

〔四〕元領縣五　「元」，底本脱，據宋版、萬本、庫本補。

〔五〕西至蘄州三百里　「三」，底本作「一」，宋版、萬本、庫本同，中大本作「三」。按本書卷一二七蘄州：「東至舒州三百里。」正合中大本。元豐九域志卷五舒州：「西至本州界一百四十里，自界首至蘄州一百五十八里。」此「一」爲「三」字之誤，據改。

〔六〕都四百一十里　「一十」，宋版、庫本同，萬本作「十一」。按由上所記里程，總四百十二里，此「十」下蓋脱「二」字，萬本「十一」應作「十二」。

〔七〕西北至壽州三百七十里　按元豐九域志舒州：「西北至本州界一百二十里，自界首至壽州五百一十里。」此里數有誤。

〔八〕婚嫁喪祀　「祀」，萬本同，宋版作「紀」，輿地紀勝安慶府引本書同。

〔九〕周瑜至周郎顧　底本缺，據宋版、萬本、中大本、庫本補。

〔一〇〕朱邑字仲卿舒人至乃欲臣老子耶遂辭去　宋版、萬本、中大本、庫本皆無朱邑、何叔度、何尚之、何充、何準、何點傳略，蓋非樂史原文。按宋書卷六六何尚之傳：「父叔度，「廬江灊人。」晉書卷七七何充傳：「廬江灊人。」又隋書卷三一地理志下：「開皇十一年爲義鄉縣，「十八年改名望江縣。」則隋以前無望江縣，此云何叔度、何充爲望江人，誤。

〔一一〕常春藤　宋版、萬本、庫本皆無，蓋非樂史原文。

〔一二〕即漢末橋公有二女　「末」，底本作「時」，據宋版、萬本、中大本、庫本及輿地紀勝安慶府引本書改。

〔一三〕從皖山東南忽然爆裂　「南」，萬本、嘉慶重修一統志卷一〇九安慶府引本書同，宋版、庫本作「面」。

〔一四〕自壽州霍山縣流入　底本脱「自」字，「縣」下衍「南」字，並據宋版、萬本、庫本及輿地紀勝安慶府引元和郡縣圖志補刪。

〔一五〕在縣南一百八十里　「南」，底本無，庫本同，萬本、嘉慶重修一統志卷一〇九安慶府引本書「縣」下有「西」字，按大江流逕舒州懷寧縣（今安徽潛山縣）南，宋本方輿勝覽卷四九安慶府：「大江，在懷寧南一百八十里。」則此「縣」下當脱「南」字，據補。

〔一六〕即此處也　「處」，底本作「是」，據宋版、萬本、庫本改。

〔一七〕天柱山南面有祠　按漢書卷二八地理志上：灊，「天柱山在南，有祠。」此引誤。

〔一八〕鄭穀　「穀」，底本作「谷」，據宋版、萬本、庫本及傅校改。

〔一九〕于時城中人馬多疫　「多疫」，萬本、嘉慶重修一統志卷一一〇安慶府引本書同，宋版、中大本、庫本作「俱死」，傅校改作「多死」。

〔二〇〕在古武功城内　「武功」，底本脱，萬本、庫本同，據宋版、中大本及輿地紀勝安慶府引本書、嘉慶重修一統志卷一一〇安慶府引本書補。

〔二一〕懷寧縣　「縣」，底本脱，據宋版、萬本、庫本補。

〔二二〕在縣東北八十里　「東北」，輿地紀勝安慶府引本書同；宋版、萬本、庫本皆作「東」，嘉慶重修一統志卷一一〇安慶府引本書同。

〔二三〕舊十九鄉　「九」，底本作「四」，據宋版、萬本、中大本、庫本改。

〔二四〕其山頂三巖下約容三五十人　「頂」，底本作「嶺」，據宋版、萬本、庫本及嘉慶重修一統志卷一一〇九安慶府引本書改。

〔二五〕其山巖懸泉常流　底本「懸」作「縣」，其下注「平聲」，並據宋版、萬本、庫本及嘉慶重修一統志安慶府引本書改刪。

〔二六〕益唐山　「益」，底本作「盛」，萬本同，據宋版、庫本改。輿地紀勝安慶府盛唐山引本書云「又名益唐山」。

〔二七〕望祀南岳霍山至泊樅陽岸　按漢書卷六武帝紀，「望祀南岳霍山」作「望祀虞舜于九嶷」，「泊樅陽岸」作「薄樅陽而出」。

〔二八〕因名南硤　「硤」，底本脱，萬本、庫本同，據宋版補。

〔二九〕猛獸窟其中　底本「獸」下衍「爲」字，據宋版、萬本、庫本刪。

〔三〇〕邑人久爲之弊　「弊」，底本作「患」，萬本、庫本同，據宋版及輿地紀勝安慶府引本書改。

〔三一〕梁天監年至開皇十八年停廢　原校：「按隋初廢樅陽郡，改晉州爲熙州。又樅陽縣，開皇十八年改爲同安。隋書地理志及今記舒州總序皆同，惟樅陽故城所序舛誤，其曰『太建中亦爲樅陽縣，割屬熙州』，樅陽古縣至隋方更名同安，則『太建中亦爲樅陽』，似是衍文。而熙州，隋初所置，則割屬熙州，又不當係於太建之下，皆有脱誤。又曰『開皇十八年停廢』，當是徙治而誤書耳。」

〔三二〕爲宋鎮軍尋陽太守　按晉書卷八五何無忌傳載，無忌曾爲輔國將軍、琅邪内史，後遷會稽内史、督江東五郡軍事，義熙二年，遷都督江、荆二州八郡軍事、江州刺史，不久封安成郡開國公，進鎮南將軍，義熙六年，與盧循將徐道覆戰敗而死，此誤。

〔三三〕晉武平吴以荆州有松滋縣遂改爲宿松縣　按晉書地理志、宋書州郡志、南齊書州郡志並無此記載，隋書地理志下：「宿松，梁置高塘郡，開皇初郡廢，改縣曰高塘，十八年又改名焉。」舊唐書地理志二：宿松縣，「梁置高塘郡，隋罷郡，置宿松縣。」蓋此誤。

〔三四〕七年州廢來屬　「七年」，唐會要卷七一州縣改置下同，舊唐書地理志三、新唐書地理志五、輿地廣記舒州皆作「八年」。

〔三五〕循乃來與毅戰于桑落洲　「來」，底本作「親」，據宋版、萬本、庫本改。

〔三六〕郡國圖　「圖」，底本作「志」，據宋版、萬本、庫本及輿地紀勝安慶府引本書改。

〔三七〕在宋武帝初置元嘉二十五年廢　按宋書州郡志二：「太湖左縣長，文帝元嘉二十五年以豫部蠻民立太湖、吕亭二縣，屬晉熙，後省，明帝泰始二年復立。」與此不同，當從沈約宋書。

〔三八〕黄初元年廢　底本「初」上空闕三字格，據宋版「初」上僅空闕一字，又據中大本及嘉慶重修一統志卷一一〇安慶府引本書，闕者爲「黄」字，依補。萬本、庫本作「隋太初元年廢」，誤甚。

太平寰宇記卷之一百二十六

淮南道四

廬州　無為軍今廢爲鎮

廬　州

廬州，廬江郡。今理合肥縣。禹貢揚州之域。古廬子國。春秋時爲舒國地。昔成湯放桀，芮伯命巢，即此地。春秋僖公三年，「徐人取舒」。杜注云：「舒國，即廬江舒縣」是也。戰國時屬楚。秦置三十六郡，此爲廬江、九江二郡地。漢爲合肥縣，後漢如之。三國時屬魏，爲重鎮。故魏書云：建安二十年，「張遼屯合肥，吴主孫權率十萬衆攻圍，遼以八百人破之。至青龍元年，滿寵爲揚州都督諸軍，鎮于此，上表請于合肥城西北三十里立新城，寵表云：『合肥城南臨江湖，北遠壽春，賊攻圍之，得據水爲勢；官兵救之，當先破賊大軍，〔一〕

然後圍乃得解。賊往甚易，兵救甚難。今城西三十里，有奇險可依，宜立城以固守，此爲引賊平地而犄其歸路。又賊未至而移城卻內，此所謂形而誘之。引賊遠水，擇利而動也。』遂報聽。其年，孫權自出，欲圍新城，以其遠水，積二十日不敢下船。乃上岸耀兵，寵遣步騎六千，伏肥池隱處，〔二〕卒起擊之，斬首及有赴水死者。明年，權又自將十萬，至合肥新城，無功引退。」故吳志云「大帝頻征合肥新城」是也。晉爲淮南、廬江二郡地。東晉亦爲重鎮，以戴若思屯守，是也。宋、齊之代，獨爲廬江郡。〔三〕梁置汝陰郡及南豫州，尋又改合肥爲合州，亦爲重鎮。至隋初改合州爲廬州。煬帝初州廢爲廬江郡。唐武德三年改爲廬州，領合肥、廬江、愼三縣；七年廢巢州爲巢縣來屬。天寶元年改爲廬江郡。乾元元年復爲廬州。後唐爲昭順軍節度。〔四〕周顯德五年改爲保信軍。皇朝因之。

領縣五：〔五〕合肥，愼，巢，廬江，舒城。

州境：東西二百八十三里。南北三百三十五里。

四至八到：西北至東京一千五十里。西北至西京一千五百里。西北至長安二千二百里。東至和州二百九十五里。南至舒州四百里。西至壽州界二百一十五里。北至濠州三百三十里。東南至柵口，今爲新婦口三百八十四里，對岸即舊南陵縣地，今爲繁昌縣相對。西南至舒州四百七十六里。西北至壽州三百里。東北至滁州全椒縣一百四十五里。

户：唐開元户二萬二千九百。皇朝户主一萬八千八百一十七，客二萬六千四百一十一。〔六〕

風俗：同濠、壽。按廬江記：「語音、風土明茂，皆勝淮左諸郡。」

人物：巢父，堯時人。〔七〕　范增，居巢人。爲項羽將。　文翁，名黨，字仲翁，舒人。以文學化蜀。〔八〕　元醫，廬江舒人。〔九〕　毛義，廬江人。家貧，以孝行稱。〔一〇〕　周瑜，仕吳。舒人也。爲吳將，破曹操水軍十萬于赤壁。瑜精音律。　任瓌，字瑋，合肥人。太宗朝累功，拜大都督。〔一一〕

土產：交梭絲布，貢。石斛，開火新茶，蠟，欝，〔一二〕鹿脯，酥，鮹魚。〔一三〕

合肥縣。舊二十一鄉，今十一鄉。漢舊縣，屬九江郡。今有故城，在今縣北。應劭曰：「夏水出城父東南，至此與肥合，故曰合肥。」〔一四〕酈道元云：「按水派别，無合注之理，蓋夏水暴長，合于肥，故曰合肥。」〔一五〕梁又改爲汝陰縣。北齊分置北陳郡，皆在此邑城也。

金牛山。圖經云：「昔有金牛，從此山出奔入江，人逐之，故其處有渚，猶謂金牛渚。」

巢湖，在今縣東南六十里。吳志云：「或云巢作勦字音。子了切。〔一六〕」亦謂焦湖，耆老相傳云：居巢縣地，昔有一巫嫗，豫知未然，所説吉凶咸有徵驗。居巢縣門有石龜，〔一七〕巫云若龜出血，此地當陷爲湖。未幾，鄉邑祀祭，有人以猪血置龜口中，巫嫗見之南走，回顧其地，已陷爲湖。人多賴之，爲巫立廟。今湖中姥之廟是也。吴志云：「鄭寶在巢湖擁衆萬人，廬江、九江人多依之。」即此湖也。吴、魏相攻，孫權以箭重迴舟，亦此湖也。

濡須水。郡國志云：「濡須水，自巢湖出，謂之馬尾溝。」有偃月塢焉。

箏笛浦。〔一八〕續搜神記云：「浦中昔有大船覆水内，漁人宿旁，聞箏笛之聲及香氣氤氳，是曹操載妓船覆于此。」

藏舟浦，即曹操與孫權藏艦于此。唐貞觀十年，刺史杜公作斗門，與肥水相接。浦内有島嶼、花竹，頗爲佳境。

小史港。即後漢建安中，廬江府小史焦仲卿妻劉氏爲姑所出，自誓不嫁。其家逼之，乃投水死，仲卿聞之，亦自縊。時人憐之，後以爲名。

古津水，在縣西北四里。魏武使張遼屯兵合肥新城，吴孫權將十萬餘兵圍之。遼兵少，乃募敢從者八百餘人擊之于此而退。〔一九〕

肥水，出縣西南八十里藍家山，東南流入于巢湖。梁韋叡爲豫州刺史，討魏合肥，叡按行山川曰：「吾聞汾水可以灌晉陽，絳水可以灌安邑，即此是也。」乃堰肥水，親自督勵，堰成水通，舟艦繼至。初，魏夾肥水築二小城，叡先攻之，魏師五萬奄至，衆懼不敵，請表益兵，叡笑曰：「賊已至城下，方復求軍，臨難鑄兵，豈及馬腹。且吾求濟師，彼亦徵衆，猶如吴益巴丘，蜀增白帝。」軍監又勸叡退還巢湖，叡怒曰：「將軍死綏，有前無卻。」魏因築壘于堤以自固，叡起鬭艦，高與合肥城等，四面攻之，城遂潰。

界樓故城，一名金牛城，〔二〇〕在縣西北五十里。隋開皇五年立鎮置倉，在廬、壽二州界。

西津橋，〔二一〕在縣西北五里。建安二十年，吴孫權自陸口征合肥，兵還，權與淩統等在津北爲魏將張遼所襲。權上津橋，〔二二〕橋南已毀撤，丈餘無板。權内豎谷利令權持鞍緩鞚，利于後著鞭，遂得超渡。

合肥故城，漢爲縣，故城在今縣北。

焦湖廟。搜神記、幽明録：「焦湖廟有一柏枕，或名玉枕，有小坼。時單父縣人楊林爲賈客，至廟祈求。廟巫謂曰：『君欲好婚否？』林曰：『幸甚。』巫即遣林近枕邊，因入坼中，遂見朱門瓊室，有趙太尉在其中，即嫁女與林，生六子，皆爲秘書郎。歷數十年，並無思鄉之志。忽如夢覺，猶在枕傍，林愴然久之。」

慎縣，東北七十里。舊十七鄉，今六鄉。本漢浚遒縣地，屬九江郡。晉改置慎縣，因縣西北古慎城爲名。東魏置平梁郡。陳初郡廢，〔二三〕復爲縣。

滁水，源出縣西暴禿古塘。酈道元注水經云：「滁水出浚遒縣也。」

逍遥津，即魏將張遼敗孫權處。

浮閣山，〔二四〕亦名浮槎山，在縣東南四十五里。

古慎城，在縣西北四十一里。乃楚白公之邑也。按春秋哀公十六年，〔二五〕「吴人伐慎，白公敗之」。即此城也。

古滁陽城，在縣東北六十四里。吴赤烏十三年，孫權遣兵斷滁作堰，以淹北道，遂築此城爲守備。東晉置南梁郡。隋開皇三年廢。

浚遒故城，在縣南二十五里。春秋哀公十二年夏，「公會吴于橐皐。」注云「橐皐，在逡遒縣東南」是也。魏武伐吴，修此城以屯守，呼曰曹城。

巢縣，東南一百一十五里。〔二六〕舊十五鄉，今八鄉。古巢伯之國。尚書云：「成湯放桀于南巢。」又云：「巢伯來朝。」〔二七〕即此也。春秋時，楚滅之以爲邑。〔二八〕秦、漢爲居巢縣，亞父范增，居巢人。春秋但名巢，漢爲居巢，蓋詞有詳畧耳。後漢獻帝建安中，曹操軍居巢，孫權于濡須口築城拒守，魏又遣夏侯惇、曹仁、張遼等屯居巢。後屬吴，周瑜爲居巢長。後以吴魏戰爭，地遂荒廢。晉平吴，復立居巢縣。

半湯山。山下有泉，半冷半熱，以名之。

四鼎山。郡國志云：「即白狗仙人得道處。〔二九〕又魏伯陽以白犬試丹處。」

黄沙城。郡西有小隴山，龜頭城存焉。

濡須水，源出縣西巢湖，亦謂之馬尾溝。東流經亞父山，又東南流注于江。建安十八年，曹操至濡須，與孫權相拒月餘，權乘輕舟從濡須口入。人謂是挑戰，咸欲擊之。公曰：「此必孫權欲見吾軍部伍。」勑軍中勿得浪動。行五六里，迴還作鼓吹。公歎曰：「生子當如孫仲謀，劉景升兒子若豚犬耳！」權與公牋曰：「春水方生，公宜速去。」公曰：「權不欺吾。」遂還。

偃月塢，在縣東南二百八十里濡須水口。初，吕蒙守濡須，聞曹操將來，欲夾水築塢，諸軍皆曰：「上岸擊賊，洗足入舟，何用塢爲？」蒙曰：「兵有利鈍，邂逅之閒，步騎相蹙，何暇及水。」遂築塢如偃月，故以爲名。操軍至，相拒月餘方退。今按濡須水與和州含山縣分中流爲界。

踟蹰山，在縣南三十七里。山北臨濡須港。按顧野王輿地志云：「東關口有踟蹰山，昔坻箕山也。」春秋傳云：「楚子觀兵于坻箕山上。」此是也。

亞父山，在縣東十里。漢居巢人范增，楚王立爲亞父，死于山傍，故曰亞父山。

居巢山，本名如墨山，在縣南六十里。其溪谷閒有黑石，研之如墨，因以爲名。天寶六年勑改爲居巢山。

東關山，在縣東四十里。按顧野王輿地志云：「巢湖西北至合肥界，湖東南有石梁，鑿山通水，是名關口。」相傳云夏禹所鑿，一號東興。本屬和州，今巢縣亦管其一半。地高峻險狹，實守阨之所，故天下有事，必爭之地。吳、魏相持于此，南岸吳築城，北岸魏置柵。嘉平四年，諸葛恪于東關作大堤，遏巢湖，左右依山，夾築兩城，留千人，使全端、留略守之。魏遣諸葛誕、胡遵圍東關，將壞其堤，諸葛恪率衆四萬大破之，遂退走。

王喬山，本名黃山，在縣西南九十里。昔王子喬于山採藥，向紫微山學道，遂名王山，後人語訛，呼爲黃山。其山出黃精之藥。天寶六年勅改爲王喬山。

栭山，在縣西北四十八里。〔三〇〕栭者，小栗也，其山昔有小栗，遂以爲名。頂有一井，口圍三丈，莫測深淺。後人以其靈異，凡逢旱，多于井上祈雨，甚有徵驗，俗呼爲天井。

巢山，本名道人山，在縣西南百里。天寶六年勅改爲巢山。

巢湖，在縣西南一十五里。自合肥縣經過，一名巢湖，〔三一〕一名樵湖，一名焦湖，云巢縣陷爲湖。

湯泉，在縣東北十里。其泉湧出，四時常熱，凡抱疾者，飲浴此湯，無不效驗。復有一泉，半冷半熱，名曰半湯。〔三二〕

王仙君洞。其洞在紫微山中，山有三頂，傍有一小山，即洞之所也。洞長二十五步，闊一丈二尺，高一丈五尺。東户闊一丈二尺，穴中有蝙蝠，大如鳩，不出其穴。北户有古石壇一，高八尺，闊一丈五尺，洞内壁上有字跡尤大。〔三〕昔王子喬、洪崖先生並于此得道，後閉穴門而去。晉初，會稽道人游先生以杖撥開洞門，乃亦得仙。其山本名翠微山，游先生時，有紫雲在其上，遂爲紫微山，真羽客棲神之所。

范增冢。按古今葬地記云：「西楚項羽以增爲亞父，羽不用其謀，遂疽發背而死，葬于此。」冢在巢縣郭東，有亭，亭中有井，猶謂之亞父井。

廬江縣，東南一百八十里，舊十二鄉，今七鄉。本漢龍舒縣地，故城在今縣西一百二十里。梁武帝置廬江縣。義寧元年移于石梁東南。景龍二年移于今所。

七門堰，在縣南一百一十里。劉馥爲揚州刺史修築，斷龍舒水，灌田千五百頃。

巢湖，在縣北三十五里。

西江水，在縣東南一百九十里。即岷山導江至此，謂之西江。

梅山，在縣東三十里。按左傳：「楚師伐鄭，右回梅山，楚師多凍。」即此山也。

三公山，在縣東南一百五十里。山有三峯，相去一里，俗傳頭皆東靡，似有顧瞻江東宣城郡界有九子峯，俗云是三公子。天寶六載改爲東顧山。

冶父山，在縣東北二十里。按左傳桓公十三年，「楚使莫敖伐羅，楚師大敗，莫敖縊

于荒谷，羣帥囚于冶父。」即此地也。〔三四〕

古灊縣城，在縣南二里。左傳昭公二十七年：「吴子欲因楚喪伐之，吴公子燭庸帥師圍灊。」注云：「灊，楚邑，在廬江六縣西南。」即此城。

何晏墳，在縣北十七里，其基高大。景雲二年，有人發墳得甎銘，是何公之墓。

廬江王墳，在縣東三十里梅山側。有風雨晦冥，即聞音韻如金石。

藍家冢，今俗名馮家冢。〔三五〕

龍舒故城，漢爲縣，故城在今縣西，尚存。

監鄉。郡國志云：按七賢傳曰：「漢武出淮陽到監鄉，帝問曰：『此名何？』陳翼對曰：『鄉名爲監。』上曰：『萬乘主問，何欺乎？』欲舉火燔之，翼曰：『不可燔，臣言不欺，佩刀當生白毛；若欺，則當無毛。』視之，刃果有毛，長寸餘。」

陵山。搜神記曰：「龍舒陵亭有一大樹，高數十丈，黄鳥千數巢其上。時久旱，長老共相謂曰：『彼樹常有黄氣，或謂有神靈，可以祈雨。』因以酒脯往祭。亭中有寡婦李憲者，夜起，室中或有光，見一繡衣婦人曰：『我樹神也，以汝性潔，佐汝爲生。朝來父老皆欲祈雨，吾已求之于帝，明日日中當驗。』憲乃具告亭中，衆人大驚異。至日中，果大雨，遂爲立祠。神謂憲曰：『諸鄉老在此，吾居近水，當少致鯉魚。』言訖，有鯉數十頭飛集堂下，〔三六〕坐者莫不驚悚。如此歲餘，神曰：『將有大兵，今辭汝去。』留一玉環，曰：『持此可以避難。』後袁術、劉表相攻，龍舒之民皆流亡，唯憲里不被兵。」又隋將麥鐵杖爲陳擒于此亭側。

舒城縣，南一百二十里。舊二十鄉，今二鄉。古舒國地。漢書云：「廬江六縣東，即古舒城。」後漢立郡，徙理皖城。唐開元二十三年，刺史竹承構奏于故城置舒城縣。

龍山。按括地志云：「龍山在舒城，以山狀如龍形。」

古舒王廟，漢文帝封淮南厲王之子賜爲廬江王，居舒，即此縣也。王有遺愛，立廟祀之。

三角山，在縣西南三百五十里。〔三七〕高五里，山峯似角，一名多智。其山出水，以潤益生人，又飲之聰明博敏，故曰多智。

南峽山，在縣西南一百里。山有兩峯夾道，故曰夾山。連峯夾嶂，綿亘甚遠，北至舒城，東至廬江，南至桐城，西至壽州盛唐界。

龍舒水，在縣南三里。按左傳杜預云「廬江西南有龍舒」，即此水是也。源從三角山東北流。

舒鳩城，在縣城内。按春秋僖公三年，「徐人取舒」。杜注云：「今廬江舒縣」是也。

舒鮑城，在縣西一百里，龍舒水南。小于諸城。

龍舒鄉，今號龍山，在縣西一百里，龍舒水南。因置龍舒鄉。〔三八〕

龍舒城，在縣西一百里，龍舒水西。城内有池，水深六七尺，雖亢暘霖霪，水無盈耗。

舒庸城，與舒鳩城相似，謂之舒庸城。

六城，在縣東南六十里。按春秋文公五年，「楚人滅六」。杜預云：「六，皋陶之後也。今廬江六縣。」即淮南王黥布所都之邑也。

無爲軍今爲鎮。

無爲軍，本廬州巢縣之無爲鎮，即曹操征孫權，築城于此，攻吴無功，因號爲無爲，城臨濡須水上壖也。尋爲無爲監，爲江淮之要津。皇朝太平興國三年改爲無爲軍。在巢縣南六十里。

卷一百二十六校勘記

〔一〕當先破賊大軍　「軍」，三國志卷二六魏書滿寵傳作「輩」，資治通鑑卷七二同，此「軍」蓋爲「輩」字之誤。

〔二〕伏肥池隱處　「池」，三國志魏書滿寵傳作「城」，資治通鑑作「水」，此「池」蓋爲「城」字形近而訛。

〔三〕宋齊之代獨爲廬江郡　輿地紀勝卷四五廬州總序：「宋、齊之代，合肥兼屬南汝陰郡爲汝陰令。」按宋書卷三六州郡志二：「南汝陰太守，江左立，領縣五」，治汝陰縣，「所治即二漢、晉合肥縣。」南齊書卷一四州郡志上南汝陰郡領縣十三，治汝陰縣，則東晉於合肥僑置南汝陰郡，治汝陰縣，宋、齊因之，此處闕誤。

〔四〕後唐爲昭順軍節度　輿地廣記卷二一廬州總序：「唐長興二年升爲昭順軍節度。」與此同。按資治通鑑卷二七一後梁貞明五年云吴武寧節度使張崇，同書卷二七七後唐長興二年：吴賜德勝節度使張崇爵清河王，崇在廬州貪暴，「爲廬州患者二十餘年」。胡三省注：「吴置德勝軍於廬州。」則楊吴初於廬州置武寧軍，後改爲德勝軍。輿地紀勝廬州總序：後唐爲德勝軍節度使，「象之謹按南唐重修巢湖大姥廟記乃德勝軍節度使，都督廬州諸軍事、廬州刺史，以保大二年周鄴立其碑，見在廟中，可以爲據，則在南唐非曰『昭順軍』矣，今從通鑑及廟碑書曰爲德勝軍。」

〔五〕領縣五　萬本、中大本、庫本「領」上皆有「元」字。

〔六〕客二萬六千四百一十一　「一十一」，萬本、庫本作「一十七」。

〔七〕巢父堯時人　按萬本、中大本、庫本皆無，蓋非樂史原文。

〔八〕文翁名黨字仲翁舒人以文學化蜀　萬本、中大本、庫本皆無，蓋非樂史原文。

〔九〕廬江舒人　萬本、中大本、庫本此下皆列有：「左慈，字元放，廬江人」，此蓋脱。

〔一〇〕毛義廬江人家貧以孝行稱　萬本、中大本、庫本皆無，蓋非樂史原文。

〔一一〕任瓌字瑋合肥人太宗朝累功拜大都督　底本「瓌」作「環」，「瑋」上衍「子」字，並據舊唐書卷五九、新唐書卷九〇任瓌傳改删。又萬本、中大本、庫本皆無，蓋非樂史原文。

〔一二〕礬　萬本、中大本、庫本皆無，蓋非樂史原文。

〔一三〕酥鮒魚　「酥」，底本作「蘇」，庫本同，據萬本及新唐書卷四一地理志五改。鮒魚，萬本、中大本、庫本皆無，蓋非樂史原文。

〔一四〕夏水出城父東南至此與肥合故曰合肥　「至此」，底本作「北至」，據萬本及水經施水注引應劭曰改。按此據水經施水注引應劭説；萬本「城父」作「父城」，「與肥合」作「與淮合」，乃據漢書卷二八地理志上顔師古注引應劭説。按今本漢書注，「城父」誤作「父城」，「與肥合」誤作「與淮合」，酈氏所見本是也。

〔一五〕酈道元云至故曰合肥　傅校「道元」下補「注」字，以書例是也。唐盧潘合肥辨：「應劭曰：『夏水出父城東南，至此與肥合，故曰合肥。』今按肥水出雞鳴山，北流二十里所，分而爲二，其一東南流逕合肥縣南，又東南入巢湖；其一西北流二百里，出壽春西，投于淮。二水皆曰肥，爾雅：『歸異，出同流肥。』言所出同而歸異也。合于一源，分而爲肥，合亦同也，故曰合肥，而云夏與肥合者，應氏之失也（據楊守敬水經注疏轉引）。」按夏水指夏肥水，即今西淝河，東南入於淮河，肥水北流入於淮河，夏水何能截淮南入肥水？應劭之説固謬，酈氏牽於應説，解以夏水暴長，亦非，惟盧潘之説足辨二者之失誤。

〔一六〕子了切　萬本、庫本無此三字。按三國志卷四八吴書孫亮傳裴松之注：「巢，音祖了反。」此恐誤。

〔一七〕居巢縣門有石龜　「居巢」，底本脱，據萬本、中大本、庫本及新定九域志卷五廬州補。

〔一八〕筝笛浦　「筝」，底本作「竽」，據萬本、庫本、嘉慶重修一統志卷一二二廬州府引本書及太平御覽卷七五、輿地紀勝廬州改。下同。

〔一九〕乃募敢從者八百餘人擊之于此而退　「此」，底本作「北」，據萬本、中大本、庫本及傅校改。

〔二〇〕金牛城　「牛」，庫本同，萬本作「斗」。輿地紀勝廬州：「金斗城，在合肥西，隋開皇五年置。」未知是否。

〔二一〕西津橋　庫本同，萬本「橋」下注：「一名逍遥津。」按本書下文所記，同資治通鑑卷六七東漢建安二十年張遼敗孫權於逍遥津事。

〔二二〕權與淩統等在津北爲魏將張遼所襲權上津橋　「淩統」，庫本同，萬本作「甘寧」。按三國志卷四七吴書吴主權傳：「權與淩統、甘寧等在津北爲魏將張遼所襲，統等以死扞權。」此宜有「甘寧」，萬本脱「淩統」。「上」，底本空闕，據萬本、中大本、庫本、傅校及三國志吴書吴主權傳裴松之注引江表傳、資治通鑑卷六七建安二十年補。

〔二三〕陳初郡廢　按隋書卷三一地理志下：「慎，東魏置平梁郡，陳曰梁郡，開皇初郡廢。」輿地廣記廬州慎縣同，此蓋誤。

〔二四〕浮閣山　「閣」，萬本作「閣」。按隋書地理志下：慎縣，「有浮閣山。」宋本方輿勝覽卷四八廬州：「浮槎山，在梁縣東南三十五里。按隋志云有浮閣山。俗傳自海上來，昔有梵僧過而指曰，此耆闍一峰也。」而輿地紀勝廬州浮槎山引隋書地理志又作「浮闍山」。未知是否。庫本「閣」作「關」，誤。

〔二五〕春秋　按「吴人伐慎，白公敗之」，載於左傳哀公十六年，非春秋。

〔二六〕東南一百一十五里　「一」，萬本、中大本、庫本皆作「三」。按唐宋廬州治合肥縣，即今安徽合肥市，巢縣即今巢縣，在合肥市東南，以里數而言，此則差少，萬本、中大本、庫本近是，此恐誤。

〔二七〕巢伯來朝　庫本同，萬本此下有「芮伯作旅巢命」，與尚書旅獒合。

〔二八〕春秋時楚滅之以爲邑　庫本同，而「楚」誤爲「此」。萬本作「春秋昭公二十四年，吴滅巢，以爲邑」。按春秋昭公二十四年：「吴滅巢。」左傳：吴「遂滅巢及鍾離而還。」左傳昭公二十五年：楚「使熊相禖郭巢。」蓋楚復取巢築郭，則底本是。

〔二九〕白狗仙人　「仙」，底本作「山」，據萬本、庫本改。

〔三〇〕在縣西北四十八里　「西北」，萬本同，中大本作「西」，嘉慶重修一統志廬州府引本書作「去縣西十八里」。

〔三一〕一名巢湖　「巢」，嘉慶重修一統志廬州府引本書作「漅」。庫本同，「名」作「號」。

〔三二〕復有一泉半冷半熱名曰半湯　萬本無此文。按本書上文已列有：「半湯山，山下有泉，半冷半熱。」

〔三三〕洞内壁上有字跡尤大　「字」，萬本、庫本皆作「手」。

〔三四〕即此地也　「即此」，萬本、中大本、庫本並作「皆楚」，乃從左傳桓公十三年杜預注。

〔三五〕今俗名馮家冢　「馮」，萬本、庫本皆作「連」，未知是否。

〔三六〕有鯉數十頭飛集堂下　「數」，萬本、庫本皆作「魚」，未知是否。

〔三七〕在縣西南三百五十里　「三」，萬本、中大本、庫本皆作「二」，疑爲「二」字之誤。

〔三八〕小于諸城至因置龍舒鄉　萬本、庫本皆無「小于諸城龍舒鄉今號龍山在縣西一百里龍舒水南」二一字，以「因置龍舒鄉」序于上條舒鮑城「在縣西一百里龍舒水南」之下，未知是否。

太平寰宇記卷之一百二十七

淮南道五

蘄州　光州

蘄州

蘄州，蘄春郡。今理蘄春縣。禹貢揚州之域。春秋時屬楚，分爲英氏國。春秋云：「齊人、徐人伐英氏。」杜注云：「楚與國也。」史記云：「顓頊之後曰鬻熊，爲文王師。成王封其曾孫熊繹于楚，封以子男之田，居丹陽。其後至文王徙都郢。」故江陵，是爲西楚；漢封元王交于彭城，是爲東楚；又封厲王胥于廣陵，是爲南楚。今蘄州居三楚之中，蓋蘄爲周、秦舊地也。始皇十六年滅楚，虜王負芻于蘄，即此。㈠今州北有蘄水，南入于江，江津，曹操與橋蕤戰處，在蘄水之陽。秦滅六國，此爲九江郡地。今州東廣濟縣，即秦、漢之六縣，而英布即縣人。項羽封布淮南王而都六，今古城猶存。〔二〕後爲蘄春縣，建武二十三年封陳俊子浮爲蘄春侯。吳志云：「魏使廬江謝奇爲蘄春郡典農，屯皖，呂蒙襲破之。」又賀齊傳云：「初，晉宗爲吳將，以衆叛如魏，還爲蘄春太守，圖襲安樂，取其保質。權以爲恥，因軍初罷，六月盛夏，出于不意，詔齊督麋芳、鮮于丹等襲蘄春，生虜宗。」吳復置蘄春郡。晉惠帝時，蘄春改爲西陽郡。晉書云：「孝武以宣太后諱『春』，改爲蘄陽。」仍屬新蔡郡。後爲羅州，屬江夏郡。又宋州郡志云：「大明八年，蘄陽縣復置，屬西陽郡。」齊高帝改置齊昌郡。梁侯景之亂，北齊高氏盡有淮南之地，因于此置雍州。〔三〕後梁明帝附周，猶如之。〔四〕至陳武帝建國，洎宣帝命將吳明徹經營淮南，陳書云：「明徹攻下晉州，進克蘄城。」隋初爲蘄州。煬帝三年廢州，復置蘄春郡。唐武德四年改爲蘄州，領蘄春、蘄水、羅田、黃梅、浠水五縣；其年省蘄水入蘄春，又分蘄春立永寧，省羅田入浠水，又改浠水爲蘭溪，又于黃梅縣置南晉州；八年州廢，以黃梅來屬。天寶元年改爲蘄春郡。乾元元年復爲蘄州。

領縣四：〔五〕蘄春，黃梅，廣濟，蘄水。

州境：東西一百七十里。南北五百一十里。

四至八到：西北至西京取蔡州路一千八百二十四里，水路取蘄水南下揚州，東北泝流屈曲四千一百二里。西北至長安取洛陽南潼關路二千五百六里；又取藍田關路二千一百六十一里，水路取蘄水下揚州，東北泝流至洛京福昌縣界穴狼山過，屈曲五千一百四十五里。東至舒州三百里。南至鄂州永興縣界二百二十里。西至黄州三百三十里。北至壽州霍山縣四百五十里。東南至鄂州五百里。〔六〕西至光州三百七十里。〔七〕東北至壽州踰太山九百七十里。

户：唐開元户一萬一千一百。皇朝户主一萬四千一百一十九，客一萬四千八百一十七。

風俗：同舒州。

人物：無。

土産：白紵布，白花蛇，竹簟，笛管，以上舊貢。茶。出當州蘄春、蘄水二縣北山。

蘄春縣，舊十四鄉，今五鄉。本漢舊縣，屬江夏郡。按地名解云：「蘄春以水限多蘄菜，因以爲名。」晉太康地記云：「改屬弋陽郡。」惠帝時屬西陽郡。孝武改爲蘄陽，屬新蔡郡。北齊于此置齊昌郡，後復爲齊陽縣，因以立郡。〔八〕

四流山，在州北界。山嶺迤邐，山南水流入蘄水縣界以入大江，〔九〕即鄂州永興縣界；山西水北流入蘄水縣界，次入大江，即鄂州武昌縣界；北入壽州霍山縣，東入舒州太湖縣界。

鼓角山。天將雨，必聞鼓角之響，然後下雨。

蘄水，源出縣西大浮山，一名蘄山。水經云：「蘄水出江夏蘄春縣北山。」

温水，出當州蘄春縣界東北六十里山下。凝冬之月，蒸氣上騰，人皆沐浴。

翻車水。蘄春郡記云：「九江王英布于翻車水北築翻車城。」

江夏王城。晉江夏王所築。

鈷鉧水，出櫨梨山，入蘄河。

黄梅縣，東一百四十里。舊七鄉，今四鄉。本漢蘄春縣地，宋書州郡志云：「宋分江夏郡置南新蔡郡。」〔一〇〕隋開皇十八年改爲黄梅縣，界内有黄梅山，因以爲名。

黄梅水，出黄梅山，南流入威湖。

慈雲塔，在縣西北四十里雙峯山。第四祖道信大師寂滅之所。大曆九年勅謚號大醫和尚，塔號慈雲。

法雨塔，在縣東北二十六里馮茂山。第五祖弘忍大師寂滅之所。大曆元年勅謚號大滿和尚，塔號法雨。

畎江五阜洲，在縣一百一十里。〔一一〕按尚書：「九江納錫大龜。」出蔡地，即此也。

廣濟縣，東五十里。舊十一鄉，今四鄉。本蘄春縣地，唐武德四年析置永寧縣。至天寶元年改爲廣濟縣。

積布山。酈道元注水經云：「江水又東經積布山南，俗謂之積布磯」是也。

黄石水。水經注云：「江之右岸有黄石山，水經其北，即有黄石磯」是也。

蔡山，山出大龜。尚書云「九江納錫大龜」，即謂此山之龜也。

青林湖。水經注云：「江水在青林湖傍，即利水，出廬江郡之東陵縣，〔一二〕西南流入積爲湖，湖西有青林山。」

蘄水縣，西北七十一里。〔一三〕舊十鄉，今四鄉。本漢蘄春縣地，宋武帝于此置浠水縣。〔一四〕唐武德四年改爲蘭溪。至天寶元年改爲蘄水縣，以縣界蘄水所出爲名。

茶山，在縣北深川。每年採造貢茶之所。

蘭溪水，源出箬竹山，其側多蘭。唐武德初，縣指此爲名。

光　州

光州，弋陽郡。理光山縣，今理定城縣。禹貢揚州之域。春秋時弦子國。春秋魯僖公五年，「楚人滅弦。」杜預注云：「弦在弋陽軑音大。縣。」是。秦屬九江郡。漢爲西陽縣，屬江夏郡。魏分置弋陽郡。晉元康末分弋陽爲西陽郡。歷東晉、齊、梁，皆爲弋陽郡理。又輿地志云：「梁末于光城置光州。後魏又爲弋陽郡。北齊置南郢州。後周又改爲淮南郡。」隋初郡廢爲州。煬帝初又爲郡。唐武德三年平江淮，改爲光州，置總管府，以定城縣爲弦州，殷城縣爲義州，以廢宋安郡爲谷州，凡管光、弦、義、谷、廬五州，光州領光山、樂安、固始三縣。武德七年改總管府爲都督府。貞觀元年罷都督府，省弦州及義州，以定城、殷城來屬，又省谷州，以宋安併入樂安。天寶元年改爲弋陽郡。乾元元年復爲光州。

元領縣五。今四：定城，光山，仙居，固始。一縣廢：殷城。併入固始。

州境：東西二百四十三里。南北一百五十五里。

四至八到：西北至東京九百里。西北至西京一千三百二十里。西北至長安一千七百三十里。東至壽州四百里。南至黃州三百六十里。〔一五〕西至舊申州二百里。北至蔡州三百里。東南至蘄州八百二十里。西南至安州七百里。東北至潁州三百二十里。西北至許州六百二十里。

户：唐開元户二萬九千六百九十五。皇朝户主五千二百五十一，客一萬三千三百三十。〔一六〕

風俗：同申、蔡。

人物：無。

土産：茜草，葛，遠志，綿，絹，生石斛，名玉。

其地有毒蛇、沙虮，〔一七〕自夏至秋，水草中多此物，傷害於人。療蛇傷用反息草，沙虱用重樓草，出于期思邑。虮，一作「虱。」〔一八〕

定城縣，舊二十鄉，今六鄉。春秋黄國地。漢爲弋陽縣地，屬汝南郡。梁普通八年自後魏徙弋陽郡于此置。〔一九〕輿地志云：「高齊後弋陽郡又爲新蔡郡，改平輿縣爲南弋陽縣。武平元年改南弋陽縣爲定城縣。」按十三州志云：「定城置在古黄子國南十二里。」武德三年置弦州。貞觀元年省弦州，以定城縣屬光州。

淮水，在縣北六十七里。

黄國故城，在縣西十二里。春秋時黄國，爲楚滅。

弋陽故城、弋陽臺，並在今縣西二里。

光山縣，北三十里。〔二〇〕舊四鄉，今七鄉。本漢西陽縣，屬江夏郡。魏屬弋陽郡。宋孝武帝大明初于此立光城縣。隋開皇三年廢入樂安縣，十八年又置光山縣。一名弋山縣。

淮水，經縣北七十里。

浮光山，周迴十二里，一名浮弋山，在縣西北八里。應劭注漢書云：「弋山在城西北。」水經注云：「浮光山即弋陽山也，出名玉及黑石，堪爲碁。其山俯映長淮，每有光輝。」

白牙山，在縣東南百六十七里，與黄州麻城縣從山頂爲界。出山桑，爲弓弩材。

柴水，源出仙居縣南，屈曲流一百一十里入淮。北向蔡州新息縣及西向仙居縣路並造橋渡。按水經云：「淮水又東，有壑水注之。」酈善長注云：「水出白沙山，東北經柴亭西，俗謂之柴水。」

雨施陂，在縣西八里。〔二〕唐永徽四年，刺史裴大覺審其地跡，因積水流，遂憑廢跡，以廣田疇，溉灌膏腴百餘頃，人賴其利，故名雨施陂。

木蘭女廟，在縣南二里。唐武德六年，州人盧祖尚任弋陽太守，從黄州移于此。

故黄川城，在縣南四十里。耆舊相傳云古黄國别城。〔三〕宋昇明年置郡，州帶黄水，因名黄川郡。梁天監元年廢。

故西陽城，在縣西二十里。漢書地理志云西陽縣屬江夏郡。魏屬弋陽。晉太康十年封汝南王亮子羕爲西陽公。〔三〕惠帝改封西陽郡王居此縣。永嘉亂後，縣並移置故郪城上流五里，其城遂廢。

故茹由城，在縣南六十二里。按顧野王輿地志云：「晉帝立茹由縣。宋文帝元嘉二十五年復立茹由縣，屬弋陽。」按孝武以屬光城郡。隋開皇三年廢入樂安縣。

伍相廟。水經注云：「弋陽郡東有虞丘郭，南即伍相廟。」存。

木陵故關，在縣南一百三十里。

仙居縣，西一百里。舊九鄉，今四鄉。本漢軑縣地。春秋時弦國，春秋僖公五年：「楚人滅弦。弦子奔黄。」杜注云：「在弋陽軑縣東南。」有弦亭，是漢爲縣，今縣北四十里古軑城是也。漢書功臣侯表「惠帝封黎朱蒼爲軑侯」，屬江夏郡。宋書州郡志云「分軑縣立樂安縣」，以樂安山爲名。唐天寶元年改爲仙居縣。

南仙居山，在縣西南二百里。中有石室，仙人所居。

北仙居山，在縣壓山東。元名樂安山，唐天寶中勅改爲仙居山，縣取仙居爲名。

杏山，在縣東北。與仙居山隔，各去縣七里。〔二四〕上有抱朴子煉丹井竈，仙跡甚多。偏山皆杏樹。

谷河水，在縣西八里。水經注云：「其水南出鮮金山，北流合瑟水，東北合淮水。」俗謂之仙居水。

仙堂上陂，〔二五〕在縣西南一十里。梁武大同元年，百姓堰谷水爲六陂以溉田。

古軑縣，在縣北四十里。漢軑縣，惠帝封功臣黎朱蒼爲軑縣侯也。

仙人廟，在縣西南二百里。在南仙居山側，無村，相傳晉抱朴子曾宰樂安縣，人户饉厄，濟之以丹。至今祭祀。

固始縣，東北一百一十五里。舊十二鄉，今六鄉。本漢寢縣。〔二六〕楚相孫叔敖子所封之邑在淮北，故此邑迄今有叔敖祠，甚靈。續漢書志改爲固始。齊、梁俱屬豫州。北齊置建州。〔二七〕至梁末，尋復廢州，又爲新蔡郡，領固始一縣也。後周又爲澮州，以水名郡。隋廢州縣額，復隸弋陽焉。皇朝併殷城縣入。〔二八〕

淮水，經縣北八十里。

安陽山，在縣東六十里。山頂與霍縣分界。〔二九〕

大灌水，在縣西四十里。源出霧露山，西南合決水。〔三〇〕水經注云：「灌水源出廬江金蘭縣，諸先生論神龜出于江、灌水閒，〔三一〕嘉林之中，謂此水也。」俗音訛或爲澮水。又有小澮水。

渒水，在縣西五十里。源出光山縣陰山，北流入當縣。水經注云：「渒水出弋陽南垂山，北流歷陰山關，〔三二〕北注于淮，俗謂之白露水。」

決水，在縣東三里。源出霍山縣版石山，流入縣界。漢書云：「決水出廬江雩婁縣南大別山，北入安豐縣，又經蓼古城，與灌水入淮。」〔三三〕

茹陂，在縣東南四十八里。建安中，劉馥爲揚州刺史興築，以水溉田。

楚相祠，在縣西北七十里期思城西五步。太康地志云：「孫叔敖，本期思城人，爲楚令尹。」圖經云：「祠廟墮壞，託夢于固始縣令段光，復立祠庭。」

期思城，在縣西北七十里。期思，楚之下邑。左傳：「楚王田于孟諸，以期思公復遂爲右司馬。」杜注云：「復遂，楚期思邑公，今弋陽期思縣也。」漢期思縣，理蔣鄉，屬汝南。高祖時，英布大夫賁赫告反，封爲期思侯。魏、晉屬弋陽。齊志屬西陽。續漢書志有蔣鄉。左傳僖公二十四年，「凡、蔣、邢、茅，周公之胤。」杜注云：「蔣在弋陽期思縣。」自梁以來廢。

丁蘭木母冢，在縣北丁村，六十里。

大蘇山，在縣東四十里。陶弘景山圖云：「霍山及牛山出藥草。其山東南角有伏石，似牛復，與霍山相接。」山中出石斛，今入貢。

廢殷城縣，在縣南一百二十里。〔三〕本漢期思縣地，屬汝南郡。宋書州郡志「僑立苞信縣于此」，後成實土。按梁以項城縣爲殷城，以鎮流人，是也。隋文帝以豫州苞信重名，改爲殷城縣，取古殷城爲名。至煬帝又立義州于此。貞觀元年州廢來屬。今併入固始縣。

霧露山，〔三五〕在縣南一百六十里。山頂與麻城縣分界。圖經云：「山在雩婁之境，語訛呼爲『霧露』。」

憚全湯，在縣南山中，去縣四十五里，東流二里入灌水。其湯綠色，三月中，虺毒不可入。

金漿澗水，源出大蘇山，六十八里，入縣北灌水。本名冷水，唐乾封三年，司馬陳順德巡縣，以此水白如漿，改爲金漿澗水。

澮水，在縣西五里。

定城關，在縣西四十里。高齊以南迫陳境，因置關。隋廢。

仙井山，在縣西五十里。傳云昔有仙人隱此。有石泉井數區。

木賊山，在縣南一百里。多木賊草。

卷一百二十七校勘記

〔一〕始皇十六年滅楚虜王負芻于蘄即此　據史記卷六秦始皇本紀、卷四〇楚世家記載，秦始皇二十三年，即楚王負芻四年，秦將王翦破楚軍於蘄，次年破楚國，虜楚王負芻，非在十六年。又史記卷七三王翦列傳：「大破荆軍，至蘄南。」正義：蘄，「徐州縣也。」在今安徽宿縣東南，非此地，此誤。

〔二〕今州東廣濟縣至今古城猶存　史記卷七項羽本紀：「立布爲九江王，都六。」正義引括地志云：「故六城在壽州安豐縣南百三十二里，本六國，偃姓，皋繇之後所封也。黥布亦皋繇之後，居六也。」同書卷九一黥布列傳：「黥布者，六人也，姓英氏。項王封諸將，立布爲九江王，都六。漢六年，布封爲『淮南王，都六。』」索隱：「地理志廬江有六縣。蘇林曰：『今爲六安也』。」正義：「故六城在壽州安豐縣西南百三十三里。按黥布封淮南王，都六，即此城。」漢書卷三四黥布傳亦載，項羽封布爲九江王，都六；漢立布爲淮南王，都六。此云「項羽封布爲淮南王」，當誤。唐安豐縣在今安徽壽縣南安豐塘北，則秦、漢之六縣在其南一百三十餘里，應在今六安縣。本書卷一二九壽州六安縣：「皋陶冢，在縣北十五里。按舊圖經云：『今置縣處，則古之六縣也。』夏本紀：『皋陶卒，封其後於英、六。』注云：『皋陶冢在廬江縣。』則英布是其裔也。今縣北十三里有二古城，一爲六合城，一爲白沙城。」按「六合」當是「六安」之訛，宋六安縣即今六安縣，六城在今縣北十三里，正合括地志記載。唐宋廣濟縣，即今湖北廣濟縣北梅川，與古六縣無涉，此云「廣濟縣，即秦漢之六縣」，謬也。

〔三〕因于此置雍州　「雍州」，萬本同，中大本、庫本作「羅州」。按通典卷一八一州郡一一、輿地廣記卷二一皆云「北齊置雍州」。隋書卷三一地理志下作「羅州」，同書卷六二劉權傳：「祖軌，齊羅州刺史。」王仲犖北周地理志：「蘄陽無雍州僑郡縣，不宜高齊於此僑置雍州，疑羅州不誤。」

〔四〕後梁明帝附周猶如之　隋書地理志下：「後齊置羅州，後周改爲蘄州。」輿地紀勝卷四七、宋本方輿勝覽卷四九蘄州總序皆同，且梁無「明帝」之帝謚，此云當有誤。

〔五〕領縣四　萬本、中大本、庫本「領」上皆有「元」字。

〔六〕東南至鄂州五百里　按唐宋蘄州治蘄春縣，在今蘄春縣北，鄂州治江夏縣，即今武漢市武昌，在蘄州之西。本書卷一一二鄂州：「東北至蘄州五百里。」則此「東南」蓋爲「西南」之誤。

〔七〕西至光州三百七十里　按唐宋光州治定城縣，即今河南潢川縣，在蘄州西北。本卷光州：「東南至蘄州八百二十里。」元豐九域志卷五：蘄州，「西北至本州界二百五十里，自界首至光州三百里。」此「西」下脱「北」字，所記里數有誤。

〔八〕後復爲齊陽縣因以立郡　按隋書地理志下蘄春縣：「舊曰蘄陽，梁改曰蘄水，後齊改曰齊昌，置齊昌郡。開皇十八年改爲蘄春。」輿地廣記、輿地紀勝蘄州載同，皆無此記載。

〔九〕蘄水縣　按輿地紀勝蘄州引本書作「蘄春縣」，當是。

〔一〇〕宋分江夏郡置南新蔡郡　按宋書卷三六州郡志二：「南新蔡太守，江左立。」與此不同。南齊書卷一四州郡志上，齊昌郡領有永興縣，隋書地理志下黄梅縣：「舊曰永興，開皇初改曰新蔡，十八年改名焉。」輿地廣記蘄州黄梅縣：「晉元帝置新蔡郡及永興縣，後郡廢，隋開皇初改縣爲新蔡，十八年又改爲黃梅。」輿地紀勝蘄州引同，此疑誤。

〔一一〕在縣一百一十里　庫本同，萬本「縣」下空闕一字格。當脱一某方向之字。

〔一二〕江水在青林湖傍即利水出廬江郡之東陵縣　「江水在青林湖傍」，永樂大典卷二二六一引本書作「江水左傍青林湖」。「東陵縣」，水經江水注作「東陵鄉」，漢書卷二八地理志上：廬江郡：「金蘭西北有東陵鄉，淮水出。」此「縣」蓋爲「鄉」字之誤。

〔一三〕西北七十一里　「一」，萬本、庫本作「二」，同元和郡縣圖志卷二七蘄州。

〔一四〕宋武帝于此置浠水縣　「宋武帝」，元和郡縣圖志作「宋文帝」，輿地紀勝作「宋（文帝）元嘉時」。

〔一五〕南至黃州三百六十里　按本書卷一三一黃州：「北至光州七百里。」元豐九域志光州：「南至本州界一百八十里，自界首至黃州三百六十里。」唐宋光州治定城縣，即今河南潢川縣，黃州治黃岡縣，即今湖北黃岡縣，南北相去里數，略合九域志，此當誤。

〔一六〕客一萬三千三百三十　「三十」，庫本同，萬本作「二十」。

〔一七〕沙虬　「虬」，萬本、中大本、庫本皆作「虱」，按本書下文亦作「虱」，宜作「虱」。

〔一八〕虬一作虱　萬本、庫本皆無此文。

〔一九〕梁普通八年自後魏徙弋陽郡于此置　原校：「按後魏書地形志：『弋陽郡，孝昌三年陷。』即梁普通八年也，自後魏得之，故云自後魏徙。」

〔二〇〕北三十里　按唐宋光山縣，即今光山縣，在光州西南，元和郡縣圖志卷九光州光山縣：「北至州三十里。」是也。本書記載各縣方位，以在州的某方向而言，則此「北」爲「南」字之誤。

〔二一〕在縣西八里　按新唐書卷四一地理志五作「西南八里」，此脱「南」字。

〔二二〕耆舊相傳云古黄國别城　「城」，嘉慶重修一統志卷二二二光州引本書作「都」。

〔二三〕封汝南王亮子羕爲西陽公　「羕」，底本作「美」，萬本作「義」，皆誤，據庫本及晉書卷五九汝南王亮傳改。

〔二四〕與仙居山隔各去縣七里　萬本、庫本皆作「與仙居山隔谷，去縣七里」，似是。

〔二五〕仙堂上陂　元和郡縣圖志光州作「仙堂六陂」。按本書下文云「堰谷水爲六陂以溉田」，則此「上」宜作「六」。

〔二六〕本漢寢縣　「寢」，庫本同，萬本作「蓼」。通典卷一八一州郡一一亦作「寢」，輿地廣記卷二一光州作「寑」。按漢書卷二八地理志上，寑屬汝南郡，顔師古注引應劭曰：「孫叔敖子所邑之寑丘是也。世祖更名固始。」續漢書郡國志二：汝南郡固始：「故寢也，光武中興更名。有寢丘。」劉昭注：「史記曰楚莊王封孫叔敖子。」則孫叔敖子所封，漢爲寑縣（寑或作寢），東漢光武改名固始（即今安徽臨泉縣），北齊改置包信縣，唐改置沈丘縣。此處固始縣（即今固始縣），漢爲蓼縣，元和郡縣圖志：固始縣，本漢封蓼侯之地，「東晉已後，蓼縣省。宋明帝失淮北地，乃於此僑立新蔡郡，領固始一縣。」後世以與淮北之固始同名，遂將西漢之「寑」移於此，致混淆爲一，萬本作「蓼」是。

〔二七〕北齊置建州　按隋書地理志下、輿地廣記光州皆作「北建州」，此脱一「北」字。

〔二八〕皇朝併殷城縣入　按元豐九域志、輿地廣記光州、宋朝事實卷一八皆載：建隆元年改殷城縣爲商城縣，後省爲鎮入固始縣。此記載不確。下同。

〔二九〕山頂與霍縣分界　按嘉慶重修一統志光州引本書作「一名太山，上有白龍池」，與此異。

〔三〇〕源出霧露山西南合決水　「霧露山」，庫本同，萬本作「霧山」。據水經決水注，灌水源於大蘇山，東北流注決水，則此「西南」蓋爲「東北」之誤。

〔三一〕灌水源出廬江金蘭縣褚先生論神龜出于江灌水閒　「源出廬江金蘭縣」，萬本作「導源大蘇山」。按水經決水注：灌水「導源廬江金蘭縣西北東陵鄉大蘇山」，則此「金蘭縣」下宜有「西北東陵鄉大蘇山」八字。「于」，底本作「干」，據傅校及水經決水注改。

〔三二〕渒水出弋陽南垂山北流歷陰山關　按水經淮水注：「渒水出弋陽縣南垂山，西北流歷陰山關。」楊守敬水經注疏：「淠，一作渒。」此「北流」上蓋脱「西」字。

〔三三〕漢書云至與灌水入淮　按漢書地理志上廬江郡雩婁：「決水北至蓼入淮，又有灌水，亦北至蓼入決。」與此引漢書文不合，考之水經注，實引自水經決水注，此云「漢書」，誤。

〔三四〕在縣南一百二十里　按元和郡縣圖志光州載，殷城縣在光州南一百二十里，與此異。

〔三五〕霧露山　庫本同，萬本作「霧山」。按本書下文云「語訛呼爲霧露」，則此是也。

太平寰宇記卷之一百二十八

淮南道六

滁州　濠州

滁州

滁州，永陽郡。今理清流縣。禹貢揚州之域。春秋時爲楚地。左氏傳云：「楚子囊師于棠。」今江都六合縣是也。秦并楚，置三十六郡，此爲九江郡地。兩漢因之不改。晉屬淮南郡。宋屬新昌郡，齊因之。梁大同二年割北徐州之新昌、南豫州之南譙、豫州之北譙，凡三郡立爲南譙州，居桑根山之西，今州西南八十里全椒縣界南譙故城是也。梁末喪亂，地没高齊；至天保三年徙南譙州于新昌郡，今之州城是也，又改北譙爲臨滁郡，南譙州領臨滁、新昌、高塘三郡。隋開皇九年廢新昌郡，改南譙州爲滁州，〔一〕因水爲名。煬帝初州廢，其地并入江都，爲清流縣。唐武德三年，杜伏威歸順，因置滁州，又以揚州之全椒來屬。天寶元年改爲永陽郡。乾元元年復爲滁州。

領縣三：〔二〕清流，全椒，永陽。

州境：東西二百五里。南北一百七十三里。

四至八到：西北至東京一千三百七十里。西北至西京一千七百八十里。西北至長安二千五百六十里。東至揚州三百三十里。南至和州二百里。西至濠州二百六十里。北至廬州慎縣界一百六十二里。東南至和州烏江縣一百六十一里。西南至廬州慎縣界一百六十二里。西北至濠州二百二十六里。東北至盱眙縣二百四十四里。

户：唐開元户二萬一百。皇朝户主一萬八百三十九，〔三〕客九千八百三十四。

風俗：同揚州。

人物：無。

土産：貲布。舊貢。

清流縣，舊二十鄉，〔四〕今八鄉。本漢全椒縣地，屬九江郡。梁爲頓丘縣。隋初改爲新昌縣，又改爲清流，因縣東清流水爲名。

清流關山，在縣西二十二里。多野生牡丹。〔五〕

清流水，西南自全椒縣界流入。〔六〕

琅邪山，在縣西南十二里。其山始因東晉元帝爲琅邪王，避地此山，因名之。

滁河，在縣東三里。源自廬州慎縣來，東南流入六合，至瓜步入大江。

銅官山，在縣北三里。

全椒縣，南六十里。舊十三鄉，今五鄉。戰國時爲楚地。本漢舊縣，屬九江郡。後漢世祖封馬成爲全椒侯。晉改爲南譙縣。梁立北譙郡。北齊改爲臨滁郡。後周復曰北譙。隋初爲滁縣。〔七〕隋大業初又爲全椒，隸江都。唐因隋制不改。武德二年始屬滁州。〔八〕郡國志云：「後漢彭城劉平爲令，虎自全椒縣渡江。」

丁姑祠。搜神記云：「淮南全椒縣有丁新婦者，本丹陽人，年十六，適全椒謝家。其姑嚴酷，每使役皆有程限，或違頃刻，必加鞭笞，不可堪處，以九月七日自經而死，遂有靈響，聞于人間。仍發言于巫祝曰：『念人家婦女，工作不已，使避九月七日焉。』今江南皆呼爲丁姑假，九月七日，咸以爲息日也。吴平後，其女幽魂思鄉欲歸，永平元年九月七日現形，〔九〕著縹衣，戴青蓋，婢從其後，至牛渚津求渡。有二男子，共捕魚，乃謂姑云：『與我爲婦，即當相渡。』姑罵之。須臾，有老翁乘船又至，從求渡，翁渡之，至南岸，姑曰：『吾是鬼神，思報厚德。翁速還，必有所獲。』翁至西岸，見兩男子覆水中，有魚數千頭，風漂上岸，翁取魚歸。俗以姑有靈，故立祠焉。」

九鬭山，在縣北九十四里。一謂陰陵山。江表傳云：「項羽敗，東走烏江，取此山過。漢遣灌嬰兵追羽至此，一日九戰，因名九鬭山。今山石猶有磨刀礪鏃之跡尚存。」〔一〇〕

滁水，在縣南一十六里。其源出于廬州慎縣，東流經滁、揚二州，入于江。

銅井山，在縣西七十里。上有銅井。

阜陵故城，在縣西南八十里。〔一一〕漢縣廢城。

羹頡侯墓，在縣城南。〔一二〕古老相傳，今無碑石矣。

永陽縣，〔一三〕東北三十五里。舊十三鄉，今七鄉。本漢全椒縣地，唐景龍三年析置，取縣北永陽山爲名。

八石山，在縣西南十三里。故老相傳云有八仙人自壽春尋淮南王，〔一四〕于此山過，各踞一石坐，故號八石山。

來安水，在縣東三里。源出馬嶺山，東流至來安村爲名，〔一五〕入揚州六合縣。

廢頓丘城，在縣東一里。地理志云：「宋明帝割秦郡頓丘以立新昌。」即此處也。

濠州

濠州，鍾離郡。今理鍾離縣。禹貢揚州之域。史記云：「昔禹會諸侯于塗山，執玉帛者萬國。」〔一六〕即郡西塗山是也。按帝王紀云：「揚州之域當塗縣有禹塗山。」即此地。春秋時爲鍾離子國。世本云：「嬴姓，徐之别號也。」左傳成公十五年，「叔孫僑如會吴于鍾離。」杜注云：「屬楚邑，淮南縣也。」昭公二十四年，「楚子爲舟師以畧吴疆，吴人踵楚，遂滅巢及鍾離而還。」史記：楚平王時，「吴之邊邑卑梁與楚邊邑鍾離小童爭桑，兩家交怒相攻滅。」〔一七〕秦併天下，屬九江郡。漢置鍾離縣，復隸九江郡。晉立鍾離郡，宋因之。宋明帝失淮北地，復立徐州于此，後廢帝改號北徐州。梁因之，以昌義之爲北徐州刺史，鎮鍾離。魏中山王元英、將軍楊大眼率衆十萬來寇。鍾離城北阻淮水，魏人于州東邵陽作浮橋，晝夜攻城，分番相代。義之善射，每彎弓所向，莫不應弦而倒，一日戰數十合，魏軍死者與城平。會高祖遣曹景宗、韋叡二十萬來救，魏軍大敗，英與楊大眼脱身而走，因輕騎追至洛口而還。州後入高齊，文宣帝改爲西楚州。隋開皇二年改爲濠州，以界内山名郡。大業二年又改爲鍾離郡。唐武德三年，杜伏威降，改爲濠州，又改臨濠爲定遠縣，化明一作「名」。〔一八〕爲招義縣，領鍾離、塗山、定遠、招義四縣。武德四年省塗山入鍾離。天寶元年改爲鍾離郡。乾元元年復爲濠州。本屬淮南，與壽陽阻淮帶山，爲淮南之險。貞元五年，竇參爲相，于是越淮割地，隸屬徐州。及徐州節度使張建封死，子愔爲本軍所立，常挫王師，朝廷幾失淮南之地，蓋參不學無術，昧于疆理之制所由致也。自貞元已後，州西渦口對岸置兩城，刺史常帶兩城使，以守其要。「濠」字中間誤去「水」，元和三年，字又加「水」。

元領縣三。今二：鍾離，定遠。一縣割出：招義。入泗州。

州境：東西二百六十七里。南北，缺。

四至八到：西北至東京一千一百五十里。西北至西京一千五百七十里。西北取虹縣路至長安二千三百七十里。東至楚州四百二十里。西至彭城郡界九十五里。〔一九〕南至盧州三百三十里。北至虹縣一百八十里，從虹縣至泗州一百三十里。〔二〇〕東南至滁州二百三十里。西南至壽州二百二十里。西北渡淮取蘄州路至徐州四百六十里。〔二一〕東北至盱眙縣二百二十里，從縣至楚州一百九十里。

户：唐開元户二萬五百五十二。〔二二〕皇朝户主七千四百四十七，客一萬八百六十四。

風俗：揚州之域，婚娶喪祀，與諸夏不異。率性真直，賤商務農。其食秔稻，其衣絁布。地帶淮濠，皆通舟楫，所貨遷者，米麥柴炭。〔二三〕

人物：無。

土產：鍾乳，雲母，官絁，綿，絹。

鍾離縣，四十四鄉，〔二三〕〔二四〕今四鄉。漢舊縣，屬九江郡。至晉屬淮南郡。安帝時，因東郡燕縣流人在鍾離者多，〔二五〕于此置燕縣。高齊復爲鍾離縣。今縣東四里有古鍾離城，即魯昭公四年楚城鍾離是也，至二十四年爲吴所滅之地。

塗山，在縣西九十五里。春秋左氏傳：魯諸大夫對孟孫曰：「禹會諸侯于塗山，執玉帛者萬國。」杜注云：「在壽春縣東北。」應劭注漢書地理志云：「禹所娶塗山。〔二六〕山有禹墟。」太康地志云：「塗山，古當塗國，夏禹所娶也。山西又有禹村，蓋禹會諸侯之地。」又帝王紀曰「禹會諸侯于塗山」，在禹貢揚州之域。今九江當塗縣有禹娶之地，今邑界有當塗故縣存，即漢舊縣，後廢。

莫耶山。長老傳云：「古者于此山鑄莫耶劍，因名山。」史記：賈誼弔屈原篇云：「莫耶爲鈍。」注云：「吴大夫也。」王僧虔吴郡地理志云：「吴人造劍二，陽曰干將，陰曰莫耶。莫耶者，干將之妻名也。」又淮南記云：「濠水合流千金塘，流出縣西莫耶山是也。〔二七〕」

雲母山，一名濠上山，在州東南四十里。按神仙傳云：「雲母，彭祖服食之時，人共傳採于此山，今或有道者採取不已。」

白沙山，在州東八十里。其山偏是白沙。

曹山，在州南六十里。古老相傳昔魏太祖東征，駐兵停此嶺，因名曹山。

石膏山，在州西南七十里。其山多出石膏，今採取無時。

洛水，自定遠縣西白望堆入界，與壽春縣洛水口中流分界。〔二八〕屈曲北八里，流至所部新城村南十五里入淮。〔二九〕按魏中山王元英、大將楊大眼軍敗，脱身走至洛口是也。又梁天監四年，復興兵伐魏，舟師十萬，以臨川王宏爲大都督，沿江入淮，軍次洛口澗，是也。〔三〇〕

濠塘山，在縣南六十里。有濠水出焉。古老相傳緣山泉灌濠成塘，故以爲名。山穴出鍾乳，〔三一〕并有蝙蝠白色，于穴中倒懸，微帶紫色。居人或九月以後，二月以前採取，服之頗益壽。

觀魚臺，在縣西南七里。莊子遊于濠梁水上，見儵魚出遊從容，莊子曰：「是魚樂乎？」惠子曰：「子非魚，安知魚之樂耶？」莊子曰：「子非我，安知我不知魚之樂也？」按惠、莊觀魚，即此臺也。

杏山，在州南六十里。按神仙傳：「董奉，吴時居此山，爲人治病，惟令種杏五株。數年，杏至萬株，後服杏金丹得仙。」

臨淮山，在州東九十五里，俯臨長淮。山下有穴，去水一丈，淮水泛溢，其穴即上高，水減，其穴還低。有似山浮，亦號浮山。

東濠水，出縣南濠塘山。東北流至州，屈曲繞城東北流入淮。

西濠水，出縣西南莫耶山，北入淮。西南自壽州界流入。

南華真人冢，在今州東二里。相傳是莊周之墓，在今開元寺講堂後。

古鍾離城，在州東六里，四面濠見在。即左傳昭公四年，「楚箴尹宜咎城鍾離」。至二十四年，爲吴所滅。後漢光武以爲侯國。晉太康二年改爲縣，後爲郡。今廢城存。

馬頭城，在縣西一百一十七里。按晉太元二年，謝玄爲兖州刺史，以爲馬頭城。至義熙元年立爲馬頭郡，緣山形爲名。顧野王輿地志云：「其界即當塗山國之舊地。元屬豫州，宋屬徐州，齊因之。梁大通元年，刺史劉公茂移居新城，從兹遂廢。」

古當塗山城，〔三〕在州西一百一十七里。漢爲縣，屬九江郡。武帝封魏不害爲當塗侯。王莽改爲山聚。後漢還爲當塗縣。安帝永初四年封任城孝王亢爲當塗侯，〔三〕是此。按輿地志：「三國時荒廢。」按晉書：「太康九年復立，〔四〕屬淮南郡。」太康地理志云：「其山在壽春東北。」今驗無差。輿地志云：「即夏禹所娶塗山氏之國也。」

廢小東城，在州東北三里。按宋書：「泰始二年築，以鎮濠口。」此城至小，初本無號，後俗見在鍾離東北，緣此號小東城。北齊天保元年以爲鍾離郡，太建五年廢。無城塹，空餘其地。今在此濠口，見爲城隍廟。

廢荆山堰，在州西一百二十二里。按梁天監十三年，魏降人王足陳計，求堰淮水以灌壽陽，足引北方童謡云：「荆山爲上格，浮山爲下格，潼、沱爲激溝，并灌鉅野澤。」武帝遂發徐、揚人，率二十户取五丁以築之，令太子右衛率康絢護堰作，役人幾二十萬，于鍾離南起浮山，〔三五〕北抵巉石，依岸築土，合脊于中流。十四年四月，堰將合，淮水漂疾，輒復決潰，衆患之。或謂江、淮之間多有蛟龍，能乘風雨，激壞崖岸，其性惡鐵，于是引東西二冶鐵器，大則釜鬲，小則鋘鋤，數千萬斤，沈于堰所，猶不能合。乃伐樹爲井幹，填以巨石，加土其上。緣淮百里内，岡陵木石，無巨細必盡。負擔者肩上皆穿，夏月疾疫，死者相枕，蠅蟲晝夜聲合。是冬又寒甚，淮、泗盡凍，士卒死者十八九。至十五年四月，堰乃成。其長九里，下闊一百四十丈，上廣四十五丈，高二十丈，深十九丈五尺，夾之以堤，並樹杞柳。軍人安堵，列居于上。其水清潔，俯視邑居墳墓，了然皆在其下。其壽陽戍因移置八公山，夾淮數百里，皆水之所淹。或謂絢曰：「四瀆，天所以節宣其氣，不可久塞。」既而昏霧不解而堰潰決，殺數萬人，其聲若雷，聞數百里。〔三六〕水中怪物，隨流而下，或人頭魚身，龍形馬首，殊類詭狀，不可勝名。今號其處爲荆山堰，今渦口東岸是也。

彭城廟，〔三七〕在子城上。東北角有堂。

塗山神廟，在州西九十六里塗山頂。惟有一堂，雕木爲神。按輿地志云：「塗山有神廟，前盤中央污邪，〔三八〕容水每乾涸。若祭祀者至，其水輒出，隨人多少給用。祭祀還，則無。」

定遠縣，南一百里。舊十鄉，今九鄉。本漢東城縣地，漢書淮南王傳「漢文帝封淮南厲王長子良爲東城侯」，屬九江郡也。王莽改曰武城。按梁天監三年，土人祭豐據東城自魏歸，〔三九〕武帝嘉之，改曰豐城，立爲定遠郡，又改爲廣安郡定遠縣。〔四〇〕隋開皇三年廢郡留縣，大業十一年，賊帥孟讓燒劫，縣廢。唐武德二年還于廢廣安郡置定遠縣。天寶四年移于今治。

馬丘城。續漢書云：「當塗有馬丘聚，即徐鳳反于此。」

古曲陽城，在縣西北九十五里。秦爲曲陽縣。王莽割入陰陵縣。漢書地理志：「曲陽，王莽改爲延年亭。」應劭注：「曲陽在淮曲之陽。」

故陰陵城，在縣西六十里。漢爲縣，屬淮南郡。按漢書項籍傳云：「羽敗于垓下，潰圍而走，騎將灌嬰追，羽過淮，至陰陵，迷失道。」即此處。王莽改爲陽陵。〔四一〕又郡國志云：「陰陵在莫耶山南。」

廢定遠縣城，在縣西南八十五里。古老相傳云梁、魏交并之日，魏築爲壘，在艾甫塘下，流水出夾城西注，蓋即緣塘立名，未詳指實。按梁典：「普通七年九月一日，胡龍牙虜艾甫城，〔四二〕生擒五千人」是也。

廢東城，漢縣故城。項羽自陰陵至此，又南走烏江亭，楊喜等斬羽于此。在縣東南。梁亦置臨濠郡于此，在縣東。

廢閭城，在縣西北一百五十里。故老相傳云後魏太武南征時築。梁普通三年于中置西沛郡，〔四三〕至梁大寶二年廢。

廢漆園，在縣東三十里。其地東西南北約方三百步，〔四四〕天寶中尚有漆樹一二十株，野火焚燒其樹。在故縣村西一百步，即楚國莊周爲吏之處，今爲壟畝。

鵲甫亭。按水經注「鵲甫溪水西北流經鵲甫亭南」是也。

漆園觀，在縣東北一百三十步。唐弘道二年勅置，取漆園爲名。

晉獻公冢，在縣東八十里，高十丈。古老相傳云晉獻公冢東去驪姬冢一千步。今圖經云「晉獻公冢一雙」是也。

虞姬冢，在縣南六十里，〔四五〕高六丈。即項羽敗，殺姬葬此。

項羽廟，在縣西六十里。古老相傳云項羽既敗，迷于此地。後立廟。

卷一百二十八校勘記

〔一〕隋開皇九年廢新昌郡改南譙州爲滁州　按隋書卷三一地理志下載，隋開皇初廢新昌郡，改南譙州爲滁州，輿地廣記卷二〇滁州同。

〔二〕領縣三　萬本、中大本、庫本「領」上皆有「元」字。

〔三〕主一萬八百三十九　「九」，萬本、中大本、庫本皆作「八」。

〔四〕舊二十鄉　「二十」，萬本、庫本作「二十一」。

〔五〕多野生牡丹　萬本及嘉慶重修一統志卷一三〇滁州引本書皆作「野多生牡丹」，與此不同。

〔六〕西南自全椒縣界流入　「西南」，庫本同，萬本作「南」。按滁州治清流縣，即今安徽滁州市，清流水即今滁州市東南清流河，河自西北向東南流入滁河，非「西南」向，此「西」字衍，或爲「東」字之誤。

〔七〕隋初爲滁縣　「滁縣」，通典卷一八一州郡一一、舊唐書卷四〇地理志三同，隋書地理志下、輿地廣記、輿地紀勝卷四二滁州皆作「滁水」，宜從隋書諸志之説。

〔八〕武德二年始屬滁州　按本書滁州總序載，滁州置於武德三年，舊唐書地理志三、新唐書卷四一地理志五同，此「二年」當爲「三年」之誤。

〔九〕永平元年　「元年」，萬本、庫本皆作「中」。

〔一〇〕今山石猶有磨刀礪鏃之跡尚存　庫本同，萬本無「尚存」二字，太平御覽卷四三引江表傳同，此「尚存」二字蓋衍。

〔一一〕在縣西南八十里　「八十」，庫本同，萬本及嘉慶重修一統志卷一三〇滁州引本書皆作「十八」。

〔一二〕在縣城南　「南」，底本作「中」，據萬本、中大本、庫本及嘉慶重修一統志滁州引本書改。

〔一三〕永陽縣　按輿地紀勝滁州來安縣序云：「唐景龍三年置永陽縣，南唐昇元二年改爲來安縣。」此處應作「來安縣」。下文應敘及南唐改永陽縣爲來安縣。

〔一四〕自壽春尋淮南王　「自」，底本作「在」，據萬本及嘉慶重修一統志滁州引本書改。庫本作「至」，誤。

〔一五〕東流至來安村爲名　「東」，庫本同，萬本作「南」。按來安水從來安縣北南流逕縣東，南入清流河，作「南」是。

〔一六〕史記云昔禹會諸侯于塗山執玉帛者萬國　太平御覽卷一六九引史記同。按「禹會諸侯于塗山，執玉帛者萬國」載於左傳哀公七年，水經淮水注、藝文類聚卷一一、太平御覽卷四三和八二皆引左傳文，而不云出於史記。

〔一七〕兩家交怒相攻滅　按史記卷四〇楚世家作「兩家交怒相攻，滅卑梁人」，非卑梁與鍾離俱滅。

〔一八〕一作名　萬本無此三字。按舊唐書地理志三、新唐書卷三八地理志二皆作「化明」，此誤。

〔一九〕西至彭城郡界九十五里　萬本、庫本皆無此文。按舊唐書地理志、新唐書地理志及本書卷一五，彭城郡爲徐州，此「彭城郡」應作「徐州」。

〔二〇〕從虹縣至泗州一百三十里　萬本、庫本皆無此文。

〔二一〕西北渡淮取蘄州路至徐州四百六十里　按蘄州在淮南江北，非濠州西北渡淮水至徐州之路，淮北之蘄縣爲濠州與徐州交通所必經，此「州」蓋爲「縣」字之誤。

〔二二〕二萬五百五十二　「百」，萬本同，庫本作「千」。

〔二三〕地帶淮濠至米麥柴炭　「濠」，底本作「河」，萬本、庫本同，據輿地紀勝卷五〇、宋本方輿勝覽卷四八濠州引本書改。「皆通舟楫所貨遷者米麥柴炭」，庫本同，而無「所」字，萬本作「皆通舟楫貿遷者」，「米麥柴炭」列於土産「絹」下，當誤。

〔二四〕四十四鄉　萬本、中大本、庫本皆作「舊十四鄉」，此脱「舊」字，或「四」爲「舊」字之誤。

〔二五〕東郡燕縣流人在鍾離者多　「多」，底本無，據萬本、庫本補。輿地紀勝濠州鍾離縣引元和郡縣志：「東郡燕縣流人在鍾離者衆。」與此文義合。

〔二六〕禹所娶塗山　按漢書卷二八地理志上顔師古注引應劭曰作「禹所娶塗山，侯國也」。

〔二七〕濠水合流千金塘至是也　「濠」，底本作「淮」；「也」，底本脱，據萬本、中大本、庫本及太平御覽卷四三引淮南記改補。又「流」，萬本、庫本同，太平御覽引淮南記作「源」，水經淮水注：濠水「出莫邪山東北溪。」此「流」蓋爲「源」字之誤。

〔二八〕與壽春縣洛水口　「口」，萬本、庫本皆無，嘉慶重修一統志卷一二五鳳陽府引本書同。

〔二九〕屈曲北八里流至所部新城村南十五里入淮　「流」，萬本及嘉慶重修一統志鳳陽府引本書皆在「屈曲北」下，當是。

〔三〇〕軍次洛口澗　「洛口澗」，梁書卷二二、南史卷五一臨川靖惠王宏傳、資治通鑑卷一四六梁天監四年皆作「洛口」，無「澗」字。

〔三一〕山穴出鍾乳　「穴」，底本作「上」，據萬本、庫本、嘉慶重修一統志鳳陽府引本書及太平御覽卷四三引壽春圖經改。

〔三二〕古當塗山城　庫本同，萬本作「古當塗城」。按西漢置當塗侯國，東漢爲當塗縣，隋改名塗山縣，則不應有「當塗山」之稱，萬本是。

〔三三〕封任城孝王亢爲當塗侯　「任城」，原作「成」；「亢」，原作「冗」。按後漢書卷四二任城孝王尚傳：「任城孝王尚薨，「子貞王安嗣。永元十四年封母弟福爲桃鄉侯。永初四年封福弟亢爲當塗鄉侯。」則此「成孝王」爲「任城孝王」之誤，「冗」爲「亢」字之誤，據改。「任城孝王」下蓋脱「母弟福」三字。

〔三四〕太康九年復立　按宋書卷三五州郡志一：「晉武帝太康元年復立歷陽、當塗、逡道諸縣。」此「九年」蓋爲「元年」之誤。

〔三五〕于鍾離南起浮山　萬本同，中大本、庫本「浮山」下有「堰」字。按梁書卷一八康絢傳、資治通鑑卷一四七梁天監十三年皆作「浮山」，元和郡縣圖志卷九濠州作「浮山堰」。

〔三六〕聞數百里　「數」，萬本、中大本、庫本皆作「三」，元和郡縣圖志濠州、資治通鑑卷一四八梁天監十五年同。按作「三」是。

〔三七〕彭城廟　「城」，萬本、庫本皆作「祖」。按本書上文雲母山引神仙傳云「雲母，彭祖服食之時，人共傳採于此山。」彭祖廟當建在雲母山，蓋萬本、庫本是。

〔三八〕前盤中央污邪　「央」，萬本、中大本、庫本皆作「夾」。

〔三九〕祭豐　「祭」，萬本作「蔡」，讀史方輿紀要卷二一、嘉慶重修一統志卷一二六鳳陽府引本書同，此「祭」蓋爲「蔡」字之誤。

〔四〇〕改曰豐城立爲定遠郡又改爲廣安郡定遠縣　按隋書地理志下：「舊曰東城，梁改曰定遠，置臨濠郡，後齊改曰廣安。」輿地廣記卷二一濠州同，通典州郡一一亦云「梁置臨濠郡。」並與此異。

〔四一〕王莽改爲陽陵　「陽陵」，通典州郡一一同。按漢書地理志上：「莽曰陰陸。」水經淮水注亦作「陰陸」，王先謙漢書補注：「通典蓋誤。」此亦誤。

〔四二〕梁魏交并之日至胡龍牙虜艾甫城　「并」、「流水」、「虜」，庫本同，萬本作「爭」、「水流」、「掠」，二「艾」，庫本作「芟」，萬本作「芰」，嘉慶重修一統志卷一二六鳳陽府引本書同萬本，此處蓋皆誤。

〔四三〕梁普通三年于中置西沛郡　「中」，嘉慶重修一統志卷一二六鳳陽府引本書作「此」，當是。

〔四四〕方三百步　嘉慶重修一統志卷一二六鳳陽府引本書作「方三百餘步」。

〔四五〕在縣南六十里　按史記卷七項羽本紀正義引括地志云：「虞姬墓在濠州定遠縣東六十里。」與此異。

太平寰宇記卷之一百二十九

淮南道七

壽州

壽州，壽春郡。舊理壽春縣，今理下蔡縣。禹貢揚州之域。秦併天下，爲九江郡。漢爲淮南國，劉安反，國除，復爲九江郡。漢魏以後，爲揚州刺史理所。東晉豫州又鎮于此。自東晉以後，常爲南北兩朝疆埸之地，彼廢此立，改變無恒，各逐便宜，不常厥所。晉太和中，袁真據壽陽叛。伏滔著正淮論曰：「淮南者，三代揚州之分也。當春秋時，吳、楚、陳、蔡之輿地。〔一〕戰國之末，楚全有之，而考烈王都焉，號曰郢都，城即烈王所築，西南小城即楚相春申君黄歇所居。秦併天下，建立郡縣，是爲九江。劉、項之際，號曰東楚。爰自戰國，至于晉之中興，六百餘年，保淮南者九姓，稱兵者十一人，皆亡不旋踵，禍溢于世而終莫戒焉。彼壽陽者，南引荆汝之利，〔二〕東連三吳之富；北接梁、宋，平塗不過七百；〔三〕西接陳、許，水陸不出千里。外有江湖之阻，内保淮、肥之固。龍泉之陂，良疇萬頃，舒、六之貢，利盡蠻越，金石皮革之具萃焉，苞木箭竹之族生焉，山湖藪澤之隈，水旱之所不害，土産草滋之實，荒年之所取給。其俗尚氣力而多勇悍，其人習戰爭而貴詐僞，豪右兼并之門十室而七，藏甲挾劍之家比屋而發。然而仁義之化不漸，刑法之令不及，所以屢多亡國也。」按壽陽自晉至宋，並屬南朝，或爲揚州，或爲豫州，至齊末没于胡寇。梁普通七年重克之。太清元年，後魏河南道大行臺侯景率十三州來降，魏將慕容紹宗追破景于渦陽，梁以景爲大都督、豫州刺史，仍鎮壽陽；〔四〕二年，景作亂，舉兵向建業，景中軍都督復以壽陽降魏，魏復改爲揚州。北齊因之。陳太建五年復得壽陽，改爲豫州。隋開皇九年平陳，改爲壽州。其城臨淝水，北有八公山，山北即灌水，〔五〕自東晉至今，常爲要害之地。隋爲淮南郡。唐武德二年，杜伏威歸國，改爲壽州；七年置都督府，督壽、蓼二州，領壽春、安豐、霍丘三縣。貞觀元年廢都督府，又以廢霍州之霍山縣來屬。天寶元年改爲壽春郡，又置霍山縣。乾元元年復爲壽州。後唐天成三年爲順化軍節度。〔六〕周顯德三年平淮南，降爲防禦州，舊理壽春縣，仍移州于潁州之下蔡縣爲理所。〔七〕皇朝因之，升爲忠正軍節度。〔八〕

元領縣六。今五：下蔡，潁州割出。壽春，安豐，霍丘，六安。一縣廢：霍山。併入六安。

州境：東西一百七十里。南北五百六十五里。

四至八到：西北至東京八百五十里。西北至西京一千二百二十里。〔九〕西北取陳、潁路至長安二千八十里。東至濠州二百二十里。南踰大山至舒州八百里。南至潁州二百六十里。〔一〇〕北至濠州界四十五里。東南至廬州二百六十里。西南至光州四百三十里。西北至宿州界三十里。〔一一〕東北至濠州四百三十里。

户：唐開元户二萬七百七十六。皇朝户主六千九百九十七，客二萬六千五百六。〔一二〕

風俗：淮南之地，人多躁急剽悍，勇敢輕進，斯地氣之使然也。

人物：胡威，字伯武，淮南壽春人。父質。晉武帝問威：「卿孰與父清？」對曰：「臣父清，畏人知，臣清，畏人不知。」

蔣欽。字公奕，九江壽春人。給事孫策，爲右護軍。權常入其堂，爲欽母作錦被。〔一三〕

土産：絲布，石斛，貢。茜草，絁，綿，麻布。

下蔡縣，舊十五鄉，今三鄉。古之蔡國，吴州來之邑。左傳謂「蔡昭侯自新蔡遷于州來」，謂之下蔡是也。漢以爲縣，屬沛郡。梁大同中于硤石山作城以拒東魏，即今縣城也。唐武德四年改爲渦州，〔一四〕尋復下蔡之額，屬潁州。周朝平淮南，移壽州于此。

硤石山。淮水兩岸相對，淮經中過，山上立二城以防津要。上有石，中有馬跡十餘，云是淮南王昇仙之所。

下蔡故城。水經注云：「淮水東岸，又有一城，即下蔡新城也。二城對據，翼帶淮濆」是也，故曰下蔡有二處。

壽春縣，南二十五里。元十三鄉。本楚縣也，戰國時屬楚。史記云：楚頃襄王二十一年，「秦將白起拔郢，頃襄王兵散，東北保于陳城。」考烈王二十二年，「與諸侯共伐秦，不利而去。楚東徙都壽春，命曰郢。」尋爲秦所滅，以壽春爲縣，屬九江郡。東晉以鄭皇后諱改爲壽陽。隋復之。

歡樂井。隋圖經云：「本明義井也。〔一五〕三伏之日，炎暑赫曦，男女往來，氣息短急，望見義井則喜而行，未至而憂，既至而樂，故號歡樂井焉。」

鑊里。吴志云「亮使孫綝大發卒屯鑊里」，〔一六〕即此也。

棘門。史記云：「李園伏死士使刺春申君，斬其首，投于棘門之外，遂使吏盡滅春申之家。」注云：「棘門，壽春城門也。」〔一七〕

八公山，一名肥陵山，在縣北四里。昔淮南王與八公登山，埋金于此，白日昇天。餘藥在器，雞犬舐之皆仙。其處石皆陷人馬之跡，〔一八〕故其山以八公爲名。廟前有碑，齊永明十年所建。

黄閭山，在縣東北五十里。徐靈寶云黄歇所遊之處。今山下猶有閭舍之跡。

青岡，高一百步，在縣西一十三里。按晉書云：「謝玄敗苻堅于青岡，死者如麻。」即此岡也。

淮水。按水經注云：「淮水經壽陽縣西北，肥水從縣城而北入于淮，謂之肥水。〔一九〕淮水又北經下蔡縣故縣東，東岸又有一城，〔二〇〕即下蔡新城也。二城對據，翼帶淮濆。」

肥水，東南自安豐縣界流入，經縣北二里，又西入于淮。晉孝武帝太元八年，苻堅伐晉，軍至壽陽，晉謝玄、謝石拒之，置陣肥水之上，堅大敗而遁。

諸葛誕城，在縣東一里。魏甘露二年，誕攻揚州刺史樂綝，殺之，乃與文欽叛，保據此城。大將軍司馬文王討平之。初議者多欲急攻之，大將軍以爲城固而衆攻之力屈，若有外寇，表裏受敵，此危道也。今三叛相聚于孤城之中，天其或者將使同受戮也，吾當以全策縻之，可坐而制也。誕以二年五月反，三年二月破滅。六軍按甲深溝而誕自困，竟不攻而克。

石城，在縣北四里。梁普通中作荆山堰，遏淮水以灌壽春。魏揚州刺史李憲懼水入城，于肥陵山南築隄以防水。

吴明徹堰，在州西北三里。徹爲陳將攻齊，作此堰引芍陂水以灌壽春。

咄泉，在縣東北十里，淨界寺北一百步。其泉與地平，一無波浪，若人至其傍，大叫即大湧，小叫即小湧，若咄之湧彌甚，因名咄泉。按壽陽記云「一名玄女泉」。牛麓。按古今冢墓記云：「廉頗葬于肥陵牛麓。原掘泉三丈，有一人衣服非常，乃云我是肥陵山神，葬地當吾亘道，〔二〕更宜易之，不爾害汝。掌事者懼而移之，謂之三鍬坑。」

廢西壽春縣，在縣西四十里。壽春記云：「秦始皇二十三年置，北臨淮水。西壽春中有楚王祭淮壇。」水經注云：〔三〕「淮水經倉陵北，又東北流經壽春故城西。」即是也。

廢崇義縣，在縣東南三里。按宋畧云：「太初元年遷金墉人于壽陽，號爲崇義縣。」

廢西曲陽縣城，在縣東北八十三里，南臨洛水。按漢書地理志云秦置九江郡，有曲陽縣。應劭曰：「在淮曲之陽。」晉太康地理志：「東海復有曲陽，故此爲西曲陽縣。」

廢北譙縣，在縣東六十三里。按輿地志云：「宋明帝于淮南立梁郡，領北譙、北梁、蒙城、城父四縣。梁克壽陽後，立北譙郡於故曲陽地，北譙、蒙城二縣屬焉。」

廢蒙城縣，在縣南二百里。按宋書志睢陽縣置南梁郡，領睢陽、蒙、虞、穀熟、陳、義寧、新汲、崇義、寧陵等縣。自晉永嘉過江，温嶠立淮北之縣用牧流人，至隋末廢。

故壽春縣，在縣西一里。縣前有時苗飲犢池。按輿地志云：「梁武克壽春，置豫州，立梁南、梁西、汝陰、武安四郡，于城中置淮南州城也。」

安豐縣，南八十里。舊二十三鄉，今十九鄉。春秋時六國地，昔皋陶所封，兼葬此地。漢爲縣，屬六安國。續漢書郡國志屬廬江郡。梁置陳留、安豐二郡于此。隋罷郡，縣屬揚州，改隸壽州。

芍陂，在縣東一百步。淮南子云：「楚相作期思之陂，灌雩婁之野。」又輿地志：「崔實月令云『孫叔敖作期思陂』，即此。故漢王景爲廬江太守，重修起之，境内豐給。齊、梁之代，多屯田于此。」又按芍陂上承淠水，南自霍山縣北界驧虞石入，號曰豪水，北流注陂中，凡經百里，灌田萬頃。今陂上有令尹祠，甚嚴。

灌水。按水經注云：「灌水經蓼縣，褚先生所謂神龜出于此江之閒」，即此也。

九井。按郭璞山海經云：「壽春有九井相連，若汲一井，九井皆動。」俗人以靈異，不敢汲用，或時隱見，不常厥所。俗傳云老子弟子張傳所鑿也，今縣界故張傳村見此井。

楚相孫叔敖廟，在縣東北二里。崔實云：「孫叔敖作期思陂，以功冠，歷代遂于壇上立廟。」

廢陳留郡，在縣東北五里。領浚儀、小黄、雍丘三縣，廢置在下説。

廢安城府，在縣南四里。隋開皇十六年於白雀驛置。以近城，故名焉。

廢浚儀縣，在縣東北二百五十步芍陂塘下。廢雍丘縣，在縣南六十里。廢小黄縣，在縣西北三十里。以上一郡三縣，晉義熙十二年劉義慶奏置。〔二三〕其陳留郡浚儀、雍丘兩縣，隋開皇三年廢。小黄縣，唐武德七年廢。

廢小肥陵縣，在縣東六十里。唐武德七年廢。

廢小史埭，在縣東五十二里。此埭上源號施水，又曰支津。魏志云：「武帝東征孫權，從東漕口至江際各爲栅。」栅口遣小史何文憲開，因以爲名。

故六城。漢爲六安國□，〔二四〕本云六，偃姓，咎繇之後。所封在南。

蓼城。左傳：「楚公子燮滅蓼。」注云：「蓼國，今安豐蓼縣。」

鶴父亭。郡國志云：「安豐南有鶴父亭。」

霍丘縣，西南一百二十里。舊十四鄉，今十鄉。本春秋時蓼國。在漢爲松滋縣，故城在縣東十五里。〔二五〕今縣本是梁所置霍丘戍，天監四年使將軍吕僧珍北伐，克虜霍丘城是也。隋開皇中改爲縣。〔二六〕唐武德元年于縣置蓼州，〔二七〕管松滋、霍丘二縣；九年廢蓼州及松滋縣，〔二八〕霍丘隸入壽州。

安陽山，在縣西九十里。西屬固始，東屬霍丘。漢書地理志云：「安豐西南有大别山。」又有陽泉縣。」今驗古跡，陽泉縣在山西北，安豐縣在山東北，各取縣之一字爲名。

九仙山，在縣南百八十里。上有九臼，舊有九仙人在此山中擣藥，因名。

望到山，在縣南二百二十二里。〔二九〕古老云山形峭峻，遥望似近，去即難到，俗呼爲望到山，今語訛呼爲望倒山。

臨水山，在縣西北九十五里。西臨決水，即古蓼邑，故名臨水山。東有古城，地理志所謂陽泉縣也。

豐水，在縣西南十里。源出窮谷，本名窮水。按水經注云：「窮水出六安國安豐縣窮谷。」〔三〇〕又左傳云：「楚救潛，司馬沈尹戌與吴師遇于窮。」今俗號豐水。

決水，在縣南二百五十里。説文云：「行流從水聲。廬江有決水，出大别山。」又蘇林解地理志云：「雩婁縣有決水，北至蓼入淮。」今據在雩婁縣城南，屈曲至光州固始縣入淮，今呼史水，即爲訛謬也。

廢安豐州，在縣南四十里射鵠村。東魏天平二年，兩魏初分，此地入梁，大同元年徙舊安豐郡于此置州。至太清二年，侯景破梁，爲中軍大都督王貴顯以壽春降魏，此州又入東魏。北齊天保七年廢州爲縣，遂于無期村置安豐縣，入楚州。隋開皇三年移就芍陂下，此州遂廢。

古安豐州，在縣西南十三里，北臨淮。蓋春秋時蓼國，杜注：「蓼國，今安豐蓼縣。」所言安豐即此城是也。漢書地理志云秦時于壽春置九江郡，此縣屬焉。又漢高帝元年屬衡山國，〔三一〕五年屬淮南國。文帝十六年屬衡山國。武帝元狩二年屬六安國。王莽改曰美豐。晉遷江左，祖約爲豫州刺史，退還壽春，領此縣。梁天監元年移此縣于霍丘戍城東北置安豐。至大同元年又改爲安豐州，此城遂廢。

廢霍丘縣。按後漢朱湯九江壽春記：「金明城西南一百二十里有黄帝時霍丘城，楚莊廢爲戍。」〔三二〕

廢雩婁城。按九江壽春記云：「金明城西南百二十里有雩婁城，堯之妻子城也。」

廢銅城。按九江壽春記：〔三三〕「金明城百三十里有城，州之桐邑也。」

廢安豐縣，在縣東南三十八里。後魏武定七年，州屬魏。〔三四〕至北齊天保七年廢爲縣。後射鴿村移來此。隋開皇三年又移就芍陂塘下置，尋廢。

廢松滋縣，在縣東十五里。按古今地名記云：「松滋，一名祝松，〔三五〕古鳩茲地也。」漢書地理志云廬江郡有松滋縣，王莽改曰誦善。漢書云高后四年封徐厲爲祝茲侯。東魏及周屬安豐州。開皇三年廢。

廢雩婁縣，在縣西南八十里。按春秋襄公二十六年，〔三六〕「楚子、秦人侵吴及雩婁。」杜注云：「雩婁，今屬安豐郡也。」其後楚强，遂爲楚邑。漢書地理志廬江雩婁縣，漢爲侯國。〔三七〕

廢期思縣，在縣百八十里。梁書：「天監四年于期思城置期思州。」陳置邊城郡。隋開皇三年郡廢爲期思縣，屬霍州。大業十三年，狂賊房獻伯攻破縣，〔三八〕因此遂廢。按漢書地理志豫州有期思縣。〔三九〕山海經云：「淮在期思城。」郭璞注云：「期思屬光州。」〔四〇〕今此城蓋移弋陽期思之名於此置。

廢決口縣，在縣西一百五十五里。〔四一〕梁普通七年於古城内立決口縣，大通三年改爲臨水縣。水經注云縣西「蓼邑即皋陶之封邑」，其縣即古之陽泉縣。泉從縣西南，北流入決，城古泉水之陽，〔四二〕故名陽泉。今水東見有古城。

廢義城，在縣北四十里。地理志云宋高祖立。亦名三固縣，後廢縣立戍。

六安縣，南一百一十里。〔四三〕舊十三鄉，〔四四〕今十鄉。本春秋時楚之灊縣地也。〔四五〕在漢爲盛唐縣，〔四六〕屬廬江郡。武帝元封元年南巡狩，〔四七〕登灊天柱，薄樅陽，作盛唐之歌。縣西二十五里有盛唐山，因爲名。隋改爲霍山縣。唐開元二十七年改爲盛唐，從舊名也。梁改爲灊山縣。後唐同光初復舊。晉天福中改爲來化縣，後復舊。皇朝開寶四年改爲六安縣，仍併霍山縣入焉。〔四八〕

淠水，枕縣西門外三十步，源出多智山。

墮星河，經縣北六百五十里，入安豐界。

皐陶冢，在縣北十五里。按舊圖經云：「今置縣處，則古之六縣也。」夏本紀：「皐陶卒，封其後于英、六。」注云：「皐陶冢在廬江縣。」則英布是其裔也。今縣北十三里有二古城，一爲六合城，一爲白沙城。上有皐陶廟，東五里有皐陶冢。左傳：文公五年，「楚人滅六與蓼。臧文仲聞而歎曰：『哀哉！皐陶、庭堅不祀忽諸。』」注云：「六與蓼，皆皐陶之後。」霍丘縣爲蓼邑也。

廢霍山縣，去縣五十里。漢灊縣也。春秋楚之灊邑。史記云：吴王闔廬四年，「伐楚取灊」。後復屬楚。漢爲灊縣，屬廬江郡。梁天監四年于灊縣改置霍州，〔四九〕兼别築城。隋初州廢，即爲縣城也。隋末廢之，併入盛唐。〔五〇〕唐天寶中又自盛唐割地以置焉。開寶四年廢入六安縣。

霍山，一名衡山，一名天柱山，在縣南五里。爾雅：「霍山爲南岳。」注云：「即天柱也。」漢武以衡山遼遠，讖緯皆以霍山爲南岳，故祭其神于此。今其土俗皆呼南岳太山。」〔五一〕黄庭内景玉經云：「霍山下有洞，〔五二〕方二百里，司命君之府也。」有西北東南二門，其中有五香芝、飛華、金瓶之寶，神蟾靈瓜，〔五三〕食之者長年。隋開皇九年以江南衡山爲南岳，廢霍山爲名山也。

岳廟。搜神記云：「霍山岳廟中有大鐵鑊，受三十石。〔五四〕至祭祀時，水輒自滿，事畢即空。」

三公山，高五里，在縣南七十五里。按山海經云：「霍山之道曰三公，其山多毒蛇。」上有三石，相去各數步，一高五尺，一高四尺，一高三尺。

大別山，在新縣西南三百七十里。尚書有大別山，在廬江安豐縣西蘇村。

小霍山，在今縣西南六十里。梁書：「霍州刺史田道龍數登小霍山。」其山有道，龍宅寺東去大霍山十里。〔五五〕

五峴山，在新縣東三百一十里，山有五峴。

九公山，在縣西北三十五里。山有九石柱似人形，人號爲九公山。

廢霍州城，梁天監二年置州。大象元年廢州存縣。

廢邊城郡，在新縣西一百九十八里。晉爲州，宋爲縣，又爲州。〔五六〕今廢。

廢開化縣，在新縣西四十里。按後漢書邊城有開化縣。〔五七〕隋大業十三年廢。〔五八〕武德四年安撫使王宏讓置，貞觀中廢。

灊城縣，在縣西六十五里。武德五年廢。〔五九〕取古灊城爲名。

卷一百二十九校勘記

〔一〕吴楚陳蔡之輿地　「輿地」，萬本作「與國」。庫本作「與也」，「也」爲「地」字之誤。按晉書卷九二伏滔傳正淮論作「輿地」。

〔二〕南引荆汝之利　「荆」，底本作「終」，庫本同，晉書伏滔傳正淮論作「荆汝」，太平御覽卷一六九引作「荆海」，此「終」爲「荆」字之誤，據改。萬本作「南引九江之水」，誤。

〔三〕平塗不過七百　「百」，太平御覽引作「百里」，晉書伏滔傳正淮論作「日」。

〔四〕梁以景爲大都督豫州刺史仍鎮壽陽　按梁書卷三武帝紀下及資治通鑑卷一六〇、一六一皆載，太清元年七月，以懸瓠爲豫州，壽春爲南豫州，二年正月，東魏陷渦陽，景奔壽陽，以景爲南豫州牧。則梁太清時，南豫州鎮壽陽，梁書卷五六侯景傳及本書謂太清初以景爲豫州刺史鎮壽陽，「豫州」恐爲「南豫州」之誤。按壽春，東晉以鄭皇后諱，改爲壽陽。

〔五〕山北即灌水　按本書卷一二七光州固始縣：「大灌水，在縣西四十里。」即今河南固始縣西灌河，則灌水不在壽陽。水經淮水注云「淮水于壽陽縣西北」，又云「淮水東逕八公山北」，資治通鑑卷一〇五東晉太元八年胡三省注：「八公山在今壽春北四里。」同書卷一四七梁天監十二年胡三省注：「壽陽北山即八公山。」則此「灌」蓋爲「淮」字之誤。

〔六〕後唐天成三年爲順化軍節度　按舊五代史卷三九唐書明宗紀：天成三年十月，「詔升壽州爲忠正軍。」五代會要卷二四同。新五代史卷六〇職方考：「壽州，唐故曰忠正，南唐改曰清淮。周世宗平淮南，復曰忠正。」資治通鑑卷二九三後周顯德四年：「復以清淮軍爲忠正軍。」胡三省注：「楊氏以壽州置忠正軍，後改清淮軍，今復爲忠正軍。」則此「順化軍」應作「忠正軍」。

〔七〕周顯德三年至下蔡縣爲理所　按舊五代史卷一一五周書世宗紀及資治通鑑卷二九二、二九三載，周顯德二年十一月伐南唐淮南，四年三月平淮南，移壽州於下蔡。舊五代史卷一五〇郡縣志：「壽州，周顯德四年移于潁州下蔡縣，仍以下蔡縣爲倚郭，以舊壽州爲壽春縣。」則此「三年」爲「四年」之誤。

〔八〕皇朝因之升爲忠正軍節度　按五代周顯德四年復爲忠正軍節度，北宋因襲，非北宋升置，參見本卷校勘記〔六〕。

〔九〕西北至西京一千二百二十里　「二百二十」，萬本、庫本皆作「八百一十」。

〔一〇〕南至潁州二百六十里　按宋壽州治下蔡縣，即今安徽鳳臺縣，潁州治汝陰縣，即今阜陽市，在壽州西北。本書卷一一一潁州：「東南至壽州二百六十里。」元豐九域志卷五壽州：「西至本州界五十五里，自界首至潁州一百八十五里。」此「南」爲「西」或「西北」之誤。

〔一一〕西北至宿州界三十里　元豐九域志壽州：「東北至本州三十里，自界首至宿州一百五十五里。」

此「西北」爲「東北」之誤。

〔一二〕客二萬六千五百六　「二」，萬本、庫本皆作「三」；「六」，萬本、庫本皆作「六十」。

〔一三〕權常入其堂爲欽母作錦被　萬本作「權嘗入其室内，母疎帳縹被，妻妾布裙，權歎其貴能守約」，庫本同，傳校改同。按三國志卷五五吴書蔣欽傳：「權嘗入其堂内，母疎帳縹被，妻妾布裙，權歎其在貴守約，即敕御府爲母作錦被。」則萬本、庫本近是。

〔一四〕唐武德四年改爲渦州　按舊唐書卷三八地理志一、新唐書卷三八地理志二及元和郡縣圖志卷七潁州皆載，武德四年於下蔡縣置渦州，非「改爲渦州」。

〔一五〕本明義井也　「明」，萬本、庫本皆作「名」，按下文云望見義井則喜而行，「既而而樂，故號歡樂井焉」，則作「名」是。

〔一六〕吴志云亮使孫綝大發卒屯鑊里　「亮」，原作「權」；「綝」，原作「鉗」；「里」，原脱。按三國志卷四八吴書孫亮傳：「太平二年七月，『孫綝率衆救壽春，次于鑊里。』同書卷六四吴書孫綝傳：「綝大發卒出屯鑊里」，綝斬朱異「於鑊里。」此「權」爲「亮」、「鉗」爲「綝」字之誤，「鑊」下脱「里」字，並據改補。

〔一七〕壽春城門也　按史記卷七八春申君列傳正義：「壽州城門。」不作「壽春城門」。

〔一八〕其處石皆陷人馬之迹　「陷」，底本作「現」，萬本同，庫本作「陷」；「迹」下萬本、庫本皆有「現在」

二字。按水經肥水注：「其所昇之處，踐石皆陷，人馬跡存焉。」太平御覽卷四三引水經注作「其所昇之處，踐石皆陷入焉」，則作「陷」爲是，據改。

〔一九〕謂之肥水　按水經淮水注云：「肥水從城而北入于淮，謂之肥口。」此「水」蓋爲「口」字之誤。

〔二〇〕淮水又北經下蔡縣故縣東東岸又有一城　「南」，萬本、庫本作「岸」，傅校改同。按水經淮水注：淮水又北逕下蔡縣故城東，「淮之東岸，又有一城，即下蔡新城也。」則此「南」爲「岸」字之誤，其上脱「東」字，並據改補。

〔二一〕葬地當吾亘道　「亘」，萬本、庫本皆作「直」，傅校改同，此「亘」蓋爲「直」字之誤。

〔二二〕水經注　「注」，底本脱，據萬本、庫本、傅校及水經淮水注補。

〔二三〕劉義慶　底本作「劉義」，萬本、庫本同，嘉慶重修一統志卷一二六鳳陽府引本書作「劉義慶」。按宋書卷五一劉義慶傳：義熙十二年，「徙督豫州諸軍事、豫州刺史。」其年設置陳留郡領浚儀、小黄、雍丘三縣屬豫州境，則此脱「慶」字，據補。

〔二四〕漢爲六安國□　「□」，萬本、庫本皆無。按漢書卷二八地理志下載，六爲六安國理所，此「□」疑爲「理」或爲「治」字之闕。

〔二五〕在漢爲松滋縣故城在縣東十五里　按漢松兹縣屬廬江郡，本書卷一二五舒州宿松縣：「本漢皖縣地，元始中爲松滋縣，屬廬江。晉武平吴，以荆州有松滋縣，遂改爲宿松縣。」漢松兹縣在今安徽宿松縣東北。霍丘縣（即今霍丘縣）東十五里之松滋縣，爲西晉初移置，晉書卷一四地理志上載，安豐郡領有松滋縣。嘉慶重修一統志卷一二八潁州府：「松茲故城，在霍丘縣東十五里。漢初置松茲侯國，在今安慶府宿松縣界，晉初改置於此。」即是，此誤晉縣爲漢縣，下廢松滋縣條同。

〔二六〕隋開皇中改爲縣　按隋書卷三一地理志下、輿地廣記卷二一壽州，隋開皇十九年置霍丘縣，爲開皇末，非開皇中。

〔二七〕唐武德元年于縣置蓼州　按舊唐書卷四〇地理志三、新唐書卷四一地理志五、輿地廣記壽州皆載，唐武德四年置蓼州，此「元年」蓋爲「四年」之誤。

〔二八〕九年廢蓼州及松滋縣　按舊唐書地理志、新唐書地理志、輿地廣記皆載，武德七年廢蓼州，此「九年」蓋爲「七年」之誤。

〔二九〕在縣南二百二十二里　「二百」，萬本、庫本皆作「一百」，傅校改同。

〔三〇〕窮水出六安國安豐縣窮谷　「安豐」，王先謙合校水經注作「安風」，注云：「按風近刻訛作豐。」楊守敬水經注疏亦作「安風」，謂「安豐爲誤字無疑，當作安風。」

〔三一〕衡山國　按秦置衡山郡，漢初仍爲郡，史記卷九一黥布列傳：漢五年，「爲淮南王，都六，九江、廬江、衡山、豫章郡皆屬布。」至漢文帝十六年，以衡山郡置國，漢書卷四四淮南厲王長傳：孝文十六年，「立厲王三子王淮南故地，「安陽侯勃爲衡山王」」。此「國」爲「郡」字之誤。

〔三二〕楚莊廢爲戍　萬本、庫本皆作「楚莊王五年廢爲戍」，傅校改同。

〔三三〕九江壽春記　「江」，底本作「州」，萬本、庫本同，據中大本及本書上列廢霍丘縣、廢雩婁城條所記九江壽春記改。

〔三四〕後魏武定七年州屬魏　萬本、庫本無「州」字，中大本「州」上有「爲」字。按本書上列廢安豐州云，梁大同元年徙舊安豐郡于此置安豐州，太清二年州入于東魏。梁太清二年，即東魏武定六年，與此所記「武定七年州入魏」，一年之差，當即一事也，故此云「州」，指安豐州，中大本作「爲州入魏」，是，此蓋脱「爲」字，萬本誤。

〔三五〕松滋一名祝松　萬本、中大本、庫本皆作「松滋縣，一名祝松縣」。

〔三六〕春秋　按下文所記「楚子、秦人侵吴及雩婁」，載於左傳襄公二十六年，非「春秋」。

〔三七〕漢爲侯國　按漢書卷二八地理志上廬江郡雩婁下未注侯國，此云「漢爲侯國」，誠可疑。

〔三八〕房獻伯　「房」，底本作「方」，庫本同，據萬本、傅校及資治通鑑卷一八三隋大業十三年改。

〔三九〕漢書地理志豫州有期思縣　按漢書地理志，期思縣屬汝南郡，汝南郡屬豫州，此云不確。

〔四〇〕淮在期思城郭璞注云期思屬光州　按山海經海内東經：「淮在期思北。」郭璞注曰：「期思縣屬弋陽。」此「城」蓋爲「北」字之誤，或「城」下脱「北」字，「光州」爲「弋陽」之誤。

〔四一〕在縣西一百五十五里　「一百五十五」，嘉慶重修一統志卷一二八潁州府引本書作「五十五」，疑此「一百」二字衍。

〔四二〕城古泉水之陽　嘉慶重修一統志潁州府引本書「城」下有「在」字，此蓋脱。

〔四三〕南一百一十里　按壽州治下蔡縣，即今安徽鳳臺縣，六安縣即今六安縣，北去鳳臺縣二百里以上，元豐九域志壽州六安縣：「州南二百一十里。」此「一百」爲「二百」之誤。

〔四四〕舊十三鄉　「三」，萬本、庫本皆作「二」，傅校改同。

〔四五〕本春秋時楚之灊縣地也　按左傳：昭公二十七年，「吴子欲因楚喪而伐之，使公子掩餘、公子燭庸帥師圍潛。」杜預注：「潛，楚邑。」昭公三十一年，「吴人侵楚，伐夷，侵潛、六。」杜預注：「皆楚邑。」「潛」，即「灊」，水經沘水注引左傳昭公二十七年文作「灊」。則春秋時灊爲楚邑，非「縣」，此誤。

〔四六〕在漢爲盛唐縣　按漢無「盛唐縣」，資治通鑑卷二一漢武帝元封五年，「上南巡狩，至于盛唐。」胡三省注：「余據唐地理志，壽州有盛唐縣，蓋以古地名名縣。」則漢盛唐爲地名，非縣，唐始改置盛唐縣，因古地爲名，此誤爲漢縣。據漢書地理志，此地應爲六安國六安縣。

〔四七〕元封元年　按漢書卷六武帝紀：元封五年冬，行南巡狩，至于盛唐，登灊天柱山，自尋陽浮江，「薄樅陽而出，作盛唐樅陽之歌。」此「元年」爲「五年」之誤。

〔四八〕開寶四年改爲六安縣仍併霍山縣入焉　按元豐九域志壽州：「開寶元年省霍山縣爲鎮入盛唐，四年改盛唐爲六安。」輿地廣記同。宋朝事實卷一八亦載：「開寶四年改盛唐縣爲六安縣。」並與此異。

〔四九〕梁天監四年于灊縣改置霍州　梁書卷二武帝紀中：天監六年十二月，「分豫州置霍州。」按本書下列廢霍州城條云「梁天監二年置州」，魏書卷八世宗紀：正始元年九月，「蕭衍霍州刺史田道龍、義州刺史張宗之遣使内附。」正始元年，即梁武帝天監三年，則霍州置於天監二年。

〔五〇〕隋末廢之併入盛唐　按本書六安縣序云「隋改爲霍山縣，唐開元二十七年改爲盛唐」，舊唐書地理志三：舊霍山縣，「開元二十七年改爲盛唐，仍移治於騶虞城。」移治騶虞城之盛唐縣，即今六安縣，則此宜作「併入霍山縣」。

〔五一〕今其土俗皆呼南岳太山　按爾雅注疏邢昺疏引郭璞云「今其土俗人皆呼之爲南嶽」，無「太山」二字，蓋衍。

〔五二〕内景玉經云霍山下有洞　按太平御覽卷三九引作「内景經曰霍山下有洞臺」，同書經史圖書綱目亦作「内景經」。

〔五三〕神蟾靈瓜　「蟾」，底本作「瞻」，據萬本、庫本及傅校改。

〔五四〕霍山岳廟中有大鐵鑊受三十石　按太平御覽卷七五七引搜神記作「廟有四鑊，可受四十斛」，與此引異。

〔五五〕小霍山至龍宅寺東去大霍山十里　萬本、庫本皆無此文，傳校删，蓋非樂史原文。

〔五六〕晉爲州宋爲縣又爲州　宋書卷三六州郡二：「邊城左郡太守，文帝元嘉二十五年以豫部蠻民立茹由、樂安、光城、雩婁、史水、開化、邊城七縣，屬弋陽郡。徐志有邊城郡，領雩婁、史水、開化、邊城四縣。大明八年復省爲縣，屬弋陽，後復立。」則邊城郡設置於南朝宋，此云「晉爲州」誤，「州」爲「郡」字之誤。

〔五七〕後漢書邊城有開化縣　「縣」，底本脱，據萬本、中大本、庫本及傳校補。按後漢書無其事，宋書州郡志二載，南朝宋置邊城郡，領有開化縣，魏書卷一〇六地形志中稱爲西邊城郡，領有開化縣，此「後漢書」爲「宋書」或「後魏書」之誤。

〔五八〕隋大業十三年廢　「隋」，底本無，庫本同，據萬本及傳校補。

〔五九〕武德五年廢　按新唐書地理志五、輿地廣記壽州皆載，貞觀元年廢灊城縣，此蓋誤。

太平寰宇記卷之一百三十

淮南道八

泰州　通州　海陵監　利豐監　高郵軍　天長軍

建安軍

泰州

泰州，理海陵縣。本揚州海陵縣，僞吴乾貞年中立爲制置院。僞唐昇元元年升爲泰州，仍析海陵南五鄉爲泰興縣，割楚州之鹽城縣，改招遠場爲縣；至保大十年又改如皋場爲縣，並隸泰州。

元領縣五。今四：海陵，興化，泰興，如皋。一縣割出：鹽城。還楚州。

州境：東西一百七十里。南北二百五十里。

四至八到：新置州，未有至東西京及長安里數。東至通州三百里。西至揚州廣陵界二十里。南至大江七十五里。北至楚州界四百里。東南至如皋赤岸鄉界一百三十里。西北至高郵縣□城村界一百里。東北至鹽城縣丁溪界二百里。

户：舊户載揚州。皇朝户主一萬二千一百八十八，客二萬二百八十三。〔一〕

風俗：同揚州。

土産：鹽。

海陵縣，舊十八鄉，今八鄉。故楚邑，漢以爲縣，屬臨淮郡。晉立爲海陵郡。唐武德三年改爲吴州，置吴陵縣；〔二〕七年州廢，復爲海陵縣，隸揚州。僞唐昇元元年于此置泰州。

海，在縣東二百二十里。南接江口，北接楚州鹽城縣界。

胡逗洲，在縣東南二百三十八里海中。東西八十里，南北三十五里。上多流人，煮鹽爲業。梁太清六年，侯景敗走，將北赴此洲，爲王僧辯軍人所獲。

海陵倉。即漢吴王濞之倉也。枚乘上書云：「轉粟西鄉，〔三〕水行滿河，不如海陵之倉。」謂海渚之陵，因以爲倉。今已湮滅。今海陵縣官置鹽監，一歲煮鹽六十萬石，而楚州鹽城、浙西嘉興臨平兩監所出次焉，計每歲天下所收鹽利，當租賦二分之一。

孤山，在縣東南一百一十里。〔四〕阮昇之南兖州記云：「孤山有神祠，側悉生大竹，可以爲涔田焉。〔五〕竹或伐之者，必祀此神，言其所求之數，無敢加焉。」

白土埭。顧野王輿地志云：「史宗所居，即蓬萊山寄書者。」

麋�。博物志云：「海陵縣多麋，千萬爲羣，掘食草根，〔六〕其處成泥，名曰麋畯。民隨而種，不耕而獲其利，所收百倍。」

露筋驛。江德藻聘北道記云：「江淮間有露筋驛，今有祠存，一名鹿筋驛。云昔有孝女爲蚊蚋所食，惟存筋骸而已。」

天目山，土山也，在縣東六十里。山有雙井相對，其水清洌，呼爲天目山。長老云避水天目山最高大。〔七〕

興化縣，北百五十里。〔八〕十三鄉。〔九〕本海陵縣地，屬淮南。僞吴武義年中析爲招遠場，尋改爲興化縣，屬揚州。僞唐昇元元年改隸泰州。〔一〇〕

千人湖，在縣東北百二十里。故老相傳云隋末有千餘人避難于此，得見太平，因號千人湖。現有八湖，在邑界。〔一一〕

泰興縣，南四十五里。五鄉。〔一二〕本海陵縣濟南鎮地，僞唐昇元三年析海陵縣之南界五鄉爲泰興縣，屬泰州。

孤山，連邑界。

如皋縣，去州一百四十里。三鄉。唐太和五年析海陵之五鄉置如皋場，〔一三〕屬揚州。僞唐保大十年升爲縣。

如皋港，在縣西一百五十步。港側有如皋村，縣因此爲名。

磨河山，在縣南百二十里，〔一四〕半在江水中。

通州

通州，今理靜海縣。自唐以前，地理與泰州同。南唐李氏于海陵縣之東境置靜海制置院。周顯德中，世宗克淮南，升爲軍，後以爲通州。皇朝天聖元年改曰崇州。明道二年復故。〔一五〕

領縣二：靜海，海門。

州境：東西一百二十五里。南北六十五里。

四至八到：西北至東京約二千里。西北至西京約二千四百五十五里。西北至長安約三千五百里。東至大海八十里。西至泰州三百五十里。南至狼山及大江一十五里。北至泰州如皋縣界清水港五十里。東南至海州下口海門縣界一百六十里。〔一六〕西北至蒲堰南清水港如皋縣界六十里。西北至石港場東大海一百五十里。西南至海陳墮港南海中流六十里。

户：皇朝户主八千八十七，客二千七百。

風俗：同揚州。

土産：鹽，絲，貢：乾鯔魚。鰉魚醬，蝦米。

靜海縣，三鄉。隨州置，管鹽場八。古横江在州北，元是海，天祐年中沙漲，今有小江，東出大海。

浪山，〔一七〕軍山，塔山，隔山，馬鞍山，刀刃山，以上並在江海之際。

海門縣，東南隔海水二百餘里。六鄉。本東洲鎮，因洲升爲海門縣。

海陵監

海陵監，煮鹽之務也。唐開元元年置海陵縣爲監，于海陵縣置泰州，〔一八〕以轄其監。皇朝開寶七年移監于如皋縣置，從鹽場之近便也。

監境：東西一百九十里。南北三百一十里。

四至：東至通州靜海縣界海岸。西至泰州興化縣界。南至泰興縣界并江岸。北至楚州鹽城界。

户：皇朝管煎鹽亭户七百一十八，丁一千二百二十。

管鹽場八：南四場，北四場。

刺土成鹽法：凡取滷煮鹽，以雨晴爲度，亭地乾爽。先用人牛牽挾，刺刀取土，〔一九〕經宿鋪草藉地，復牽爬車，聚所刺土于草上成溜，大者高二尺，方一丈以上。鍬作滷井于溜側，多以婦人、小丁執蘆箕，〔二〇〕名之爲黄頭，欲水灌澆，蓋從其輕便。食頃，則滷流入井，取石蓮十枚，〔二一〕嘗其厚薄，全浮者全收鹽，半浮者半收鹽，三蓮以下浮者則滷未堪，須卻刺開而别聚溜。滷可用者，始貯于滷漕，載入竈屋，别役人丁駕高車，破皮爲窄連，〔二二〕絡頭皮繩，掛着牛犢，鐵杈鈎搭，于草場取採蘆柴茒艸之屬，旋以石灰封盤角，散皁角，于盤内起火煮滷。一溜之滷，分三盤至五盤，每盤成鹽三石至五石。既成，人户疾着水履上盤，冒熱收取，稍遲則不及收訖。接續添滷，一晝夜可成五盤。住火而别户繼之。〔二三〕上溜已澆者，攤開□□，刺取如前法。若久不爬溜之地，必鋤去蒿草，益人牛自新耕犁，然後刺取。大約刺土至成鹽不過四五日，但近海亭長及晴雨得所，或風色仍便，〔二四〕則所收益多。蓋久晴則地燥，頻雨則滷薄，亭民不避盛寒隆暑，專其生業故也。然而收溜成鹽，固不恒其故也。〔二五〕

鹽課：亭户每丁元額，一年煎正鹽三十五石。〔二六〕每平鹽一石，秤重五十斤，以平鹽三十折正鹽一石，所管亭户一千二百二十，丁歲煎正鹽四萬二千七百石，展收平鹽一十二萬

八千一百石，而額外煎煉納官牛船價并鹽食支裝，别收出剩每年恒及二十萬以上石。〔二七〕

利豐監

利豐監，古之煎鹽之所也，國朝升爲監。在通州城南三里。管八場。

四至：東至大海一百八十里。西至泰州界陳墮港四十五里。南至大江口一十里。北至通州三里。

管八場：西亭，利豐，永興，豐利，石港，利和，金沙，餘慶。〔二八〕

户：管亭户一千三百四十二，計一千六百九十四丁。每丁歲煎鹽九十石，歲收一十五萬八百五五石。〔二九〕

高郵軍

高郵軍，理高郵縣。本揚州高郵縣，皇朝開寶四年建爲軍，仍以縣隸焉，直屬京師。

軍境：東西一百五十里。南北七十里。

四至八到：西北至東京一千四百里。西北至西京一千八百里。東至泰州興化縣九十五里。西至天長軍一百一十里。南至揚州一百一十里。西北至楚州寶應縣一百一十五里。東至泰州海陵縣一百五十里。西南至揚州江都縣一百二十里。東北至楚州鹽城縣水路一百八十里。西北至泗州盱眙縣二百五十里。

户：舊户載揚州籍。皇朝户主一萬一千六百二十八，客九千一百三十七。〔三〇〕

風俗：同揚州。

土産：進：〔三一〕鳧茨粉。小香米，荷包，白魚鮓。

高郵縣，舊二十四鄉，今十九鄉。本漢舊縣，是秦之高郵亭，因以立名。三國時荒廢。晉太康中復立。隋大業中移于樊梁鎮。永徽二年復舊所。

土山，在縣西南。按南兖州記云：「高郵界有土山，上有土井、石臼。山下之人，時見人着朱高冠，〔三二〕徘徊井側，或云古列仙之宅焉。」圖經云神居山。

運河，在縣郭下。通邵伯堰，入揚州。

樊梁溪，在縣北二十里。源出天長軍石梁河，下入縣界。

玉女井，在郭下望仙橋下。東齊道人郟道光與一女居井傍煉丹，〔三三〕與女同日上昇。

天長軍

天長軍，理天長縣。本古之千秋縣，唐玄宗開元中以誕辰爲千秋節，遂改縣爲天長縣。

晉天福年中，江南僞命改爲建武軍。周顯德四年平定江淮，改爲雄州。國朝既克江南，降雄州爲天長軍，兼領縣事。

軍境：東西九十五里。南北九十里。

四至八到：西至東京陸路一千三百里，水路屈曲二千餘里。西至西京一千八百四十里。西至長安二千六百四十里。東至揚州江都縣一百里。西至泗州盱眙縣一百四十里。南至揚州六合縣八十里。北至楚州寶應縣三百五十里。東南至建安軍九十八里。西南至揚州六合縣一百里。東北至高郵縣一百一十里。〔三四〕西南至泗州盱眙縣一百二十里。〔三五〕

户：舊户載揚州籍。皇朝户主七千一百四十八，客七千六百三十二。〔三六〕

風俗：同揚州。

土産：石梁溪魚爲上物，舊貢。

天長縣，舊十九鄉，今十八鄉。本漢廣陵縣地，唐開元二十九年于下阿村置千秋縣。〔三七〕天寶七年改爲天長縣。梁曾于石梁置涇州，後廢。

道人山，在城東南三十五里。

九頭山，在城南三十五里。山有九丘。

石梁溪，源出滁州界山澗中，〔三八〕東流與木瓜河合。

木瓜河，出六合縣山澗中。

萬歲湖，在城西二里。方圓三十里。〔三九〕

建安軍

建安軍，本揚州白沙鎮地，僞吴順義二年改爲迎鑾鎮，〔四〇〕是揚州大江入京口之岸。皇朝建隆三年升爲建安軍。〔四一〕雍熙三年仍割揚州之永貞縣以屬焉。〔四二〕

軍境：東西一百一十九里。南北四十六里。

四至八到：東至揚州六十里。西至揚州六合縣八十里。東至大江一里。北至天長軍一百二十里。東南至永貞縣寧鎮江口六十五里。東北至高郵軍一百八十里。西北至泗州二百八十里。西南至和州二百五十里。

户：皇朝户主二千五十五，客七千八百。

人物：同揚州。

風俗：同揚州。

土産：同揚州。

永貞縣，西北五十里。舊十六鄉，今十鄉。本漢江都縣地，舊揚子鎮城，唐高宗時，廢鎮置縣，因鎮爲名。廣陵監、丹陽監並置在縣郭，每歲鹽鐵使鑄錢一萬一千餘貫。李昇僞命日改爲永貞縣。

楊太祖墳，在邑界。則唐末楊行密據江淮，稱僞吴者。

銅山及小銅山，並在縣西北八十里。

蜀岡，在縣西北淮子河北，與江都縣分界。

卷一百三十校勘記

〔一〕客二萬二百八十三　「二百」，庫本同，萬本作「二千」。

〔二〕唐武德三年改爲吴州置吴陵縣　按新唐書卷四一地理志五海陵縣：「武德三年更名吴陵，以縣置吴州。」輿地廣記卷二〇、輿地紀勝卷四〇泰州同，則非「改爲吴州，置吴陵縣」。

〔三〕轉粟西鄉　庫本同，萬本此句下有「陸行不絶」，乃據漢書卷五一枚乘傳增入。

〔四〕在縣東南一百一十里　「一百」，萬本、庫本皆作「二百」，傅校改同。

〔五〕可以爲洿田焉　庫本同，萬本無此文，傅校删。按輿地紀勝泰州引南兖州記亦無。

〔六〕掘食草根　「掘」，輿地紀勝泰州引博物志作「咄」。

〔七〕長老云避水天目山最高大　萬本無「避水」二字，庫本作「惟」，蓋是。

〔八〕北百五十里　「十」，萬本、庫本皆作「十三」，傅校改同。

〔九〕十三鄉　萬本、庫本皆無此三字，傅校删。元豐九域志卷五泰州興化縣二鄉。

〔一〇〕僞吴武義年中至昇元元年改隸泰州　按輿地紀勝卷四三高郵軍興化縣：「僞吴武義二年以其地置興化縣，屬揚州，南唐昇元二年改隸泰州。」記載建置與改隸年代與此異。

〔一一〕現有八湖在邑界　「現」，輿地紀勝高郵軍、永樂大典卷二二七〇引本書作「凡」。輿地紀勝高郵軍引本書「在」上有「皆」字。

〔一二〕五鄉　萬本、庫本「五」上皆有「今」字，傅校補同。

〔一三〕如皋場　按輿地紀勝泰州引本書作「如皋鎮」。

〔一四〕在縣南百二十里　「南」，底本空闕，萬本、中大本、庫本同，據輿地紀勝泰州、嘉慶重修一統志卷一〇六通州引本書補。

〔一五〕天聖元年改曰崇州明道二年復故　按樂史早於景德四年卒，此文乃出於後人手筆。

〔一六〕東南至海州下口海門縣界一百六十里　萬本、庫本皆無「一百」二字，傅校删。

〔一七〕浪山　「浪」，萬本、庫本同，中大本作「狼」。按本書上文四至八到、輿地紀勝卷四一通州引本書皆作「狼」，宜作「狼」。

〔一八〕唐開元元年置海陵縣爲監于海陵縣置泰州　按本書泰州總序、海陵縣序皆載，僞唐昇元元年于海陵縣置泰州，輿地紀勝泰州同，此「唐」上脱「僞」字，「開元」爲「昇元」之誤。又萬本「爲監」作「僞唐」，庫本同，傅校改同，文爲「唐開元元年置海陵縣，僞唐于海陵縣置泰州」，按唐武德三年改海陵縣爲吴陵縣，七年復名海陵縣，非「置于唐開元元年」，且本書下文明言「于海陵縣置泰州，以轄其監」，如不置監，何以轄監？故萬本、庫本誤。

〔一九〕先用人牛牽挾刺刀取土　「挾」，萬本、中大本、庫本皆作「扶」，傅校改同；「刀」，萬本、庫本作「乃」，傅校改同，皆當是。

〔二〇〕多以婦人小丁執蘆箕　「丁」，萬本、庫本皆作「子」，傅校改同。

〔二一〕取石蓮十枚　「蓮」，萬本作「籬」，傅校改同。下同。庫本作「連」，蓋誤。

〔二二〕破皮爲窄連　「連」，庫本同，萬本作「籬」，傅校改同，此「連」當誤。

〔二三〕住火而别户繼之　「住火」，庫本同，萬本作「此户住」，傅校改同。

〔二四〕但近海亭長及晴雨得所或風色仍便　「長」，萬本同，庫本作「場」，蓋是。「及」，庫本同，萬本作「使」；「仍」，庫本同，萬本作「順」，傅校改同。中大本「長及晴」作「畏久晴及」。

〔二五〕然而收溜成鹽固不恒其故也　庫本同，「固」作「故」，「故」作「所」。萬本無此文，傅校删，蓋非。

〔二六〕一年煎正鹽三十五石　「石」，庫本同，萬本作「擔」，傅校改同。下文凡書「石」者，萬本皆作「擔」。

〔二七〕所管亭户一千二百二十至别收出剩每年恒及二十萬以上石　「二十」，萬本、庫本皆作「二十五」，傅校同。「收」，庫本同，萬本作「取」；「剩」，萬本、庫本皆作「利」，傅校改「剩」爲「利」。「石」，萬本作「擔」。

〔二八〕西亭至餘慶　按嘉慶重修一統志通州引本書所記八場爲：金沙、西亭、石港、利和、餘慶、呂四、馬塘、豐利。無「利豐」、「永興」，而有「呂四」、「馬塘」。按宋會要食貨二三之一五，通州有西亭、豐利、石港、興利、永興、金沙、餘慶、呂四港八催煎場，馬塘催煎場屬泰州，同書食貨二六之三九、二六之四〇載同，無「利豐」、「利和」，而有「興利」、「呂四」。並與此異。

〔二九〕每丁歲煎鹽九十石歲收一十五萬八百五石　二「石」字，庫本前「石」字作「擔」，萬本皆作「擔」。

〔三〇〕客九千一百三十七　「三」，萬本、庫本皆作「二」。

〔三一〕進　庫本同，萬本作「貢」，傅校改同。

〔三二〕時見人着朱高冠　按輿地紀勝卷四三高郵軍引本書作「時見著絳衣高冠」，此「朱」下蓋脱「衣」字。

〔三三〕東齊道人郟道光　「齊」，底本作「濟」，萬本、庫本作「齊」；「郟」、「光」，原作「剌」、「充」。按輿地紀勝、宋本方輿勝覽卷四六高郵軍引舊經作「東齊郟道光」，此「濟」、「剌」、「充」爲「齊」、「郟」、「光」形近而訛，據改。

〔三四〕東北至高郵縣一百一十里　「北」，底本作「南」，萬本、庫本皆作「北」。按宋天長軍治天長縣，即今安徽天長縣，高郵軍治高郵縣，即今江蘇高郵縣，在天長東偏北，此「南」爲「北」之誤，據改。

〔三五〕西南至泗州盱眙縣一百二十里　按宋泗州盱眙縣在天長軍西北，此「西南」疑爲「西北」之誤。

〔三六〕客七千六百三十二　「二」，萬本、中大本、庫本皆作「三」，傅校改同。

〔三七〕唐開元二十九年于下阿村置千秋縣　按舊唐書卷四〇地理志三載，天寶元年置千秋縣，新唐書地理志五、輿地廣記卷二〇揚州同，與此異。

〔三八〕源出滁州界山澗中　「出」，底本作「在」，據萬本、庫本、傅校及輿地紀勝卷四四盱眙軍、嘉慶重修一統志卷一三四泗州引本書改。

〔三九〕方圓三十里　按輿地紀勝盱眙軍、永樂大典卷二二七〇引本書此下有「周世宗駐蹕於此，民因山呼，因以爲名」，此脱。

〔四〇〕僞吴順義二年改爲迎鑾鎮　按資治通鑑卷二七三後唐同光二年：「吴主如白沙觀樓，更命白沙曰迎鑾鎮。」五代後唐同光二年，吴爲順義四年。輿地紀勝卷三八真州總序：「儀真志引五代史，楊溥僭位，順義四年，溥臨白沙，閲舟師，金陵尹徐温來見，改白沙爲迎鑾鎮。」又云：「當書曰吴順義四年改白沙鎮曰迎鑾鎮。」王象之説是也。

〔四一〕建隆三年升爲建安軍　按宋會要方域六之一四：「乾德二年以揚州永貞縣迎鑾鎮爲建安軍。」輿地紀勝真州引國朝會要、元豐九域志卷五同，此「建隆三年」當作「乾德二年」。

〔四三〕雍熙三年　按宋會要方域六之一四、輿地紀勝真州引國朝會要、元豐九域志、輿地廣記並作「雍熙二年」，當是。

太平寰宇記卷之一百三十一

淮南道九

黄州　漢陽軍

黄州

黄州，齊安郡。今理黄岡縣。春秋「弦子奔黄」，即齊之與國也。又爲魯附庸邾國之地。今郡東南一百三十里臨江，與武昌相對，有古邾城是也。即史記謂「昔顓頊之末孫有陸終者，産六子，第五子别爲曹姓，歷代不絶。至武王伐紂之後，因封其裔子挾于邾，爲諸侯」。即此城也。後爲黄國之境，戰國時屬楚。秦併天下置郡，此即南郡之地也。漢爲江夏郡西陵縣地。三國時初屬魏，吴赤烏三年使陸遜攻邾城，〔一〕常以三萬兵守之，是此地。晉爲西陽國。宋爲西陽郡。齊又分爲齊安郡。北齊天保六年于舊城西南面别築小城，置衡州，領西安一郡。陳武帝復廢衡州。後周又置之。至隋開皇三年罷衡州，以齊安郡爲黃州。〔二〕煬帝初廢州，又爲永安郡。唐武德三年復爲黃州，置總管府，管黃、蘄、亭、南司四州，黃州領黃岡、木蘭、麻城、黃陂四縣；其年省木蘭縣，分黃岡置堡城縣，分麻城置陽城縣，仍于麻城置亭州，于黃陂縣置南司州；七年廢南司州及亭州，縣並屬黃州，仍省堡城入黃岡。貞觀元年罷都督府。天寶元年改爲齊安郡。乾元元年復爲黃州。中和五年移于舊邾城南，與武昌對岸。

領縣三：〔三〕黃岡，麻城，黃陂。

州境：東西二百五十里。南北三百三十五里。

四至八到：東北至東京一千九百里。西北至西京一千七百里。西北至長安舊路二千二百八十里，取隨州路一千九百里。東至蘄州一百五十二里。〔四〕南至鄂州武昌縣隔大江對岸。西南至漢陽軍沿江路一百五十八里。〔五〕北至光州七百里。東南至蘄州蘄水縣一百二十里。西南至鄂州一百五十里。西北至安州五百五十里。東北至光州固始縣五百七十七里。

户：唐開元户一萬五千五百一十二。皇朝户主七千三百四十二，客三千六百九。〔六〕

風俗：同蘄州。

人物：無。

土產：連翹，松蘿，白苧布，貲布，見貢。白花蛇。長尺餘，可治風疾。〔七〕

黄岡縣，舊十五鄉，今十三鄉。本漢西陵縣地，屬江夏郡。齊曰南安縣地。北齊置巴州，後周又爲弋州，〔八〕皆此邑城。隋于此立郡理焉。唐中和五年隨州移就大江邊。

木蘭山，在縣西一百二十里。舊廢縣取此山爲名，今有廟，在木蘭鄉。

永安城，即楚相黄歇所都。隋改黄州爲永安郡，取此爲名。今有永安鄉，在縣北約六十里。

峥嶸洲，即劉毅破桓玄於此洲，在大江中，與此山相近。〔九〕

舊州城，在縣西北一百一十七里。

舊州河，在縣西北一百一十二里。水流至團風大江口。

白沙關，在縣北一百二十里。

麻城縣，東北一百七十里。舊四鄉，今六鄉。本漢西陵縣，〔一〇〕周大象元年置麻城縣。〔一一〕唐元和三年三月併入黄岡縣，後復置之。山原出茶。

木陵山，山上有城，在縣東南一十里。

岐亭河，在縣西北八十里。唐武德三年于縣置亭州，取此爲名。

三角山，在縣西北一百里。

龜鶴山、甑山、白額山、白額龍潭，皆在縣境。

黄陂縣，西北一百八十四里。舊八鄉，今五鄉。本漢西陵縣，〔一二〕北齊武帝置南司州。後周置黄州，大象元年開拓淮，〔一三〕于古黄州西四十里獨家村置黄陂縣，屬齊安郡。

武湖，在縣南二十里。宋謝晦爲檀道濟所攻敗走，被武湖戍主執送建鄴，即此地也。

松湖。郡國志云：「黄陂有喬松，故謂之松湖。」

大闊關，在縣東南一百九十步。〔一四〕

鵶翅山、魯毫山、〔一五〕木蘭山，皆在縣境。

漢陽軍

漢陽軍，理漢陽縣。故沔州也。春秋時鄖國地。左傳曰：「鄖人軍于蒲騷。」杜預注云：「鄖國在江夏郡雲杜縣東南。」楚滅之。按鄖國，即安州城是也。戰國屬楚。秦併天下爲郡，此即爲南郡地。在漢爲安陸縣地，後漢爲江夏郡。〔一六〕三國志云：「魏初定荆州，屯沔陽，〔一七〕以爲重鎮。初使文聘爲江夏太守，繼屯沔口。吴大帝累攻不克。」在吴亦爲重鎮，使陸遜屯之。故輿地志云：「魯山臨江，盤基數十里。山下有城，即吴江夏太守所理之地。」

晉立沔陽縣，〔一八〕屬江夏郡。故晉書云：「永嘉六年，王敦表陶侃爲荆州刺史，鎮沔州。」〔一九〕蓋此。宋、齊、梁因之。後周于此置復州。隋大業初改爲沔州，蓋以沔水爲名；尋改爲沔陽郡，則通有今竟陵之地。唐武德四年討平朱粲，分沔陽郡置沔州。天寶初改爲郡。至太和二年四月，鄂岳道節度牛僧孺奏廢州，以其地入鄂州；四年又置，復廢入鄂州。周顯德五年平淮南，與江南畫江爲界；江南以漢陽、汉川二縣在大江之北，故先進納。世宗以汉川隸安州，以漢陽縣置漢陽軍，仍析漢陽地置漢川縣以屬焉。〔二〇〕

領縣二：漢陽，漢川。

軍境：東西九十二里。南北二百四十里。

四至八到：北至東京九百八十里。西北至西京一千四百四十里。西北至長安二千二百五十里。東至鄂州大江中流爲界三里，至鄂州七里。南至復州陸路八百里，水路七百里。西取銅冢路至復州四百六十里。〔二一〕北至黄州二百三十五里。東南至鄂州七里。西南至復州水路七百里。南至安州二百八十里。〔二二〕東北至鄂州界七里。東北至黄州水陸相兼二百二十里。

户：舊户隸鄂州。皇朝户主一千四百三十九，〔二三〕客二千二百八十。

風俗：同鄂州。

土產：貲布，茨仁，〔二四〕蔄茹，〔二五〕菱仁。以上物貢。

漢陽縣，舊六鄉，今四鄉。本漢安陸縣地，屬江夏郡。宋書州郡志云：「晉于臨嶂山置沌陽縣，屬江夏郡。」〔二六〕隋開皇十七年置漢津縣。大業二年改漢津爲漢陽縣，以在漢水之南，居嶂山之陽爲名。

卻月城，與魯城相對，以其形似卻月故。荆州記云：「河口北岸臨江水有卻月城，〔二七〕魏將黄祖所守，吴遣董襲攻而擒之。其城遂廢。」

魯山。劉澄之永初山川記云：「沔陽縣東有魯山，山上有胡公祠。」荆州圖副云：「魯山城内有晉征南將軍胡奮碑，又有南平將軍董廣之碑，爲討魯刻石以記事。」〔二八〕

赤壁。按荆州記云：「臨嶂山南峯，謂之烏林峯，亦謂之赤壁。」江右圖云：〔二九〕「烏林爲赤壁，即吴志所謂『操臨荆州，孫權遣周瑜、程普爲左右督，領萬人，與劉備俱進，遇于赤壁。』即此地也。」

漢水，一名沔水，西自汉川縣界流入。劉澄之永初山川記云：「沔口，古文以爲滄浪水，即屈原遇漁父所云『滄浪之水清兮』」是也。按韓詩云：〔三〇〕孔子聞孺子歌曰「滄浪之水清兮，可以濯我纓」，則知是古歌，非漁父所作，蓋諷之。

沔水。水經注云：「沔水上承沔陽縣之太白湖，東南流曰沔水。〔三一〕」

灄水。水經注云：「江水又東合灄口，水上承溳水于安陸縣而東經灄陽縣北，〔三〕東流注于江。」

刀環河，以河形灣曲象刀環。

漢川縣，北一百六十里。今六鄉。析漢陽縣之地隨軍置漢川縣，在江之曲。

故甑山城，在縣東南四十五里。梁天監中置甑山縣，周大象三年廢。

卷一百三十一校勘記

〔一〕吴赤烏三年使陸遜攻邾城　萬本、庫本「吴」上有「至」字，傅校補同。元和郡縣圖志卷二七黄州：「吴克邾城，使陸遜以三萬人城而守之。」輿地紀勝卷四九黄州同，此「攻」宜作「克」。又三國志卷四七吴書吴主傳載，陸遜城邾在赤烏四年。

〔二〕隋開皇三年罷衡州以齊安郡爲黄州　按隋書卷三一地理志下載，改衡州爲黄州在開皇五年。

〔三〕領縣三　「領」上萬本、中大本、庫本皆有「元」字。

〔四〕東至蘄州一百五十二里　元和郡縣圖志黄州：「東南至蘄州二百三十里。」通典卷一百八十三齊安郡（即黄州）：「東至蘄春郡（即蘄州）二百三十里。」按唐、宋初黄州治黄岡縣，即今湖北新洲縣，蘄州治蘄春縣，在今蘄春縣北，二者距離正合二書記載，疑此所載里數有誤。

〔五〕西南至漢陽軍沿江路一百五十八里　「至」，底本脱，據中大本補。萬本、庫本無此文，當誤。

〔六〕客三千六百九　「九」，萬本、庫本作「九十」。

〔七〕白花蛇長尺餘可治風疾　萬本、庫本無，傅校删。

〔八〕北齊置巴州後周又爲弋州　按隋書地理志下黄岡縣：「後齊置巴州，陳廢，後周置曰弋州。」此「巴州」下疑脱「陳廢」二字。

〔九〕與此山相近　按輿地紀勝黄州引本書作「與武昌相近」，宋本方輿勝覽卷五〇黄州亦作「與武昌相近」。峥嶸洲在長江中，正在唐、宋武昌縣（即今湖北鄂州市）北，此「此山」蓋爲「武昌」二字之誤。

〔一〇〕本漢西陵縣　按唐宋麻城縣，漢爲西陵縣地，元和郡縣圖志云麻城縣「本漢西陵縣地」，此脱「地」字。

〔一一〕周大象元年置麻城縣　按隋書地理志下：梁置信安縣，隋開皇十八年改名麻城縣。元和郡縣圖志黄州同，此疑誤。

〔一二〕本漢西陵縣　按唐宋黄陂縣，漢爲西陵縣地，元和郡縣圖志云黄陂縣「本漢西陵縣地」，此脱「地」字。

〔一三〕大象元年開拓淮　庫本同，萬本無「開拓淮」三字，傅增湘删。按周書卷七宣帝紀：大象元年九月伐陳，十一月「韋孝寬拔壽陽，杞國公亮拔黄城，梁士彦拔廣陵，陳人退走。於是江北盡平。」同書卷一〇邵惠公顥傳：大象初伐陳，「亮自安陸道攻拔黄城，輒破江側民村。」此「開拓淮」應作「開拓江淮」，疑脱「江」字。

〔一四〕大闊關在縣東南一百九十步　萬本「步」作「里」，庫本同，萬本又據一統志改「闊」爲「活」。按元和郡縣圖志黄州載，大活關在黄陂縣北二百里；嘉慶重修一統志卷三三八漢陽府所載乃引李書，非本書，蓋大闊關、大活關爲二，萬本妄改。

〔一五〕魯亳山　「亳」，萬本作「臺」。傅校改同。按嘉慶重修一統志漢陽府引本書亦作「魯臺山」，此「亳」蓋爲「臺」字之誤。庫本作「友」，誤。

〔一六〕在漢爲安陸縣地後漢爲江夏郡　按安陸縣，漢、後漢皆屬江夏郡，見漢書卷二八地理志上、續漢書郡國志四，輿地紀勝卷七九漢陽軍：「漢爲江夏郡安陸縣地。」是也。

〔一七〕屯沔陽　「沔陽」，輿地紀勝、宋本方輿勝覽卷二七漢陽軍載同。按太平御覽卷一六九引三國志作「沌陽」，本書下文云「文聘爲江夏太守，繼屯沔口」，載於三國志卷一八魏書文聘傳，作「沔口」，亦非「沔陽」。晉書卷五愍帝紀：建興元年，「杜弢寇武昌，焚燒城邑。弢别將王真襲沌陽，荆州刺史周顗奔於建康。」知西晉已有沌陽城，其置或始於三國魏，東晉因置沌陽縣，詳本書校勘記〔一八〕，此「沔陽」疑爲「沌陽」之誤。

〔一八〕晉立沔陽縣　按晉書地理志無「沔陽縣」，宋書卷三七州郡志三江夏郡領有沌陽縣，云「江左立」。太平御覽卷一六九引十道志云：「晉立沌陽縣。」輿地廣記卷二八漢陽軍漢陽縣亦云「東晉置沌陽縣，宋因之」。此「沔陽」乃「沌陽」之誤。

〔一九〕永嘉六年王敦表陶侃爲荆州刺史鎮沔州　按晉書卷六六陶侃傳：王敦「表拜侃爲使持節、寧遠將軍、南蠻校尉、荆州刺史，領西陽、江夏、武昌，鎮于沌口，又移入沔江。」水經江水注：沌水上承太白湖，東南流逕沌陽縣南注于江，謂之沌口，「晉永嘉六年，王敦以陶侃爲荆州，鎮此。」正與晉書合，此「沔州」蓋爲「沌口」之誤。輿地紀勝漢陽軍作「沔口」，「沔」亦爲「沌」字之誤。又資治通鑑卷八八載此事於愍帝建興元年，按懷帝崩於永嘉七年正月，四月，愍帝即位，改元建興，則爲建興元年是也。

〔二〇〕仍析漢陽地置漢川縣以屬焉　按輿地紀勝漢陽軍漢川縣引皇朝郡縣志云：汊川縣，「後周顯德六年屬安州，皇朝改汊川爲義川縣，太平興國二年避太宗諱改曰漢川縣，屬漢陽軍。」此誤。下漢川縣沿革同。

〔二一〕銅冢　「冢」，萬本同，庫本作「家」，未知孰是。

〔二二〕南至安州二百八十里　元和郡縣圖志沔州（即五代周北宋漢陽軍）：「西北至安州二百八十里。」本書卷一三二安州：「東南至漢陽軍二百五十七里。」按唐沔州、宋漢陽軍治漢陽縣，即今湖北武漢市漢陽;安州治安陸縣,即今安陸市,在漢陽軍西北,此「南」爲「北」或「西北」之誤。

〔二三〕皇朝户主一千四百三十九　「一」,萬本、中大本、庫本皆作「二」,傅校改同。

〔二四〕茨仁　庫本同,「茨」,萬本作「苡」。

〔二五〕蔄茹　「茹」,萬本、中大本、庫本皆作「茄」。

〔二六〕宋書州郡志云晉于臨嶂山置沌陽縣屬江夏郡　原校:「按宋志,江夏郡有沌陽縣,無晉于臨嶂山置縣之文。」按太平御覽卷一六九亦引宋書州郡志曰「晉于臨嶂山置沌陽縣」,但今宋書卷三七州郡志三江夏郡沌陽縣無此文。

〔二七〕河口北岸臨江水有郤月城　按水經江水注:沔水口,「沔左有郤月城。」初學記卷二四引荆州記曰:「沌陽縣至沔口,水北有郤月城。」輿地紀勝漢陽軍引荆州記曰:「沔口北岸臨水有郤月城。」此「河口」應作「沔口」。

〔二八〕又有南平將軍董廣之碑爲討魯刻石以記事　水經江水注:魯山,上有吴江夏太守陸涣所治城,「城中有晉征南將軍荆州刺史胡奮碑,又有平南將軍王世將刻石記征杜曾事。」按晉書卷七六王廙傳:王廙字世將,「王敦左遷陶侃,使廙代爲荆州。將吏馬俊、鄭攀等上書請留侃,敦不許。廙爲俊等所襲,奔於江安。賊杜曾與俊、攀北迎第五猗以距廙。廙督諸軍討曾,又爲曾所敗。敦命湘州刺史甘卓、豫章太守周廣等助廙擊曾,曾衆潰,廙得到州。……敦得志,以廙爲平南將軍、領護南蠻校尉、荆州刺史。」則「南平」爲「平南」之誤，「董廣之」爲「王世將」之誤，「魯」爲「杜曾」之誤。

〔二九〕江右圖　輿地紀勝漢陽軍引本書作「江圖經」，未知孰是。

〔三〇〕韓詩　萬本、庫本作「韓詩外傳」，傅校改同。

〔三一〕沔水水經注云沔水上承沔陽縣之太白湖東南流曰沔水　按水經江水注：「沌水上承沌陽縣之太白湖，東南流爲沌水，逕沌陽縣南，注于江。」此四「沔」字乃「沌」形近而誤。

〔三二〕水上承溳水于安陸縣而東經灄陽縣北　「溳」，底本作「沔」；「陸」，底本作「陽」，萬本、庫本同。按水經江水注：江水「又東合灄口，水上承溳水于安陸縣而東逕灄陽縣北，東流注于江。」同書溳水注：溳水又南，至安陸縣故城西，「又南，分爲二水，東通灄水」，即所謂灄水上承溳水也。此「沔」爲「溳」字之誤，「陽」爲「陸」字之誤，並據改。

太平寰宇記卷之一百三十二

淮南道十

安州　信陽軍

安州

安州，安陸郡。今理安陸縣。禹貢謂「至于陪尾」，即此地也。春秋時爲鄖子國，後楚滅鄖，封鬭辛爲鄖公，即其地。按郡城今在涢水之濱，一名石僮故城，雲夢之澤在焉。按漢水入二百里得鄖口，有村；又三百里得鄖城，即楚邑也。秦併天下置此，即南郡之地。漢爲安陸縣，屬江夏郡。歷三國、兩晉亦然。晉咸和中分置安陸郡。〔一〕故輿地志云：「安陸東南有新城，即桓元子征石季龍所築，南臨涢水。」即本城是也。〔二〕宋、齊因之。故宋志云：「孝建元年分江夏立安陸郡。」則郡縣名之差也。梁天監七年于此置南司州。〔三〕後廢州，復爲安陸縣。西魏置安州總管府。後周改爲鄖州及安陸郡。隋文帝初郡廢而州存。煬帝初州廢，復爲郡。唐武德四年平王世充，改爲安州，領安陸、雲夢、應陽、孝昌、吉陽、應山、京山、富水八縣；其年于應山縣置應州，領應山一縣；于孝昌縣置環州，〔四〕領孝昌一縣，以富水、京山二縣屬温州，改應陽爲應城縣，安州置總管，管環、應二州；七年廢環、應二州，縣屬安州大都督府，督安、申、〔五〕陽、温、復、沔、光、黄、蘄九州；六年罷都督府；〔六〕七年又置，督安、隨、温、沔、復五州；十二年罷都督府。天寶元年改爲安陸郡，依舊爲都督府，督安、隨、郢、沔四州。乾元元年復爲安州。梁爲節鎮。後唐同光元年改爲安遠軍。晉天福五年以安州自爲藩鎮，繼有兵戍，宜降爲防禦州，以李金全叛入僞唐，初平定故也。天福十二年復爲安遠軍。周顯德元年又降爲防禦州。皇朝因之，爲安遠軍節度。

元領縣七。今六：安陸，孝感，雲夢，應城，應山，汉川。鄂州割到。一縣廢：吉陽。

州境：東西三百里。南北二百七十里。

四至八到：東北至東京一千一百里。西北至西京一千二百里。西北至長安二千二百里，取隨州路一千五百九十里。東至黄州三百一十里。南至漢陽軍三百一十里。西至郢州三百二十里。北至信陽軍二百五十七里。東南至漢陽軍二百五十七里。西南至復州三百四十里。西北至隨州一百五十五里。〔七〕東北至光州四百四十三里。

户：唐開元户二萬二千二百二十一。皇朝户主四千二百七十六，客八千三百一十二。〔八〕

風俗：同復州。

人物：黄香，字文彊，江夏安陸人。號爲黄童，天下無雙。唐郝處俊。安陸人。爲相，諫高宗不可以國事付天后。〔九〕

土産：青紵布，糖笋，茶。晉劉琨爲并州刺史，與兄子南兖州刺史演書云：「前得安州乾茶二斤，皆所須也。汝可信信致之。」〔一〇〕

安陸縣，舊十二鄉，今四鄉。本漢舊縣，屬江夏郡。宋孝武帝孝建元年分江夏置安陸郡。劉澄之宋永初山川志云：「安陸縣居鄖城。」〔一一〕

横山，古陪尾山也。尚書禹貢：「熊耳、外方、桐柏至于陪尾。」

石巖山。荆州記云：「安陸縣南十五里有石巖山，北臨涢水。張昌作亂，織竹爲籠，衣以五彩，着此山上，置肉其下，而集百鳥以惑于衆。」即此山。

涢水，古清發水。左傳：「吴敗楚于柏舉，從之，及清發」是也。南流注于沔，謂之鄖口。

雲夢澤，在縣東南。闊數十里，南接荆湘。

白兆山，在縣西三十里。

大安山，在縣西六十里。

孝感縣，東南一百里。舊六鄉，今四鄉。本漢安陸縣地，宋于此置孝昌縣，屬江夏郡。後魏于此置楚州。後周武帝三年改爲岳州及爲岳山郡。〔一二〕隋廢之。唐武德四年置環州，尋廢州，縣屬安州。元和三年與應城二縣併入雲夢。咸通中再置。後改爲孝感縣。皇朝開寶三年併吉陽入焉。

大伍山、小伍山，並在縣東北一百二十里。兩山疊障，遠望如行伍，俗以爲名。

環水，〔一三〕在縣北十五里。源出應山縣西雞頭山，初流一百步，遶山環流，因名環水。南流吉陽城東過，下通雲夢、汊川縣界。

鳳凰岡。任豫荆州記云：〔一四〕「安陸縣東四十里南有鳳凰岡。晉時有鳳産乳其上。又晉穆帝永和四年，鳳凰將九子棲集其上。山下有黄瓊宅，即魏郡太守黄香父。香亦墓焉。」

胭脂石廟，在縣北六十里。有自生石屋，古老傳胭脂石廟，未詳其由。

廢吉陽縣，在縣北六十里。本安陸縣地，梁于此置平陽縣，屬汝南郡。後魏大統十六年改汝南郡爲董城郡，〔一五〕又改平陽縣爲京池縣。保定元年于此置環州。〔一六〕隋大業二年改京池爲吉陽縣，〔一七〕在吉陽山下，因以爲名。元和三年併其地入應山縣，復置焉。皇朝開寶二年併入孝感縣。

九宗山。劉澄之宋永初山川記：「吉陽縣西有九宗山。」

東溳水、西溳水，二水皆出邑界。

新市。郡國志云「後漢書謂王鳳、王常起新市、平林之兵」，是此。

浮城。郡國志云：「吉陽縣東有蒲騷城，今俗名浮城，即左傳謂『鄖人軍于蒲騷』，即此也。」

雲夢縣，東南七十里。元六鄉。本漢安陸縣地，後魏大統十六年于雲夢古城置雲夢縣，〔一八〕因以爲名，屬城陽郡。隋罷郡，以雲夢屬安州。

江夏故城，漢爲郡城，在今縣東南是也。

鄖城。郡國志云：「春秋爲鄖國。」尚書云：「雲土夢作乂。」又有烏徒村，〔一九〕即楚鬬伯比外家處生鬬穀於菟，爲楚令尹子文是也。

楚襄王廟，在縣東子城內。相傳祭祀焉。〔二〇〕

應城縣，西南八十里。五鄉。本漢安陸縣地，〔二一〕宋于此置應城縣。後魏大統十七年改屬河南郡，其年又改爲祁水郡。隋大業二年改爲應陽縣。唐武德四年改爲應城縣，復舊名也。元和三年與孝昌同廢，併入雲夢。後復立州。梁開平元年爲國諱，改爲應陽縣。後唐同光元年復舊名。

温泉，在縣西南三百二十里。人静則泉清，人鬧則泉沸。

五茄山，在縣東三十里五茄村。

應山縣，北一百八十里。五鄉。本漢隨縣地，屬南陽郡。梁大同二年分隨縣置永陽縣，兼立應州于此。尋廢，以其縣屬平靖郡。隋開皇十八年改永陽縣爲應山縣，北近應山，以爲名。

大龜山，在縣北六十里。荆州記云：「義陽郡南一百三十里有石自然若龜形。」

石龍山，在縣東北二十五里。山上盤屈至于澗底，有五色石如龍形。荆州記云：「永陽縣北五十里石龍山出石斛如金釵。」

雞頭山，在縣東北九十里。有二山遠相向，如雞頭欲鬬之狀。〔三二〕

汊川縣，東南二百三十里。〔三三〕元六鄉。漢安陸縣地，後魏置汊川郡。唐武德四年分漢陽置汊川縣，屬沔州，州廢，屬鄂州。周顯德五年平淮南，畫江爲界，江南以漢陽、汊川二縣在大江之北，故先進納，世宗因以汊川隸安州。〔三四〕

陽臺廟，在縣南二十五里。〔三五〕有陽臺山，山在漢水之陽，山形如臺。按宋玉高唐賦云：「楚襄王遊雲夢之澤，夢神女曰：『妾在巫山之陽，高丘之阻，朝朝暮暮，陽臺之下。』」遂有廟焉，今誤傳在巫峽中，縣令裴敬爲碑，以正其由。

内方山，在縣南九十里，枕漢江。尚書：「内方至于大別。」孔注：「内方、大別，二山，漢水所經。」乃此山也。

小別山，在縣東南四十五里。左傳定公四年，「吴子伐楚，令尹子常濟漢而陣，自小別至于大別」。杜注：「漢水至大別南入江，然則此『二別』在江夏界。」山形如甑，土諺謂之甑山。

漢水，在縣東南四十五里。禹貢：「嶓冢導漾，東流爲漢。又東爲滄浪之水，過三澨，至于大別，南入于江。」孔注：「泉始出山爲漾水，至漢中東行乃爲漢水。」

溳水，在縣東十七里。源自隨州棗陽縣大紅山，經雲夢入縣界。左傳定公四年，「吴從楚師，及清發」。清發，溳水之別名。

汊水，在舊縣南一里。源出郢州長壽縣磨石山，東南流，名澨水。至復州景陵縣界，名汊水。又東南流，入當縣。

臼水，在縣南一百一十三里。從當縣沌水流入漢江。左傳定公五年，「楚子奔隨，將涉于成臼」。杜注：「江夏竟陵縣西有臼水。」〔二六〕

廢甑山城，在縣東南四十五里，枕漢江。梁天監中置甑山縣。周大象三年司馬消難奔陳，此城遂廢。唐武德九年移州就甑山鎮。今廢。

信陽軍

信陽軍，今理信陽縣。本申州也。春秋時屬楚，即古申國之地也，周宣王封舅之國。秦併天下爲郡，此即屬南陽郡。〔二七〕漢置平氏縣。今州即平氏縣義陽鄉之地。漢書屬荆州部，功臣表：「武帝以北地都尉衛山擊匈奴有功，〔二八〕封爲義陽侯。」即此也。漢平氏縣，屬南陽郡。王莽改曰平善，屬荆州。兩漢爲南陽、江夏二郡地。魏志：「文帝分南陽立義陽郡，居安昌城，領安昌、平林、平氏、義陽、平春五縣。」故蜀志：「先主征吴退軍時，將軍義陽傅彤斷後拒戰，〔二九〕兵士已殫，吴將勸令降，彤駡曰：『吴狗！何處有漢將軍降者！』遂戰没。」晉武帝泰始元年割南陽之東鄙，復置義陽郡，〔三〇〕封安平獻王孚次子望爲義陽王，又自石城徙居仁順，即今州是也。晉武帝改漢司隸校尉爲司州，領河南、河内之地。元帝遷都，淪陷劉、石。安帝時以流人在南郡者，即僑立南義陽于南郡郭下。宋武以晉義熙中北平關、洛，河南底定，復置司州于虎牢。少帝景平初復陷。百姓南出，多依荆、豫之界。文帝元嘉末立司州于汝南懸瓠，〔三一〕尋亦廢省。是歲于北義陽復立司州，齊因之。故輿地志云

「義陽有三關之險」，謂平靖等關是也，其武陽、黄峴二關，在安陸郡應山縣界。北接陳、汝，控帶許、洛。宋、齊以來，嘗爲邊鎮。梁天監元年改曰北司州，後尋袛爲司州；至三年爲魏將元英所陷。後魏既得司州，乃改爲郢州。至周武帝改郢州爲申州。隋開皇初改爲義州。〔三二〕大業中廢州，復爲義陽郡。唐武德四年又立申州，領義陽、鍾山二縣；八年省南羅州，以羅山縣來屬。天寶元年改爲義陽郡。乾元元年復爲申州。皇朝開寶九年以户少，降爲信陽軍，仍併羅山、鍾山二縣入信陽爲一縣。〔三三〕

元領縣三。今一：信陽。二縣廢：羅山，鍾山。已上併入信陽。

軍境：東西一百三十里。南北一百三十五里。

四至八到：東北至東京七百五十里。西北至西京九百里。西北至長安一千七百一十里。東至光州二百二十里。南至安州二百五十里。北至蔡州二百八十里。東南至光州二百六十里。西南至隨州二百四十里。西北至唐州三百五十里。〔三四〕

户：唐開元户二萬一千二十。皇朝户主一千二十，客四百四十六。

風俗：同安州。

人物：王讚。義陽人。

土産：舊貢：絺葛。白紵布，花蛇，茶。

信陽縣，舊二十鄉。今六鄉。本漢平氏縣義陽鄉之地，魏志云「文帝黃初中分平氏立義陽縣」，蓋在石城，今鍾山縣東南三十里石城山，故石城是也。皇朝開寶九年六月降州爲軍，仍併羅山、鍾山二縣入。太平興國元年改爲信陽縣。

淮水，西自唐州桐柏縣界流入，東北經縣，去縣三十七里。

桐柏山，其陽有淮瀆祠。

義陽山，在縣東五十步。

卓斧山，上有寺，下有潭，在縣西北五十里。

董奉山，在縣西南六十里。昔董奉居于此山，學道得仙，有祠在焉。

震雷山，在縣東南二十里。〔三五〕

溮水，南至隨州隨縣界流入。水經注云：「溮水翼帶三川，亂流北注，經賢首山西。」

天井。水經注云：「義陽郡城南一十五步，對門有天井，周百餘步。」

故平靖關，在城西南七十六里。舊有此關，不知何代創，〔三六〕故齊志義陽有三關之塞，〔三七〕此其一也。武陽、黃峴二關，在安州應山縣界。長老傳云：「此關因山爲障，不營濠隍，故名平靖關。」

故曹城，在縣東三十五里。梁將曹景宗將兵侵魏所築。

廢羅山縣，在州東一百一十里。〔三八〕本漢鄳鄳音萌。〔三九〕縣地，梁武帝置西汝南郡于此。隋開皇三年併入鍾山縣，十六年于鍾山析置羅山，因山以爲名，屬申州。唐武德四年置南羅州，領羅山一縣；八年州廢，以縣屬申州。皇朝併入信陽縣。

羅山，在縣西南九里。

淮水，經縣北，去縣二十里。

廢鍾山縣，在州東南十八里。〔四〇〕本漢之鄳縣，屬江夏郡。宋永初屬義陽郡。〔四一〕高齊于此置齊安郡，後改爲萬歲郡。隋開皇三年罷郡爲齊安縣，仍屬申州；四年以近鍾山，故改齊安爲鍾山縣。皇朝併入信陽。

淮水，經縣北四十里。

澀水，出縣南霸山，七十五里。〔四二〕山石之間，波流塞澀，因以爲名。

鍾山，在縣西，當信陽縣界。

石人谷，在縣西三十里。谷内有石人。

九塞。淮南子云：「大汾、澠阨、荆阮、方城、殽坂、〔四三〕井陘、令疵、句注、居庸，是謂九塞。」今羅山即澠之塞也。

石城山，山甚高峻，在故縣東南。即呂氏春秋之九塞，此其一也。晉于此山上置義陽郡，今廢，城猶在。石城山南有天井，闊百步。

卷一百三十二校勘記

〔一〕晉咸和中分置安陸郡　按宋書卷三六州郡志二載，宋孝武帝孝建元年分江夏郡置安陸郡，輿地廣記卷二七安州同，元和郡縣圖志卷二七安州、輿地紀勝卷七七德安府並載宋孝武帝分江夏郡置，皆與此異。

〔二〕即本城是也　「本」，萬本、庫本皆作「今」，傅校改同。按初學記卷八引輿地志曰：「安陸縣東有新城，桓温征石季龍所築。」則安陸城與新城爲二城，云「本城」，當誤。

〔三〕梁天監七年于此置南司州　「七年」，輿地紀勝德安府引本書作「元年」。

〔四〕環州　「環」，輿地紀勝德安府同，隋書卷三一地理志下、新唐書卷四一地理志五、輿地廣記安州皆作「澴」。宋書卷三六州郡志二義陽郡、南齊書卷一五州郡志下北義陽郡並領有環水縣，周書卷二一司馬消難傳載所管九州中有環州，蓋「環」、「澴」字通用。

〔五〕申　底本作「中」，萬本、庫本同，據舊唐書卷四〇地理志三改。

〔六〕六年罷都督府　按上文已記武德七年，此處不應又有六年，且下文有七年、十二年，而武德無十二年。新舊唐書合鈔卷六〇地理志「六年」上有「貞觀」二字，則此脱「貞觀」二字。

〔七〕西北至隨州一百五十五里　「五十五」，萬本作「五十」，庫本作「五十一」。元豐九域志卷六：「安州，西至本州界六十里，自界首至隨州九十里。」所記里數與萬本合。

〔八〕客八千三百一十二　「二」，萬本、庫本皆作「一」。

〔九〕天后　「天」，底本無，據庫本及舊唐書卷八四郝處俊傳補。萬本作「太」。

〔一〇〕汝可信信致之　庫本同，萬本作「汝可信致之」，傳校删一「信」字，當是。

〔一一〕安陸縣居鄖城　「縣」，底本脱，據萬本、庫本及輿地紀勝德安府引本書補。

〔一二〕三年　萬本、庫本皆作「二年」，傳校改同。

〔一三〕環水　「環」，庫本同，萬本作「澴」，輿地紀勝、宋本方輿勝覽卷三一德安府同。

〔一四〕任譽荆州記　「任譽」，萬本作「盛督」，嘉慶重修一統志卷三三八漢陽府引同。漢唐地理書鈔引本書下文「安陸縣東四十里」云云列入郭仲産荆州記，注云：「寰宇記引作『任豫記』，一作『郭督記』。」

〔一五〕董城郡　「董」，底本作「重」，萬本、庫本同。按梁書卷四簡文帝紀：大寶二年，「邵陵王綸走至安陸董城，爲西魏所攻，軍敗，死。」輿地紀勝德安府引舊經云：「吉陽縣城，本名董城，因孝子董黯得名。」北周地理志亦作「董城郡」，此「重」爲「董」字之誤，據改。

〔一六〕保定元年　「元」，底本作「九」，萬本、庫本同。按北周武帝保定僅五年，據北周地理志卷五改。

〔一七〕大業二年　「二年」，底本作「三年」，萬本、庫本作「二年」。按隋書地理志下：「大業初改京池縣曰吉陽。」元和郡縣圖志安州作「二年」，傅校改同，據改。

〔一八〕大統十六年　「十六」，底本作「十二」，萬本、庫本皆作「十六」。元和郡縣圖志安州、輿地紀勝德安府皆載「大統末於雲夢古城置雲夢縣」，傅校改爲「十六」，據改。

〔一九〕烏徒村　「烏」，庫本同，萬本、中大本皆作「於」；「徒」，中大本、庫本同，萬本作「菟」。按「烏徒」、「於菟」，音同或音近而字異。

〔二〇〕相傳祭祀焉　庫本同，萬本作「至今祀之」，傅增湘改同。

〔二一〕本漢安陸縣地　「漢」，底本脱，庫本同，據萬本、傅校及元和郡縣圖志安州補。

〔二二〕如雞頭欲鬬之狀　「狀」，底本作「象」，據萬本、庫本、嘉慶重修一統志卷三四三德安府引本書及傅校改。又輿地紀勝卷八三隨州環山引本書云「在應山東北百里」，底本、萬本應山縣皆無，今附録於此。

〔二三〕東南二百三十里　「東南」，底本作「南北」，庫本同，萬本作「西北」。按宋汉川縣在今湖北漢川縣北，在安州（治安陸縣，即今安陸市）東南，此「南北」爲「東南」之誤，據改。又「二百」，萬本、中大本、庫本皆作「一百」，以縣至安州里距而計，此「二百」疑爲「一百」之誤。

〔二四〕世宗因以汉川隸安州　輿地紀勝卷七九漢陽軍漢川縣引皇朝郡縣志：汉川縣，「後周顯德六年屬安州，皇朝改汉川爲義川縣，太平興國二年避太宗諱，改曰漢川縣，屬漢陽軍。」按本書政區建置以太平興國時期爲准，此「世宗因以汉川縣隸安州」下當有脱文，標目「汉川縣」應改爲「漢川縣」，屬漢陽軍。

〔二五〕在縣南二十五里　「二」，輿地紀勝、宋本方輿勝覽卷二七漢陽軍皆作「三」。

〔二六〕江夏竟陵縣西有臼水　按左傳定公五年杜預注：「江夏竟陵縣有臼水，出聊屈山，西南入漢。」與此引文異。

〔二七〕此即屬南陽郡　「郡」，底本脱，庫本同，據萬本及元和郡縣圖志卷九、太平御覽卷一六九申州引十道志、輿地紀勝卷八〇信陽軍補。

〔二八〕北地都尉衛山　「地」，底本脱，萬本、庫本同。按史記卷二〇建元以來侯者年表：義陽侯衛山，「以北地都尉從驃騎將軍四年擊左王，得王功侯。」漢書卷一七景武昭宣元成功臣表：義陽侯衛山，「以北地都尉從票騎將軍擊匈奴得王侯。」水經淮水注：義陽縣故城，「漢武帝元狩四年封北地都尉衛山爲侯國也。」此脱「地」字，據補。

〔二九〕傅彤　「彤」，底本作「肜」，萬本、庫本同，據三國志卷四五蜀書楊戲傳改。下同。

〔三〇〕晉武帝泰始元年割南陽之東鄙復置義陽郡　按晉書卷一五地理志下載，義陽郡置於晉武帝太康中。

〔三一〕文帝元嘉末立司州于汝南懸瓠　宋書卷三六州郡志二：司州，「文帝元嘉末僑立於汝南，尋亦省廢。明帝復於南豫州之義陽郡立司州。」同此。按資治通鑑卷一二六：宋文帝元嘉二十八年，「以魯爽爲司州刺史，鎮義陽。」元和郡縣圖志、太平御覽申州、輿地紀勝信陽軍皆載宋元嘉末於義陽立司州，不在汝南，與此不同。

〔三二〕開皇初改爲義州　按隋書地理志下、元和郡縣圖志申州、輿地廣記卷九信陽軍皆載：「大業二年改爲義州。」通典卷一八三州郡一三、輿地紀勝信陽軍皆載：「隋煬帝改爲義州。」即大業初也，此誤。

〔三三〕皇朝開寶九年以户少降爲信陽軍仍併羅山鍾山二縣入信陽爲一縣　按元豐九域志卷一、輿地紀勝信陽軍皆載：開寶九年降爲義陽軍，省羅山、鍾山入義陽，太平興國元年改爲信陽軍。此「信陽軍」爲「義陽軍」、「信陽」爲「義陽」之誤，並脱「太平興國元年改信陽軍」十字。

〔三四〕西北至唐州三百五十里　「三」，萬本、庫本作「二」，同元和郡縣圖志申州。按元豐九域志信陽軍：「西北至本軍界八十里，自界首至唐州二百七十里。」則與底本相合。

〔三五〕在縣東南二十里　萬本、庫本同，中大本無「南」字。嘉慶重修一統志卷二一五汝寧府：「震雷山，在信陽州東二十里。」則與中大本合。

〔三六〕不知何代創　按初學記卷八引齊志曰：「後魏置平靖關於義陽。」

〔三七〕齊志　底本作「齊地志」，據萬本、庫本及初學記卷八引齊志删「地」字。

〔三八〕在州東一百一十里　「東」，萬本、庫本同，輿地紀勝信陽軍引本書作「東北」。按元和郡縣圖志申州羅山縣：「西南至州一百一十里。」此當脱「北」字。

〔三九〕鄳音萌　萬本、庫本皆無此三字，傅校删，蓋非樂史原文。

〔四〇〕在州東南十八里　「十八」，底本訛作「八十」，萬本、庫本同，據中大本及輿地紀勝信陽軍、嘉慶重修一統志卷二一六汝寧府引本書乙正。

〔四一〕宋永初屬義陽郡　按元和郡縣圖志申州鍾山縣「永初」下有「中」字，此蓋脱。

〔四二〕七十五里　按元和郡縣圖志鍾山縣：「溮水，出縣南霸山，去縣七十五里。」此蓋脱「去縣」二字。

〔四三〕澠阨荆阮方城殽坂　「澠阨」、「殽坂」，吕氏春秋有始覽作「冥阸」、「殽」。

太平寰宇記卷之一百三十三

山南西道一

興元府　西縣　三泉縣二縣直屬朝廷

興元府

興元府，漢中郡。今理南鄭縣。古梁州之境。虞舜十二牧，梁其一也。周官職方：「合梁于雍。」今州又爲雍州之域。春秋、戰國其地並屬楚。秦置三十六郡，漢中其一也。漢高帝封漢王，都于此。至後漢末，張魯據有其地，因改漢中曰漢寧。建安二十年，魏武復置漢中郡，仍於安陽、西城置都尉治。〔一〕三國時，劉蜀破魏將夏侯淵，遂有漢中。故蜀志云：「先主爲漢中王，還成都。」其地又入于蜀。至後主以蔣琬、姜維相繼屯守，後聞魏將鍾會理兵關中，維表請分將護陽安關口，後主不從，旋至敗亡。王隱晉書云：「魏末克蜀，分廣漢、巴、涪陵以北七郡爲梁州，理漢中之沔陽縣。」今州西八十四里沔陽故城是也。歷晉太康中，州又移理漢中郡，領郡八。後李特據蜀，漢中又陷焉。桓元子平蜀，梁州刺史復理漢中郡。譙縱時，又失漢中，刺史寄理魏興郡，今金州也。譙縱滅，復理漢中之苞中縣，今褒城縣也。東晉末又移理城固。至宋初領郡二十。宋已後又分置秦州，亦理于此。或論漢中實爲巴蜀捍蔽，故先主初得漢中，曰：「曹操雖來，無能爲也。」是以巴蜀有難，漢中輒没。自公孫述、先主、李雄、譙縱據蜀，漢中皆爲所有，氐虜接畛，又爲威禦之鎮。至梁武大同元年使大將蘭欽克梁州，復移在南鄭縣，即今郡也。至蕭齊明帝初登位，後魏大將元英率兵十萬，通斜谷，圍南鄭，刺史蕭懿守拒百餘日，不下。後魏亦置梁州及漢中郡。按：梁書云：「天監三年，刺史夏侯道遷以州郡叛入魏。大同初復之。元帝末又陷于西魏也。」西魏因之。後周奄有，又改曰漢川郡。隋開皇初郡廢而州如故，大業初州廢，復爲漢川郡。唐武德元年置梁州總管府，管梁、洋、集、興四州，梁州領南鄭、褒中、城固、西四縣；〔二〕二年改城固爲唐固，割西縣置褒州；三年置白雲縣；七年改總管爲都督，督梁、洋、集、興、褒五州，梁州領南鄭、褒中、城固、〔三〕白雲四縣；八年廢褒州，以西、金牛二縣來屬；九年省白雲入城固。貞觀三年復改唐固爲城固，〔四〕褒中爲褒城；〔五〕六年廢都督府；八年又置，依舊督梁、洋、集、壁四州；十七年又罷。顯慶元年復置都督府，督梁、洋、集、壁四州。開元十三年改梁州爲褒州，〔六〕依舊都督府，二十年又爲梁州。天寶元年改爲漢中郡，仍爲都督府。乾元元年復爲梁州。德宗以朱泚亂，幸梁、洋。興元元年升爲興元府。皇朝因之。

元領縣六。今三：南鄭，城固。褒城。二縣割出直屬京師：西縣，三泉。一縣廢：金牛。入褒城。

州境：東西一百二十五里。南北四百八十五里。

四至八到：東北至東京取斜谷路二千五百三十三里；取洋州駱谷路一千九百六十三里。東北至西京取駱谷路一千五百八十里，取斜谷路一千七百八十九里，驛路二千七十八里。東北至長安取駱谷路六百五十二里，取斜谷路九百三十三里，驛路一千二百二十三里。東至洋州二百二十里。南取巴嶺路至集州三百里。西至利州五百里。北至太白山路至鳳翔府六百七十里。東南至洋州三百九十里。西南至利州三百九十里。西北至興州二百八十里。東北至洋州興道縣界八十六里。西北取斜谷橋閣路至鳳州三百八十里。

户：唐開元户三萬七千四百。皇朝管户主萬一千三百六十四，〔七〕客六千一百七十。

風俗：漢川土地寬平，泉源清潔，俗多淳謹，〔八〕不尚浮華。

人物：張騫，漢中人。李固。漢中人。爲太尉。

土産：唐貢：紅花，胭脂，夏蒜，冬筍，糟瓜，藥物。今貢：胭脂，蠲紙，紅花。

南鄭縣，舊二十四鄉，今五鄉。本漢舊縣，屬漢中郡。後魏廢帝三年改爲光義縣，移理州東光義府。隋開皇初復爲南鄭縣。大業八年移南鄭縣理郡西城南臨漢水，〔九〕即今所理。

斜谷路，在府西北。入斜谷路至鳳州界一百五十里。有橋閣二千九百八十九間，險板閣二千八百九十二間。

仙臺山，一名玉女山，在縣南一百九十里。〔一〇〕上有古城，三門，不可登。山下時聞鐘磬之聲。道家開山經云：「此山仙人玉女所居之地也。」

玉女潭，在縣西南二十八里。源從褒城縣南梁山下來。

旱山，在縣西南二十里。周地圖記云：「山上有雲即雨，〔一一〕故諺云：『牛頭戴，旱山晦，家中乾穀莫相貸。』傍有石牛十二頭，一云五頭，蓋秦惠王所造以紿蜀者。〔一二〕山下有石池，水多蓴菜。」

梁山。爾雅云：「梁山，晉望也。」又南方之美者，有梁山之犀象焉。州因爲名。

大巴嶺山，在縣西南一百九里。水經注云：「廉水出巴嶺山，北流經廉川。」〔一三〕又周地圖記云：「此嶺之南是古之巴國也」。

黄牛山，在縣西南五十里。山有石黄色，遠望如牛，故曰黄牛山。山下有黄牛川。十道記云：「黄牛川有再熟之稻，土人重之」。

天池山，上有池，方二十里，〔一四〕冬夏不竭。漢廟堆。西渡漢水側有高阜，即高帝遊憩于此阜，故後人立祠于此，〔一五〕甚靈，迄今人畏，莫敢生慢。

武鄉谷，在縣東北三十一里。十道記云：「在縣南，即諸葛武侯受封之地」。拜將壇。漢高祖初爲漢王，欲東下，拜韓信爲將，因築此壇受命。街亭。三國志云，魏將張郃與蜀將馬謖戰于街亭，謖違諸葛亮節制，軍大敗。亮乃戮謖，上表自貶。美農臺。梁州記云：「後漢安帝時，太守桓宣每至農月親載耒耜以登此臺勸民。」故後人號曰美農臺。在郡西。〔一六〕絶棧。漢書：「項籍立沛公爲漢王。張良因説沛公燒絶棧道，示無東意，終因漢中以定天下。」所絶棧道在郡東。

褒中，古褒國，都尉理，在府西三十三里。

文川。梁州記云：「范柏年，漢中人，嘗謁宋明帝，因言及南海貪泉。帝問柏年曰：『卿鄉中有此水名否？』柏年對曰：『臣漢中惟有文川、武鄉，廉泉、讓水，足以表名。』帝善其對。」

廉津，在龍岡山。北臨漢水，南帶廉津，是。

龍蹊。〔一七〕道家雜記：「張魯女嘗浣于山下，有霧蒙身，遂孕。後恥之，投漢水而死。魯因葬女於龍岡山頂。後有龍子數來遊母墓前，遂成蹊徑。」

漢水，一名沔水。裴秀云：「漢氏釋淮水秩漢水，〔一八〕以其國所氏爲四瀆焉。」衞康公祀漢用三牲、玉珪，有車馬紺，蓋駕兩青龍如五嶽也。

漢中故城，漢高祖所都，故城在今縣東北。

白雲故城，後周武帝天和中于此立白雲縣，〔一九〕廢城在今縣東。

城固縣，東七十二里。〔二〇〕舊二鄉，〔二一〕今九鄉。漢舊縣，有南北二城相對。按四夷縣道記云：「城固，今縣東六里故北城是，以有南城，故謂此爲北城。」周地圖記云：「後魏宣武帝正始中，城固縣移居壻鄉川。」即今理。

三嵎谷，在縣西十九里。周地圖記云：「此三嵎山上有三峯，如覆鼎足也。」

斗山，在縣南五里。周地圖記云：「斗山上下有石穴，道家開山經云：『斗山凡五穴：一通崑崙山，一通隴山，一通武當山，一通青城山，一通長安穴。穴中有千歲蝦蟇，名曰肉芝，得而食之壽千歲。山側有白鹿時見焉。』即此山也。」

壻水，在縣東九里。水經注云：「左谷水出漢北，即壻水也。北發聽山，山下有穴水。穴水東南流，〔二二〕歷平川，謂之壻鄉，水曰壻水。唐公房升仙之日，壻知行未還，〔二三〕不獲同偕雲路，約以此川爲居，言無繁霜蛟虎之患，其俗以爲信然，因號爲壻鄉，水即名壻水。」

黑水，源出縣西北太山。〔二四〕諸葛亮牋云：「朝發南鄭，暮宿黑水。」

褒城縣，西三十三里。舊十四鄉，今五鄉。本漢褒中縣，以其當褒斜大路，故名。漢都尉理此。其褒國城爲褒水所壞，蓋後漢末、曹魏初移于今理。東晉義熙末，梁州刺史理此，仍改爲苞中縣。後魏正始中又于此立褒中郡。故周地圖云：「後魏分漢中郡之褒中、武鄉二縣立褒中郡。」後周天和元年改武鄉爲白雲縣，而褒中郡領褒中、白雲二縣。隋初郡與縣並改爲褒內，三年罷郡，以縣屬梁州。仁壽元年改爲褒城。義寧二年又改褒中。貞觀三年又改褒城。

牛頭山。山形如牛頭，高百仞，雲覆如笠即雨，故彼人一號爲戴笠山。

石門。輿地志云：「石門在褒中之北，漢中之西，是爲全蜀之險固也。」

黃鹿谷，在縣東二十里。以山多鹿，故土人名之爲黃鹿山。

衙嶺山，在縣西北九十八里。褒水源出此山，至縣理東注漢水。

斜水，源並出西北衙嶺山。

襃水，出襃中，故曰襃水。

丙水，源出縣西北牛頭山。輿地志云：「按河陽及巴陵、昆陽並有丙穴，〔二五〕出嘉魚。」即此類也。

襃谷，在縣北五十里。十三州志云：「昔蜀王從卒數千餘出獵于襃谷西溪。秦惠王亦畋于山中，〔二六〕怪而問之，以金一篋遺蜀王。及報，〔二七〕欺之以土。秦王大怒，其臣曰：『此秦得土之端也。』秦王未知蜀道，乃刻石牛五頭，置金于尾下，僞如養之者，言此天牛能屎金。蜀人見而信之，乃令五丁共引牛成道，致之成都。秦始知蜀道而亡蜀。」今地接故金牛縣界。

漢陽關，在縣西北。即漢時所立。蜀先主時破魏軍，殺大將夏侯淵于此也。

甘亭關，在縣北九十里。隋開皇元年立。今爲甘亭戍。

雞翁山神，在縣北，入斜谷一十里。唐文宗時，温造爲興元節度使赴任，將近漢中，大雨，平地水尺餘，若不可進，禱雞翁山，疾風驅雲，即時晴霽。文宗聞其事，會造入見，得詳言當時靈貺，明日下詔，封雞翁山神爲侯。

廢金牛縣，在州西一百八十里。本漢襃中縣地。〔二八〕唐開元十八年，按察使韓朝宗自縣西四十里故縣移就白土店置，〔二九〕即今縣是。南臨東漢水，西臨陳平水。其舊縣即漢葭萌縣地。東晉孝武分葭萌置綿谷縣。唐武德二年分綿谷縣于通谷鎮置金牛縣。縣廢後，于故城置百牢關，唐末廢入褒城縣焉。〔三〇〕

西縣

西縣，舊十四鄉，今九鄉。按郡國縣道記云：「西，本名白馬城，因山以名縣，又曰濜口城，即宋于此城僑立華陽郡。」周地圖記云：「後魏宣武正始中分沔陽縣地置嶓冢縣，蜀華陽郡。」開皇三年罷郡，置白馬鎮于古諸葛城，縣理不改。大業二年改嶓冢縣爲西縣，以縣西南有諸葛亮所立西樂城以名之。〔三一〕二年廢白馬鎮置褒州，〔三二〕八年省州，自今縣東南五里移西縣理于此。本屬興元府，皇朝平蜀後，以此縣當要衝，申奏公事，直屬朝廷。

縣境：東西九十里。南北四百一十里。

四至八到：圖經未有至二京里數。東至興元府褒城縣七十里。西至三泉縣一百六十里。南至興元府南鄭縣并三泉縣界一百一十里，並是大山，不通鞍馬。北至縣界嘉魚鄉鳳州界三百里。東南至興元府南鄭縣界一百一十里。西南至三泉縣界一百一十里，〔三三〕不通鞍馬。東北至鳳州界三百里。西北至興州順政縣一百五十里。

户：舊户載興元府。皇朝管一縣，〔三四〕户主一千七百四十三，客一千七百一十四。

風俗：與興元府同。

土産：與興元府同。

事蹟：

諸葛城，即孔明拔隴西千餘家還漢中，築此城以處之，因取名焉。

白馬山。漢水記云：「西縣有白馬山。」又張衡家傳云：「衡于瀘口升仙時乘白馬，後人遥望山上，往往有白馬，因以爲名。亦神仙十化之一也。」

瀘水，源出城北四十五里獨石谷，南流經縣西二百步，南注漢水。

漢水，在縣南一里，〔三五〕東流。

西樂城古城，甚險固，號爲張魯城。在縣西四十里。

沔陽故城，在縣東南十六里沔陽故城是，南臨漢水。隋開皇三年廢。曹魏末梁州曾理于此，蜀先主曾于此城設壇即王位。

百牢關，在縣西南。隋開皇中置，以蜀路險，號曰百牢關。〔三六〕一云置在百牢谷。

諸葛武侯冢，在縣東南十里。與夫人合冢葬焉。

三泉縣

三泉縣，舊三鄉，今□鄉。本漢葭萌縣地，後魏正始中分置三泉縣，以界内三泉山爲名。唐天寶元年自今縣西南一百二十里故縣移理于嘉陵江東一里關城倉陌沙水西置，即今縣理也。皇朝平蜀後，以此縣路當津要，申奏公事，直屬朝廷。

縣境：東西一百五十里。南北六百里。

四至八到：至二京路已載梁州。東至西縣一百五十里。西至利州一百七十里。南至集州七百里。北至興州三百二十里，又至階州五百里。東南至興元府四百里。西南至利州三百五十里。

户：舊户都入梁籍。〔三七〕皇朝户主一千一百二，客一千七十。〔三八〕

風俗：缺。

土産：無所出。

事蹟：

嶓冢山，在縣東二十八里。禹貢曰：「岷嶓既藝。」又山海經云：「嶓冢之山，漢水出焉。而東流注于江，亦曰沔水。」

龍門山，在故縣西七十里。

大寒水，在故縣南十五里。西流至龍門山，入大石穴。

三泉故城，唐武德四年置，以縣北二十里山下有三泉水爲名。屬利州，在州東北一百五十里。

漾水，一名漢水，一名沔水。源出縣東二十八里嶓冢山。按顏師古注漢書云：「漢上曰沔。」今縣南有故漾水關，即漢李固解印綬處。今有冢在。

嘉陵江，在縣西半里。

卷一百三十三校勘記

〔一〕仍於安陽西城置都尉治　三國志卷一魏書武帝紀：建安二十年，「分漢中之安陽、西城爲西城郡，置太守；分錫、上庸郡置都尉。」按同書卷四〇蜀書劉封傳裴松之注引魏略曰：申耽「遣使詣曹公，曹公加其號爲將軍，因使領上庸都尉。」乃爲上庸置都尉之證，三國志魏書「上庸郡」之「郡」疑衍字，則此「置」下疑脱「西城郡分錫上庸置」諸字。

〔二〕梁州　底本脱，萬本、庫本同，據宋版及舊唐書卷三九地理志二補。

〔三〕城固　據元和郡縣圖志卷二二、新唐書卷四〇地理志四興元府載，唐武德二年改城固爲唐固，貞觀二年復名城固，則此應作「唐固」。下文「九年省白雲入城固」，「城固」亦應作「唐固」。

〔四〕貞觀三年　「三年」，舊唐書地理志二同，元和郡縣圖志興元府、新唐書地理志四皆作「二年」。

〔五〕褒中爲褒城　新唐書地理志四、輿地紀勝卷一八三興元府皆云貞觀三年改褒中爲褒城，同此，舊唐書地理志二梁州興元府總序作「五年」。

〔六〕開元十三年改梁州爲褒州　二「州」字，底本脱，據宋版、萬本、庫本、傅校及舊唐書地理志二補。

〔七〕皇朝管户主萬一千三百六十四　「管」，底本無，據宋版、萬本、庫本及傅校補。

〔八〕漢川土地寬平泉源清潔俗多淳謹　「川」，底本作「州」，萬本、庫本同，據宋版改。隋書卷二九地理志上漢川郡，新唐書地理志四：興元府，「本梁州漢川郡。」即是。「淳」，底本作「諄」，據宋版、庫本改，萬本作「醇」，同「淳」。

〔九〕移南鄭縣理郡西城南臨漢水　「西」，底本作「南」，據宋版、萬本、中大本、庫本、嘉慶重修一統志卷二三八漢中府引本書及傅校改。

〔一〇〕在縣南一百九十里　「九十」，萬本、庫本、嘉慶重修一統志卷二三七漢中府引本書同，宋版作「九」，無「十」字。

〔一一〕山上有雲即雨　「即」，底本作「則」，據宋版、萬本、中大本、庫本、傅校及輿地紀勝興元府引周地圖記改。

〔一二〕蓋秦惠王所造以給蜀者　「給」，宋版、庫本及輿地紀勝興元府引周地圖記同，萬本、嘉慶重修一統志卷二三七漢中府引本書作「鎮」。

〔一三〕廉水出巴嶺山北流經廉川　「山」，底本脱，據宋版、萬本、庫本及水經沔水注補。「川」，底本作「州」，萬本、庫本同，據宋版及水經沔水注改。

〔一四〕方二十里　「里」，底本作「丈」，據宋版、萬本、庫本及輿地紀勝興元府引本書改。

〔一五〕即高帝遊憩于此阜故後人立祠于此　「此阜」，底本作「上」，庫本作「之地」，據宋版、傅校及輿地紀勝興元府改。「後人」，底本作「漢人」，萬本、庫本同，據宋版及輿地紀勝改。水經沔水注：漢廟堆，「昔漢女所游，側水爲釣臺，後人立廟于臺上。世人覩其頽基崇廣，因謂之漢廟堆。」按史記卷二八封禪書索隱引樂産云：「漢女，漢神也。」是酈道元明言漢女爲漢廟，此云「漢高帝遊憩于此阜」，實屬傅會。

〔一六〕在郡西　底本「郡」下衍「城」字，據宋版、萬本、庫本、嘉慶重修一統志卷二三八漢中府引本書删。

〔一七〕龍蹊　「蹊」，底本作「溪」，庫本同，據宋版及新定九域志卷八、輿地紀勝興元府改。

〔一八〕漢氏釋淮水秩漢水　宋版同，萬本據元和郡縣圖志興元府於「淮水」下補「改」字。

〔一九〕後周武帝天和中于此立白雲縣　「天」，底本作「太」，宋版、萬本同，庫本作「大」。按北周武帝無

「太和」年號，本書卷襃城縣序作「天和」，是，此「太」爲「天」字之誤，據改。又襃城縣云「後周天和元年改武鄉爲白雲縣」，與此云「天和中」異。

〔二〇〕東七十二里　「東」，底本空闕，萬本、庫本皆無，據宋版及元豐九域志卷八、輿地紀勝興元府補。

〔二一〕舊二鄉　宋版作「二十鄉」。萬本、中大本、庫本皆無，誤。

〔二二〕穴水東南流　「流」，底本作「漢」，據宋版、萬本及水經沔水注改。

〔二三〕壻知行未還　楊守敬水經注疏：「知即聟（即壻）之缺文，後人更加壻字于知字上，作『壻知行未還』。」此「知」乃衍字。

〔二四〕源出縣西北太山　「出」，底本作「在」，據宋版、萬本、庫本及史記卷二夏本紀正義引括地志、元和郡縣圖志興元府改。

〔二五〕按河陽及巴陵昆陽並有丙穴　「河陽」，底本作「河南」，萬本、庫本同，據宋版及輿地紀勝興元府引輿地志改。

〔二六〕秦惠王亦畋于山中　「山」，底本作「襃」，據宋版、萬本、中大本、庫本、傅校及輿地紀勝興元府引十三州志改。

〔二七〕及報　「及」，底本作「反」，據宋版、萬本、庫本及輿地紀勝興元府引十三州志改。

〔二八〕本漢襃中縣地　「中」，底本脱，宋版、萬本、庫本同，據嘉慶重修一統志卷二三八漢中府引本書及漢書卷二八地理志上補。按元和郡縣圖志興元府金牛縣序云：「本漢葭萌縣地。」唐金牛縣在今陝西寧强縣北，屬漢葭明縣（治今四川廣元市西南）北境，東距漢褒中縣過遠，且中隔漢沔陽縣，元和志是。

〔二九〕韓朝宗自縣西四十里故縣移就白土店置　「宗」，底本作「宋」，據宋版、萬本、中大本、庫本、傅校及新唐書卷一一八韓朝宗傳改。「就」，底本作「在」，據宋版、萬本、庫本、嘉慶重修一統志卷二三八漢中府引本書及傅校改。

〔三〇〕唐末廢入褒城縣　「末」，底本脱，萬本、庫本同，據宋版補。

〔三一〕諸葛亮　「亮」，底本脱，萬本、庫本同，據宋版補。

〔三二〕二年廢白馬鎮置褒州　按舊唐書地理志二西縣：「武德二年置褒州。」本書卷興元府總序云：武德二年「割西縣置褒州」。則此「二年」上脱「武德」二字。

〔三三〕西南至三泉縣界一百一十里　「一十」，底本作「二十」，據宋版、萬本、中大本、庫本及傅校改。

〔三四〕皇朝管一縣　「管」，底本無，據宋版、萬本、中大本、庫本及傅校補。

〔三五〕在縣南一里　「在」，底本作「出」，據宋版、萬本、庫本改。「一」下底本衍「百」字，萬本、庫本同，據宋版删。

〔三六〕號曰百牢關　「號」，底本作「故」，據宋版、萬本、庫本、嘉慶重修一統志卷二三八漢中府引本書改。

〔三七〕舊户都入梁籍　「梁籍」，萬本、庫本同，宋版作「梁州簿」。

〔三八〕客一千七十　「十」，底本作「百」，據宋版、萬本、中大本、庫本及傅校改。

太平寰宇記卷之一百三十四

山南西道二

鳳州　開寶監　文州

鳳州

鳳州，河池郡。今理梁泉縣。禹貢梁州之域。戰國時爲秦地。秦併天下，爲隴西郡地。漢高帝分隴西郡置廣漢郡。武帝分廣漢西部置武都郡，〔一〕領九縣，其屬有故道、河池二縣，今州即二縣地也。三國時屬魏。〔二〕明帝太和三年其地没蜀。魏平蜀後爲雍州地。其地本氐羌所居，漢獻帝建安中有楊騰者，爲部落大帥。騰子駒勇健多計畧，〔三〕始徙居仇池。至宋武帝封楊盛爲武都王，其子玄及弟難當亦相繼爲王。文帝元嘉十八年，難當傾國南寇，規有蜀土。文帝遣裴方明討之，難當奔魏。後魏太平真君二年，拓定仇池，其年於此城立鎮。太和元年置固道郡。〔四〕延昌中以固道郡置南岐州。〔五〕廢帝三年改南岐爲鳳州，因州有鸑鷟山爲名。按成州同谷縣本是鳳州西界，縣南有鳳凰山，因爲州名。隋大業三年改爲河池郡。〔六〕唐武德元年復爲鳳州。北接蕃戎，東綿秦漢。天寶元年改河池郡，乾元元年復爲鳳州。僞蜀升爲武興軍節度使。後唐三年降爲防禦州。〔七〕今爲團練州。

元嶺縣四。今三：梁泉，兩當，河池。一縣廢：黄花。併入梁泉。

州境：東西四百八里。南北三百七十六里。

四至八到：東北至東京一千八百八十里。東北至西京一千四百六十里。東北至長安六百里。東北至鳳翔府隔牙關三百五十里。西至成州二百七十里。東至興元府三百八里。北至隴州三百七十里。東南至洋州三百八十里，不通鞍馬。西南至興州長舉縣青泥嶺爲界一百九十六里。西北至秦州五百三十里。東北至鳳翔府陳倉縣大散關爲界一百四十里。

户：唐開元户五千九百一十八。皇朝户主八千四百八十九，客四千六百八十。〔八〕

風俗：土少桑麻，婦人無機杼之勤。至于井税之布帛，口食之鹽酪，皆資于他郡焉。

人物：無。

土産：蠟燭，貢。麝香，貢。石斛，葛根，蓬累子。〔九〕

梁泉縣，舊四鄉，今三鄉。本漢故道縣地，故道今兩當縣是。此元爲戍，三國時司馬懿禦蜀寇至此，廢戍改置梁泉縣，以界内梁山泉爲名，屬固道郡。〔一〇〕隋開皇三年罷郡，屬鳳州。

唐倉柵，入蜀要路，在郡西南。即魏將唐倉將兵屯於此柵而立倉稟，〔一一〕至今謂之唐倉柵也。

長松山、三松山，在縣南五里。周地圖記云：「山有三峯，並有長松，因名。」

紫柏坂，龍女山，〔一二〕在縣東八十七里。周地圖記云：「其山兩頭高，狀如龍形，故以爲名。山多紫柏，故華陽國志云：『梁泉縣東北八十里有紫柏坂。〔一三〕』」

父子崖神，在縣東北二十里。周地圖記云：「有大小石，若相懷抱，因名爲父子崖。其下置神廟，歲終則集境内于此亭祭之，水旱亦祈之。」

故道水，在今州理，即故道川也。

迴車戍，在縣南一百六十六里。梁太清五年，〔一四〕西魏遣雍州刺史達奚武爲大都督及行臺楊寬率衆七萬，由陳倉路取迴連戍入斜谷關，出白馬道，謂此也。

廢黄花縣，在州北六十里。本漢故道縣地，今縣即梁泉縣之梁道鄉也，唐武德元年分梁泉縣置，東有黄花川，因名之。寶曆元年以其地併入梁泉。

黄花川。水經注云：「大散水流入黄花川。」

燋崖山，在縣西北四十五里。

大散水，出縣東界大散嶺，〔一五〕經縣西，去城十步。

兩當縣，西五十里。元三鄉。本漢故道縣也，〔一六〕屬武都郡。漢書曰：「高帝引兵從故道出襲雍」，謂此也。永嘉之後，地没氐羌，縣名絶矣。後魏因于此置固道郡，領兩當、廣鄉二縣，因界内兩當水爲名。水經注云：「兩當水出陳倉縣之大散嶺，西南流入故道川，謂之故道水。」河池縣有兩當水，西北自成州界入，東南流入故道水，縣取水爲名。或云縣西界有兩山相當爲名。

鸞鷟山，在縣西二十里。

尚婆水，今名石盤水。水多盤石，因以爲名。俗語音訛，故爲尚婆也。川中有鳥羣飛，二月從北向南，八月從南還北，〔一七〕音如簫管，俗云伎兒鳥。春來則種禾，秋去則種麥，人常以爲農候。

河池縣，西北一百七十里。〔一八〕元三鄉。本漢舊縣，屬武都郡。華陽國志云：「河池，一名仇池。」按郭仲産秦川記：「仇池山本名仇維山，山上有池，似覆壺，有瀑布，〔一九〕望之如舒布。」前志所云是，縣因山爲名。山在成州界，去縣稍遠。今縣所處，謂之河池水，故取爲名。永嘉之後，没于氐羌，縣名絶矣。後魏于此置廣化郡廣化縣。隋開皇三年罷郡，屬鳳州。仁壽元年改爲河池縣，復舊名。

故道水，經縣城西，去城三步。〔三〇〕

河池戍，在縣城中。

髑髏堆，在縣東北四十三里。後魏討仇池於此，大破其軍，〔三一〕築爲京觀，俗號髑髏堆。

開寶監

開寶監，本鳳州兩當縣亂山之中出銀鑛之所也，皇朝建隆三年置銀冶，遂名爲開寶監，都管鳳州諸縣出銀之務。

文州

文州，陰平郡。今理曲水縣。禹貢梁州之域。周爲雍州之境。戰國時，氐羌據焉。漢武帝開西南夷，置陰平道，凡邑有蠻夷曰道，以統其衆，屬廣漢郡。其後先主都蜀，此地爲邊陲要阨。至建興七年，諸葛亮定之，因爲全蜀之防要。其後鍾會伐蜀，姜維請備陰平橋，後主不從，故敗。三國志云：「鄧艾自陰平景谷步道懸兵束馬，經江油，出綿竹，以滅蜀。」即此路是也。又按華陽國志云：「晉永嘉之後，羌虜數叛，遂立爲郡，〔二二〕以遏之。」又輿地志云：「晉永嘉之末，太守王鑒以郡降李雄。〔二三〕晉人因是悉流移于蜀漢，其氐羌並屬楊茂搜。此郡自後不爲正朔所頒。」故南史諸志悉無所録。〔二四〕又按國志，晉人流寓于蜀者，〔二五〕仍于益州立南北二陰平郡；寓于漢中者，亦於梁州立南北二陰平郡。宋及齊、梁，皆諸羌所據。後魏平蜀，始于此置文州及蘆北郡，〔二六〕在今長松縣。隋開皇初廢州郡，併其地入武都郡之曲水縣。義寧二年置陰平郡，領曲水、長松、正西三縣。唐武德元年改爲文州，移于陰平白馬水，東接金珠山置。貞觀元年省正西入曲水。天寶元年改爲陰平郡。乾元元年復改爲文州。舊屬隴右道，隸松州都督。永徽後，制屬劍南道。建中三年以其州先退居内地，置于陰平下，頻年蕃寇屢入，〔二七〕不堪固守，遂移就州東麻關谷口，於鄧艾、姜維故城置。〔二八〕唐末暨五代僞蜀孟氏相繼竊據其地。今治曲水縣。

元領縣二。今一：曲水。一縣廢：長松。併入曲水。

州境：東西三百里。南北二百六十里。〔二九〕

四至八到：東北至東京二千六百六十里。東北至西京二千二百四十里。〔三〇〕東北至長安一千三百六十里。東至利州三百三十里。南至龍州四百三十里。西至扶州鎮蕃界一百三十五里。北至階州二百一十五里。東南至龍州四百三十里。西南至蕃界八十里，以赤磨嶺爲界。東北至武州盤韆縣一百三十里。西北至蕃界一百三十五里，以大恭嶺爲界。

户：唐開元户一千七百六十九。皇朝户主五千三百五十七，客一千九十四，部落户五百二十三。

風俗：土風習俗半雜氐羌，婚娶頗參中土。

人物：無。

土産：羚羊角，麝香，貢。〔三〕紅花，白蜜，甘子，貢。雄黄，布，羌活，〔三〕狨，香，獐子。

曲水縣，元六鄉。本漢陰平道也，屬廣漢郡。晉爲陰平縣，屬陰平郡。永嘉末，地陷李雄，縣遂廢。後魏平蜀，置曲水縣，在南白二江之曲以爲名，〔三〕屬陰平。隋開皇三年廢郡，縣屬文州。

太白山，在縣南二百五十三里。其山巖谷高深，常多霜雪，綿亘峯嶺，春夏不消，俗因名太白。高二千三百一十四丈七尺。

東維水，今名邛維水，出縣東北邛維谷。水經注云：「源出西北維谷，東南入白水。」

白水，在州城外五十步。源從故松州赤磨嶺，流下扶州故萬泉縣，東至縣界。水經注云：「白水又東南入陰平也。」

白馬水，出縣西南曾敬山下。水經注云：「白馬水出長松縣西南白馬溪，東北經長松縣北，而東北注白水也。」

鄧艾故城，在縣東七里。魏景元四年，鄧艾伐蜀，上言：「今賊既摧折，〔三四〕宜遂乘之，從陰平由斜徑經漢德陽亭，出劍閣西百里，去成都三百餘里，奇兵衝其腹心，破之必矣。」艾遂自陰平道伐蜀，此時所築城也。

姜維故城，在縣東七里。後主令姜維於此築城，〔三五〕與鄧艾相守。

廢長松縣，在西一百里。後魏之建昌縣也，屬蘆北郡。城内即後周武成二年與同和郡同徙于此。隋開皇十八年改長松縣，屬文州，以地多喬松爲名。唐寶應元年以縣接隴右，頻遭羌渾燒劫，百姓流亡，空存縣額。貞元六年九月廢入曲水縣。

武州水，〔三六〕在縣東八十里。從隴右故疊州常芬縣，下流入故長松縣，東過，入白水江，次入利州昭化縣境，合嘉陵江。

金珠水，在縣西五里。經松州黨藜山，東流入當縣合大同水口絶。〔三七〕其水因金珠村爲名。

龍頭山，在縣西七里。從故松州黨藜山來，至當州石馬水口絶。其山如龍頭。

石馬泉。源從故松州黨藜山來，〔三八〕至當州合白水，水中有石如馬。

天魏山，在縣北三十一里。

蘆北故城，在縣東五十二里。因葭蘆鎮爲名。

廢扶州，本同昌郡。禹貢梁州之域，實西戎之地。周省梁入雍，又爲雍州域。〔三九〕自秦漢迄于魏晉，地屬蕃夷，無所建置。後魏廢帝前元年西逐吐谷渾，討定陰平，于此置鄧州及鄧寧郡，取前鄧羌部落所居爲州郡之名；時又置帖夷縣，以隸帖夷郡，〔四〇〕以戎夷寧帖爲義也。其後改鄧州爲寧州，取安寧爲稱。至開皇七年廢郡，改寧爲扶，義取扶持以立州名。煬帝初又廢州，改爲同昌郡。唐武德元年改爲扶州。天寶元年復爲同昌郡。乾元元年復爲扶州。〔四一〕舊屬隴右道，隸松州都督。永徽後改爲劍南道。〔四二〕大曆五年以吐蕃叛擾，移入山險以理之。尋陷入蕃。至大中二年八月收復。今廢爲扶州鎮，以隸文州。元領縣四，今廢。

廢同昌縣，四鄉。本後魏之舊縣也，廢帝前元年置，屬封統郡。隋開皇初改屬鄧州，後屬扶州。

鄧至山，在縣東二十五里。

鄧至故城，在縣南三里。

廢帖夷縣，東一百里。四鄉。周地圖云：「後魏廢帝元年置，屬帖夷郡。」開皇三年屬鄧州，七年改屬扶州。

安昌故城，在縣東北三十二里。後魏廢帝遣儀同宇文昶平殄陰平、鄧至二蕃，立寧州，修築故城。

廢鉗川縣，在縣西一百三十里。四鄉。後魏廢帝二年置，因山爲名。屬尚安郡。隋開皇三年屬鄧州，七年改屬扶州。〔四三〕

羅夷山，在縣東南五十八里。

白水，經縣南，去二十八里。

鉗川神，在縣西北十里。水旱人祈請焉。

聖鹿城，在縣西。昔羌人見羣鹿於此，〔四四〕欲捕之，西入穴，不知所去，遂指城以名之。

廢尚安縣，西一百一十里。二鄉。周地圖記云：「後魏恭帝後二年置武進郡于此地。」〔四五〕隋初郡廢而縣隸扶州。〔四六〕

素嶺山，與芳州常芬縣分界。其山高聳，冬夏積雪，因名素嶺山。

黑水。水經注云：「黑水出于羌中，西南經黑水城西，又西南入白水。」即此也。

文扶二州，按貞元十道圖云：「此二州自貞觀中隸隴右道，開元後並屬劍南道。古二州並置在南白江下流，至方維與北江合，據山川勢合屬山南道，以前七州合於武州，置一連帥以總之，捍禦西戎，于邊事甚便。頃開元、天寶中，〔四七〕西戎陸梁，數乘間入塞，每於疊州西南掠地，隴右發兵赴之，鮮有所獲。〔四八〕又劍南出師援救，罕聞有功。地當兩師强弩之末，故虜騎得寬縱于獼水、闊水之間。如武州置兵，與劍南、隴右爲犄角之勢，自然破膽，邊境無事，誠所賴焉。」

卷一百三十四校勘記

〔一〕武帝分廣漢西部置武都郡　元和郡縣圖志卷二二鳳州總序云：「武帝分廣漢、隴西郡置武都郡。」周振鶴西漢政區地理：頗疑分廣漢郡西北、隴西郡南部及漢中郡西部地置武都郡。

〔二〕三國時屬魏　「時」，底本無，據宋版、萬本、庫本補。

〔三〕騰子駒勇健多計畧　「計」，底本作「謀」，據宋版、萬本、庫本、傅校及元和郡縣圖志鳳州總序改。

〔四〕太和元年置固道郡　按魏書卷一〇六地形志下云固道郡「延興四年置」，與此不同。

〔五〕延昌中　元和郡縣圖志鳳州總序作「孝昌中」，當是。

〔六〕隋大業三年改爲河池郡　「爲」，底本脱，據宋版、萬本、庫本補。

〔七〕後唐三年　宋版、庫本同，萬本作「後唐同光三年」。

〔八〕皇朝户主八千四百八十九客四千六百八十　此十八字，底本脱，萬本、庫本同，據宋版補。

〔九〕蓬累子　「累」，底本作「纍」，萬本同，據宋版、庫本、嘉慶重修一統志二三八漢中府引本書改。

〔一〇〕三國時司馬懿禦蜀寇至此至屬固道郡　「寇」，底本作「討」，據宋版、萬本、庫本及傅校改。原校：「按隋書地理志：河池郡梁泉縣，『舊曰故道，後魏置郡曰固道，縣曰涼泉，尋改曰梁泉。』又元和郡縣志：『後魏太和元年置梁泉縣。』與通典略同，詳此，則非三國時司馬懿廢戍改置梁泉矣，三國時亦未有固道郡，疑廢戍上或脱『後魏』字。」按魏書地形志載「固道郡，延興四年置」，三國無此郡，原校是也。王仲犖北周地理志卷四引本書作「後魏廢戍改置梁泉縣」，確有所據。

〔一一〕入蜀要路至而立倉廩　「入蜀要路在郡西南即魏將唐倉將兵屯於此栅」十九字，底本脱，「而」，底本作「舊」，萬本、庫本同，「而」作「唐」，並據宋版補改。

〔一二〕龍女山　宋版、庫本同，萬本、嘉慶重修一統志卷二三七漢中府引本書作「一名龍如山」。按本書下文云「狀如龍形，故以爲名」，則此脱「一名」二字，「女」爲「如」字之誤。

〔一三〕故華陽國志云梁泉縣東北八十里有紫柏坂　按華陽國志無此文，疑引誤。

〔一四〕梁太清五年　按梁太清僅三年，周書卷一九達奚武傳、卷二二楊寬傳載，經略漢川事在西魏大統十七年，資治通鑑卷一六四記其事於梁大寶二年，是，此誤。

〔一五〕大散水出縣東界大散嶺　原作「大散嶺在縣東界大散水」，據宋版、萬本、中大本、庫本及傅校改。

〔一六〕本漢故道縣也　元和郡縣圖志鳳州兩當縣：「本漢故道縣地。」按漢故道縣在今陝西鳳縣東北，唐宋初兩當縣在今甘肅兩當縣東，縣址非一地，元和志是也，此「也」蓋爲「地」字之誤。

〔一七〕八月從南還北　「還」，底本作「向」，據宋版、萬本、庫本、傅校及元和郡縣圖志鳳州改。

〔一八〕西北一百七十里　按唐宋初鳳州治梁泉縣，即今鳳縣東北鳳州，唐河池縣在今甘肅徽縣西北，元和郡縣圖志鳳州河池縣：「東至州一百七十里。」北宋開寶五年移河池縣於今徽縣，元豐九域志卷三鳳州河池縣：「州西一百五十五里。」無論唐縣或宋縣，皆在鳳州西偏南，此「北」字衍。

〔一九〕有瀑布　底本「布」下衍「水」字，據宋版、萬本、庫本、傅校及元和郡縣圖志鳳州删。

〔二〇〕去城三步　「三」，元和郡縣圖志鳳州作「三十」，疑此脱「十」字。

〔二一〕大破其軍　「其」，底本作「吴」，宋版、萬本、庫本同，誤，據元和郡縣圖志鳳州改。

〔二二〕晉永嘉之後羌虜數叛遂立爲郡　「晉永嘉」，華陽國志卷二漢中志作「漢永平」後置陰平郡，太平御覽卷一六一引華陽國志同。吴增僅三國郡縣表附考證：「常璩漢中志以爲郡立於漢永平後，然使永平後即置，則郡國志何以不録，展轉詳求，不得一是。漢中志云『劉先主入蜀，爭武都、陰平二郡不得』，晉志序例『魏武定霸，置郡十二，其一陰平』，説尚近實。今考建安十八年省涼入雍，雍州二十二郡内無陰平名，則郡爲二十年魏武所置無疑。」此作「晉永嘉」，誤。

〔二三〕太守王鑒以郡降李雄　「鑒」，底本作「監」，萬本、庫本同，據宋版及元和郡縣圖志卷二二文州總序改。按華陽國志漢中志：「永嘉末，太守王鑒粗暴，郡民毛深、左騰等逐出之，相率降李雄。」晉書卷五孝懷帝紀：永嘉六年八月，「陰平都尉董沖逐太守王鑒，以郡叛降李雄。」都與此異。

〔二四〕故南史諸志悉無所録　「諸」，底本作「謂」，萬本、庫本同，據宋版及元和郡縣圖志文州總序改。「録」，底本作「根」，據宋版、萬本、庫本、傅校及元和志改。

〔二五〕晉人流寓于蜀者　「晉」，底本作「嚴」，庫本同，據宋版改。萬本作「蕃」，疑誤。

〔二六〕蘆北郡　「蘆」，底本作「盧」，宋版、萬本、庫本同，據舊唐書卷四一地理志四改。按元和郡縣圖志文州長松縣：「蘆北故城，在縣東五十二里。因葭蘆鎮爲名也。」後同。

〔二七〕頻年蕃寇屢入　「頻」，底本作「瀕」；「年」，底本脱，庫本同，並據宋版改補。

〔二八〕遂移就州東麻關谷口於鄧艾姜維故城置　萬本同，宋版「於」作「上」。

〔二九〕南北二百六十里　「六十」，底本脱，據宋版補；萬本、中大本、庫本皆作「一十」，傅校同。

〔三〇〕東北至西京二千二百四十里　「二百」，底本作「六百」，據宋版、萬本、中大本、庫本改。

〔三一〕貢　底本脱，據宋版、萬本、庫本及傅校補。

〔三二〕羌活　底本脱，萬本、庫本同，據宋版補。

〔三三〕在南白二江之曲以爲名　「白」，底本作「北」，萬本、庫本、嘉慶重修一統志卷二七七階州引本書同，宋版作「白」。按水經漾水注：白水西北出于臨洮縣西傾山，水色白濁，東南逕鄧至城（今四川南坪縣東北)南，又東南與大夷祝水(今南坪縣南湯珠河)，又東與安昌水(今甘肅文縣西中路河)，又東南得東維水(今文縣西馬蓮河)，又東南逕陰平道故城(今文縣西北)南，白馬水(今文縣西南白馬峪河)東北注之，又東逕陰平大城(今文縣南)北，又東偃溪水(今文縣東南丹堡河)注入。本書下文云：「白水在州城(今文縣)外五十步。」「白馬水出縣西南曾敬山下。」據此，白水即今文縣白水江，寰宇記稱之爲南白江，以别於北白江(今白龍江)，本書後文所謂文扶二州「並置在南白江下流」，故作「白」是，據改。

〔三四〕今賊既摧折　「賊」，底本作「彼」，據宋版、萬本、庫本、傅校及三國志卷二八魏書鄧艾傳改。

〔三五〕後主令姜維於此築城　「於」，底本作「先」，萬本、庫本同，據宋版及元和郡縣圖志文州改。

〔三六〕武州水　「州」，底本作「周」，據宋版、萬本、中大本、庫本改。

〔三七〕大同水　「大」，底本作「火」，庫本同，據宋版、萬本改。

〔三八〕源從故松州黨藔山來　「源」，底本脱，據宋版、萬本、中大本、庫本及傅校補。

〔三九〕又爲雍州域　「雍」，底本脱，萬本、庫本同，據宋版及太平御覽卷一六七引十道志補。

〔四〇〕時又置帖夷縣以隸帖夷郡　按太平御覽卷一六七引後魏書曰：「時又置帖夷縣，屬封統郡。」未詳。

〔四一〕天寶元年復爲同昌郡乾元元年復爲扶州　底本脱，萬本、庫本同，據宋版及舊唐書卷四一地理志四補。

〔四二〕永徽後改爲劍南道　按舊唐書地理志四載：「永徽中改屬劍南道。」與此異。

〔四三〕改屬扶州　「屬」，底本作「爲」，萬本、庫本同，據宋版及元和郡縣圖志卷二二扶州改。

〔四四〕昔羌人見羣鹿於此　「於此」，底本脱，據宋版、萬本、庫本及傅校補。

〔四五〕後魏恭帝後二年　「二年」，元和郡縣圖志扶州作「三年」。

〔四六〕隋初郡廢而縣隸扶州　按元和郡縣圖志扶州尚安縣：「隋開皇三年屬鄧州，七年改屬扶州。」則隋初屬鄧州，此誤。

〔四七〕頃開元天寶中　底本「頃」下衍「者」字，據宋版、萬本、庫本及傅校删。

〔四八〕數乘間入塞至鮮有所獲　「間入塞每於疊州西南掠地隴右發兵赴之鮮有所獲」二十一字，底本脱，萬本、庫本同，據宋版補。

太平寰宇記卷之一百三十五

山南西道三

興州　利州

興　州

興州，順政郡。今理順政縣。禹貢梁州之域。戰國時爲白馬氐之東境。秦併天下，屬蜀郡。漢武帝元鼎六年以白馬氐分置武都郡。按今州則漢武都郡之沮縣也。晉永嘉末，氐人楊茂搜自號氐王，據武都。自後郡縣荒廢，而茂搜子孫承嗣爲氐王。其後楊難當又據下辨，自稱大秦王。難當弟伯宜爲茄蘆王。〔一〕伯宜孫鼠分王武興，即今州理是也。楊鼠既王武興，又得武都、河池二縣之地。鼠子集始稱藩于魏，後謀叛魏，魏遂廢武興爲藩鎮。〔二〕其年改鎮爲東益州。廢帝二年改東益州爲興州，因武興郡爲名。隋大業二年罷州爲順政郡。唐武德元年復置興州。按州城，即古武興城也。初，蜀以其處當衝要，遣蔣舒爲武興督守之。鍾會伐蜀，舒遂降會，即其處也。地雖在平地，甚牢實，周迴五百餘步，唯開西北一門，城外有壘，三面周匝。天寶元年改爲順政郡。乾元元年復爲興州。僞蜀領順政、長舉二縣。皇朝因之。

元領縣三：今二：順政，長舉。一縣廢：鳴水。併入長舉。

州境：東西二百八十六里。南北一百九十里。

四至八到：東北至東京二千二百三十里。東北至西京一千八百一十里。東北至長安九百五十里。東北至興元府二百四十四里。〔三〕南沿江至興元府三泉縣一百五十里。南至利州五百五十里。西至成州三百四十七里。北至鳳州三百五十六里。東南至興元府二百八十七里。西南至武州覆津縣界二百五里。西北至成州二百五里。東北至鳳州河池縣界一百六十里。

户：唐開元户二千二百二十四。皇朝户主二千二百二十二，客二千五百三十七。

風俗：語帶蜀音，然山高水峻，人居山上，種植甚微，惟以負販爲業，禮樂之道未之聞也。

人物：無。

土産：麝香，蠟，貢。丹砂，貢。漆，蜜。

順政縣，元九鄉。本漢沮縣地，後魏太武帝于此僑立略陽郡。〔四〕至廢帝三年又省郡，仍改爲漢曲縣，屬順政郡。後周移郡于此，遂改爲順政縣。〔五〕

武興山，在縣北一百里。其山峻峭，峯巒秀出，竹柏參差，特爲蔚茂，出黄蘗及漆。

大景山、小景山，「景」字本爲「丙」，國諱改之，並在縣東南七十里。其山峻崖，南北相對，闊七步，其崖峻削，高百餘丈。山衣石髮，被于崖際。北有穴，方圓二丈餘，〔六〕其穴有水潛流，土人相傳爲丙穴。周地圖記云：「以其口向丙，故以爲名。沮水經穴門而過，或謂之大丙水。每春三月上旬，復有魚長八九寸，或二三日，聯綿從穴出躍。〔七〕相傳名爲嘉魚，即左太冲蜀都賦所謂嘉魚出于丙穴。」是此山也。

巾子山，去縣三里。山半有洞，名朱砂洞。

師子山，在縣北五步。

嘉陵江，在縣南一里。〔八〕

黄板水，在縣東一里。

街水。水經注云：「街水出河池縣東南入沮縣。」〔九〕

沔水，一名沮水，源出縣東北八十二里小谷下。水經云：「沔水出武都沮縣東狼谷中。」酈道元注云：「沔水，一名沮水。闞駰以其初出沮洳然，故曰沮水也，縣亦因水爲名。」

興城關，在縣南五里。〔一〇〕

大姚戍，在縣東四十九里。〔一一〕

楊君神，在縣西嘉陵水南。〔一二〕山上即楊難當之神也，土人祠之。

長舉縣，北八十里。元二鄉。〔一三〕本漢沮縣地，後魏太武于此立長舉縣，〔一四〕以長舉城爲名，屬槃頭郡。周武帝廢槃頭郡，縣屬落叢郡。隋開皇三年罷郡，縣屬興州。

接溪山，在縣西北五十二里。出硃砂，百姓採之。

青泥嶺，在接溪山東，即今通路也。懸崖萬仞，上多雲雨，行者屢逢泥濘，故曰青泥嶺。

嘉陵水，去縣南十里。

槃頭故城，在縣南三里。因水盤曲爲名。

西淮水，在縣西南五十里。自階州來，南流合嘉陵江。

廢鳴水縣，在州西一百一十里。本漢沮縣地，後魏宣武帝于此置落叢郡，因落叢山爲名，又置鳴水縣，〔一五〕以谷爲名。隋開皇三年罷郡，屬興州，今併入長舉縣。

廚山，在縣南三里。極崇峻幽深，多木蜜，百姓資其利。

落叢山，在縣西北十四里。出鐵。

左溪水，〔一六〕在縣西南七里。自成州栗亭縣北來合嘉陵江。〔一七〕

利州

利州，益州郡。今理綿谷縣。土地所屬與金州同。春秋、戰國時其地並屬蜀侯，此郡爲蜀之北境矣。〔一八〕華陽國志云：「昔蜀王封其弟葭萌于漢中，號曰苴侯，因命其邑曰葭萌。苴侯與巴王爲好，巴與蜀爲讎，故蜀王怒，伐苴侯。苴侯奔巴，巴爲求救于秦，秦惠文王遣張儀、司馬錯從石牛道伐蜀。蜀王自葭萌禦之，敗走，至武陽，爲秦軍所害。秦遂滅蜀，〔一九〕因滅巴、苴，置巴、蜀二郡。」洎始皇置三十六郡，蜀郡不改。漢高祖分巴、蜀置廣漢郡。先主改葭萌爲漢壽縣，屬梓潼郡。晉改漢壽爲晉壽縣，其屬不改。宋因之。齊明帝永泰元年分晉壽郡之興安縣置東晉壽郡于烏奴城北一里，〔二〇〕即今州是也。後魏正始五年于東晉壽郡立西益州，世號爲小益州。梁大同二年改西益州爲黎州。至西魏復曰西益州。梁承聖三年又改西益州爲利州。〔二一〕後周廢州又爲晉壽郡。〔二二〕隋初復爲利州。大業初州廢爲義城郡。武德元年改爲利州，領綿谷、葭萌、益昌、義清、岐坪、嘉川、景谷七縣；二年置總管府，管利、龍、隆、始、蓬、〔二三〕靜六州；三年割綿谷之東界置南安州；四年割景谷縣置沙州；七年又割岐坪、義清二縣置南平州；其年改總管爲都督府，督利、龍、隆、始、沙、南安、南平、靜八州，利州領綿谷、葭萌、益昌、嘉川四縣；八年廢南安州，割三泉縣來屬。貞觀元年廢沙州；二年廢南平州，復以景谷、岐坪、義清等縣來屬；其年以嘉川屬靜州；六年罷都督府，以州當劍口，户不滿萬，移爲中州，〔二四〕又降爲下州。天寶元年改爲益昌郡，仍割三泉屬梁州。乾元元年復爲利州。僞蜀改爲昭武節度。唐平蜀因而不改。皇朝因之。

元領縣六。今四：綿谷，葭萌，平蜀，昭化。一縣廢：景谷。入平蜀縣。一縣割出：嘉川。入集州。

州境：東西四百一十里。南北四百八十五里。

四至八到：東北至東京二千五百三十里。東北至西京二千一百一十里。東北至長安一千二百五十里。東至集州二百里。〔二五〕南至閬州二百八十八里。西至龍州四百里。北至興元府四百三十三里。東南至閬州三百一十六里。西南至劍州一百九十里。西北至文州四百九十里。東北至興元府五百里。

户：唐開元户一萬三千九百一十。皇朝户主四千三百一，〔二六〕客五千三百九十九。

風俗：同梁州。

人物：無。

土産：柑子，蠟燭，附子，枇杷，鰿子，天雄，烏頭，黄連，絁。

綿谷縣，舊九鄉，今無管二十二里。漢葭萌縣地，東晉太元十五年分晉壽縣置興安縣，屬晉壽郡。隋開皇十八年改興安爲綿谷縣，因東南綿谷以爲名。

白馬山。張平子仕後漢爲侍中，少學業于此。

嶓冢山，泉爲漾水。

高御山。

玉女房。按梁州記云：「肥城東南有玉女山，山上有一石穴，中若房宇，有玉女八人不出。穴前有修竹，〔二七〕下有石壇，風來動竹，掃壇如箒。」

龍門山，亦名葱嶺山。按梁州記云：「葱嶺有石穴，高數十丈，其狀如門，俗號爲龍門。」又東山之北有燕子谷，中有好磬石。

三峽。謂巫峽、巴峽、明月峽，唯明月峽乃在此州界。

葭萌縣，南一百一十里。〔二八〕管九鄉。本漢葭萌縣地，〔二九〕屬廣漢郡。蜀王封弟于此，以爲苴侯國。先主改葭萌爲漢壽。晉武帝改漢壽爲晉壽。太元中分晉壽置晉安縣，屬新巴郡。隋開皇十八年改晉安爲葭萌，取漢舊名。

綿谷，在縣西，接綿谷縣界。

平蜀縣，東南一百一十里。舊四鄉，今一鄉。本漢葭萌縣之地，後魏恭帝二年分晉壽置義城縣。〔三〇〕隋義寧二年改爲義清縣。天寶元年改爲胤山縣。皇朝乾德三年改爲平蜀縣。

昭化縣，西南四十五里。舊四鄉，今二鄉。本漢葭萌縣之地，秦使司馬錯自劍閣道伐蜀，即此路也，亦爲石牛道。宋武帝分晉壽置宋安縣。後魏廢帝三年改宋安爲岐坪縣，因岐坪川以爲名。天寶中改爲益昌縣。〔三一〕皇朝開寶五年勅改爲昭化縣。

小劍城，在益昌縣西南五十一里。水經注云：「小劍城，去大劍城三十里。連山絕險，飛閣通衢，故謂之劍閣也。」

石劍閣道。〔三二〕秦使張儀、司馬錯伐蜀所由，亦謂石牛路也。

馬鳴閣。蜀志曰：「先主使陳式絕馬鳴閣，〔三三〕曹操聞之喜曰：『此閣道，漢中之陰平，乃咽喉之要路。』〔三四〕」

廢景谷縣，在州東北六十里。本漢白水縣地，宋武帝分白水地置平興縣。隋開皇十八年改平興爲景谷縣。寶曆元年，山南西道節度使裴度廢，以其地併入胤山縣。

卷一百三十五校勘記

〔一〕茄蘆王　「茄蘆」，底本作「茹盧」，萬本、庫本作「茹蘆」，據宋版、中大本改。梁書卷五四武興國傳作「茄盧」，北史卷九六氏傳作「葭蘆」。

〔二〕魏遂廢武興爲藩鎮　底本「爲」上衍「以」字，據宋版、萬本、庫本、傅校及元和郡縣圖志卷二二興州總序删。

〔三〕東北至興元府二百四十四里　按興州治順政縣，即今陝西略陽縣，興元府治南鄭縣，即今漢中市，位於興州東南，元和郡縣圖志興州：「東南至興元府二百五十里。」此「北」疑爲「南」字之誤。又本書下文載：「東南至興元府二百八十七里。」或係重出。

〔四〕後魏太武帝于此僑立晷陽郡　按魏書卷一〇六地形志下：東益州武興郡治武興。水經漾水注：「漢水又東，逕武興城南。」元和郡縣圖志興州總序云：「武興即今州理是也。」本書興州總序亦云：「州城即古武興城也。」此處不載武興郡縣而曰「僑立晷陽郡」，恐不合史實。

〔五〕後周移郡于此遂改爲順政縣　按隋書卷二九地理志上：順政郡順政縣，西魏置郡曰順政，縣曰漢曲，「開皇初郡廢，十八年縣改名焉。」元和郡縣圖志興州亦載，隋開皇十八年改漢曲爲順政，此恐誤。

〔六〕方圓二丈餘　「二」，萬本、庫本、嘉慶重修一統志卷二三七漢中府引本書同，宋版作「三」，當是。

〔七〕或二三日聯綿從穴出躍　「日」，底本作「寸」，據宋版、萬本、中大本、庫本及太平御覽卷一六七引周地圖記改。「綿」，底本作「環」；「穴」下底本有「口」字，萬本同，並據宋版及太平御覽引周地圖記改删，嘉慶重修一統志漢中府引本書亦無「口」字。

〔八〕在縣南一里　宋版、庫本同，萬本作「在縣南，去縣百步」，同元和郡縣圖志興州。

〔九〕街水水經注云街水出河池縣東南入沮縣　按漢書卷二八地理志下：武都郡河池縣，「泉街水南至沮入漢。」水經沔水注：「泉街水出河池縣東南流入沮縣，會于沔。」此二「街水」上皆脱「泉」字。

〔一〇〕在縣南五里　「南」，底本脱，據宋版、萬本、庫本及元和郡縣圖志興州補。

〔一一〕大姚戍在縣東四十九里　宋版、庫本同，萬本「姚」作「城」，「東」作「東南」，並同元和郡縣圖志興州。

〔一二〕楊君神在縣西嘉陵水南　「楊君神」，宋版、庫本同，萬本作「楊君神祠」，同元和郡縣圖志興州，按當有「祠」字。「在縣西嘉陵水南」，元和志作「在縣西南二里嘉陵水南」。

〔一三〕元二鄉　「二」，底本作「一」，萬本、庫本同，據宋版改。

〔一四〕長舉縣　「長」，魏書地形志下作「萇」。

〔一五〕嗚水縣　「嗚」，魏書地形志下作「明」。

〔一六〕左溪水　「溪」，底本作「漢」，據宋版、萬本、中大本、庫本、嘉慶重修一統志漢中府引本書及傅校改。

〔一七〕自成州栗亭縣北來合嘉陵江　「北來」，底本「作來北」，宋版、萬本同，嘉慶重修一統志漢中府引本書作「北來」。據嘉慶重修一統志記，左溪水即今陝西略陽縣西北青泥河。河自成州栗亭縣（今甘肅成縣東）北來，至嗚水縣（今略陽縣西北）西南合於嘉陵江，則此「來北」爲「北來」之倒文，據以乙正。

〔一八〕此郡爲蜀之北境矣　「郡」，底本作「地」，據宋版、萬本、庫本改。

〔一九〕秦遂滅蜀　「秦」，底本脱，據宋版、萬本、庫本補。

〔二〇〕烏奴城　「城」，底本脱，萬本、庫本同，據宋版及輿地紀勝卷一八四利州總序補。

〔二一〕梁承聖三年又改西益州爲利州　輿地紀勝利州總序云：「舊經以爲梁改此名，切考承聖二年黎州已降于魏，則承聖三年改黎州爲利州，不應尚以爲梁改也，「謹按後周書紀，魏廢帝元年改西益州爲利州，此利州命名之始也。」按周書卷二文帝紀下：「魏廢帝三年正月，改西益州爲益州。」紀勝引作「元年」乃「三年」之誤，則西魏得其地改黎州爲西益州，廢帝三年又改爲利州，梁不得其地而不能改也。

〔二二〕後周廢州又爲晉壽郡　按隋書卷二九地理志上：「西魏曰利州，置總管府，大業初府廢。」周書卷六武帝紀下：「建德五年六月，「利州總管、紀王康有罪，賜死。」周書卷一九豆盧寧傳：「弟永恩，「大象末，上柱國、利州總管。」則北周仍爲利州，此云「廢州」，誤。

〔二三〕蓬　底本作「逢」，萬本、庫本同，據宋版及舊唐書卷三九地理志二、新唐書卷四〇地理志四改。

〔二四〕移爲中州　「移爲」，底本作「而」，萬本、庫本同，據宋版、傅校及舊唐書地理志二改。

〔二五〕東至集州二百里　萬本、庫本同，宋版此下有「南至集州二百里」。元和郡縣圖志卷二二利州同此，宋版疑誤。

〔二六〕皇朝户主四千三百一　「百」，萬本、庫本同，宋版作「十」，此「百」蓋爲「十」字之誤。

〔二七〕穴前有修竹　「有」，底本脱，萬本、庫本同，據宋版及輿地紀勝卷一八四利州引本書補。

〔二八〕南一百一十里　「南」，底本作「東」，宋版、萬本、庫本同。按利州治綿谷縣，即今四川廣元市，葭萌在今廣元市南昭化鎮南，在利州之南，元豐九域志卷八利州葭萌縣：「州南八十五里。」輿地紀勝利州葭萌縣：「在州南一百一十里。」此「東」爲「南」字之誤，據改。

〔二九〕本漢葭萌縣地　「縣」，底本無，宋版同，據萬本、庫本及元和郡縣圖志利州補。後平蜀縣、昭化縣序同。

〔三〇〕後魏恭帝二年　「二」，底本作「三」，萬本同，據宋版、中大本、庫本、傅校及輿地紀勝利州引續通典改。

〔三一〕宋武帝分晉壽置宋安縣至天寶中改爲益昌縣　按宋書卷三七州郡志三、南齊書卷一五州郡志下白水郡並領有益昌縣，輿地廣記卷三二利州昭化縣序云：「宋置益昌縣，屬白水郡。」則南朝宋已置益昌縣。魏書地形志下，南白水郡領京兆縣。舊唐書地理志二益昌縣：「後魏分晉壽縣置京兆縣，後周改爲益昌。」則知北魏改益昌爲京兆，後周又改爲益昌，復宋齊舊名，此恐誤。

〔三二〕石劍閣道　「劍閣」，底本作「牛」，萬本同，從宋版、庫本改。

〔三三〕陳式　「式」，底本作「戒」，宋版、庫本同，據萬本及三國志卷一七魏書徐晃傳改。

〔三四〕漢中之陰平乃咽喉之要路　「陰平」，萬本、庫本同；宋版作「平陰」，太平御覽卷一六七引蜀志同。按三國志魏書徐晃傳作「漢中之險要咽喉」，無「陰平」或「平陰」二字，疑爲「險要」之誤。

太平寰宇記卷之一百三十六

山南西道四

合州　渝州

合州

合州，巴川郡。今理石鏡縣。按郡地即巴國別郡。史記謂：「秦惠文王使張儀、司馬錯滅巴國，以爲巴郡。」今州即巴郡之地。自秦至晉皆同之。宋于此置東宕渠郡。後魏大統初其地入魏。恭帝三年改東宕渠爲墊江郡，改縣爲石鏡，以涪水北有圓石似鏡，〔一〕因以名之。仍于郡置合州，蓋取涪漢二水合于此，故爲州稱。後周于此復立宕渠郡。隋開皇初郡廢而州存，改合州爲涪州。大業初改州爲涪陵郡。武德元年復爲合州，領石鏡、漢初、赤水三縣，三年又置新明縣。〔二〕長安三年置銅梁縣。開元末置巴川縣。天寶元年改合州爲巴川郡。乾元元年復爲合州。城臨峽江之上，實控東之地。

元領縣六。今五：石鏡，漢初，赤水，銅梁，巴川。一縣廢：新明。入廣安軍。

州境：東西一百六十里。南北二百四十里。

四至八到：東北至東京三千九百五十里。東北至西京三千五百一十里。東北至長安二千六百五十里。東至渝州二百里，水路一百六十里。南至瀘州六百六十二里。〔三〕西至遂州水路三百八十里，陸路二百六十里。〔四〕北至廣安軍一百二十里。東南至渝州界二百五里。西南至瀘州五百九十里。〔五〕西北至普州六百六十里。東北至果州二百里。

户：唐開元户二萬六千八百。皇朝户主九千六十一，客一萬七千一百五十。

風俗：同渝州。

姓氏：臨海郡四姓：邵、屈、戈、續。

人物：無。

土產：麩金，桃竹筯，牡丹皮，木藥，石膽，〔六〕雙陸子，書筒。

石鏡縣，〔七〕依舊十鄉。本漢墊江縣，屬巴郡。宋改爲宕渠縣。後魏恭帝三年爲石鏡縣，〔八〕邑有青石如鏡可照，故以爲名。

銅梁山，在縣南九里。左太沖蜀都賦云：「外負銅梁於宕渠。」注云：「銅梁，山名也。」按其山出鐵及桃竹杖。東西連亘二十餘里，山嶺之上平整，遠望諸山而此獨秀也。

青石山，在縣西二百四十里。李膺益州記云：「昔巴蜀爭界，久而不決，漢高帝八年，〔九〕一朝密霧，石爲之裂，自上及下破處，〔一〇〕直若引繩焉，于是州界始判。山上有古神祠，甚靈。」華陽國志以爲青石神是也，水旱祈請，頗靈驗。今按山在涪水之南，山裂之處，至今猶存。〔一一〕

渠江水，在縣北十五里。源自萬頃池分來，經巴、達、渠、廣安軍等州界，至本州東北十里，與嘉陵江合。

漢初縣，西北一百九十里。舊十鄉。本漢墊江縣，〔一二〕宋改墊江爲東宕渠縣。〔一三〕梁武大同中于此立新興郡。後魏至恭帝三年于今縣西北六十里置清居郡及立清居縣，以地勢爽塏，故曰清居以稱邑。隋初郡廢，改縣爲漢初縣，〔一四〕屬合州；十六年自故郡城移于今理。自唐迄今不改。

武陵丘山，一名陵江山，在縣西北九十七里。嘉陵江水縈遶其下，又東南流經縣南，入石鏡縣界。

赤水縣，西一百里。舊六鄉。本漢墊江縣地，宋改爲宕渠縣。後魏改爲石鏡縣。隋開皇八年析石鏡縣地于今縣西置赤水縣，以界内有赤水源爲名。唐武德元年移于今理。

朝霧山。〔一五〕

赤水，在縣界。

銅梁縣，南一百五十里。依舊四鄉。本漢墊江縣地，宋改爲宕渠縣。魏爲石鏡之地。唐長安四年，刺史陳靖意以大足川僑户輻輳，置銅梁縣，以銅梁山爲名。蜀都賦云：「外負銅梁於宕渠」是也。〔一六〕舊理在今縣北四十里奴崙山北列宿埧上，開元三年移就涪江南岸權立，十六年遂東南移于東流溪埧上，即今理也。

悦池，在今縣西一十里。

巴川縣，南二百里。舊三鄉。本墊江縣地，唐開元二十二年，刺史孫希莊奏割石鏡之南、銅梁之東地置巴川縣，以地在巴川故爲名。

小安溪，源出縣南巴山中，北流經縣理南，又東北合侯溪水。

渝州

渝州，南平郡。今理巴縣。土地所屬與萬州同。山海經云：「西南有巴國。昔太皞生咸鳥，咸鳥生乘釐，〔一七〕乘釐生後昭，是爲巴人。」郭注云：「爲巴之始祖。」三巴記云：「閬、白二水東南流，曲折三回如『巴』字，故謂三巴。」武王克殷，封宗姬支庶于巴，是爲巴子。古者遠國雖大爵不過子，吴、楚及巴皆子爵。其地東至魚復，西連僰道，北接漢中，南極牂柯，是其界也。春秋時亦爲巴國，戰國時巴亦不改。及楚主夏盟，秦擅西土，巴國不列于盟會矣。秦惠文王與巴、蜀爲好。蜀王弟苴侯私親于巴，巴、蜀常相戰爭。蜀王伐苴侯，苴侯奔巴，求救于秦。秦惠文王乃遣張儀、司馬錯伐蜀，〔一八〕回軍因滅巴王，以其地置巴郡，領縣十一，〔一九〕理江州。漢因之。後漢初平中，益州牧劉璋分巴郡爲二：墊江以上爲巴郡，理安漢；墊江以下爲永寧郡，理江州。建安六年，璋改永寧爲巴東郡，改巴郡爲巴西郡，〔二〇〕仍以涪陵爲涪陵郡；〔二一〕二十一年，蜀先主又以巴東郡所管朐䏰、魚復二縣置固陵郡，〔二二〕理魚復，又以巴西郡所管宣漢、宕渠、漢昌三縣置宕渠郡。章武元年改固陵爲巴東郡，而江州巴東郡復爲巴郡。〔二三〕于是巴郡分而爲三，號曰三巴。後主以巴郡屬益州。梁太清四年，武陵王蕭紀于巴郡置楚州。西魏大統十七年改楚州爲巴州。〔二四〕周閔帝元年改巴州爲楚州，仍領巴郡。隋開皇元年改楚州爲渝州，三年罷郡，所領縣屬州。大業三年罷州，復爲巴郡。唐武德元年置渝州，因開皇舊名，領巴、江津、涪陵三縣；其年以涪陵屬涪州；三年置萬春縣；五年改萬春爲萬壽縣。貞觀十三年以廢霸州之南平縣來屬。天寶元年改爲南平郡。乾元元年，復爲渝州。

元領縣五。今四：巴縣，江津，南平，壁山。　一縣廢：萬壽，併入江津。

州境：東西三百四十里。南北四百二十里。

四至八到：東北至東京四千九十里。東北至西京三千六百七十里。東北泝流取合州路至長安二千八百一十里。〔二五〕東至涪州四百六十里，水路三百四十里。西至合州二百里。南至南平軍二百六十里。北至渠州四百四十里。東南至涪州六百四十里。西南至瀘州水路七百里。東北至涪州樂温縣一百一十二里。西北至渠州鄰水縣二百里。〔二六〕

户：唐開元户六千九百。皇朝户主三千六百九十二，客一萬六千二百五十。

風俗：大凡蜀人風俗一同，然邊蠻界鄉村有獠户即異也。今渝之山谷中有狼猺鄉，〔二七〕俗構屋高樹，謂之閣欄。不解絲竹，唯坎銅鼓，視木葉以别四時。父子同諱，夫妻共名，祭鬼以祈福也。

人物：無。

土産：藥子，牡丹皮，葛，石膽，〔二八〕桃竹，麩金。按茶譜云：「南平縣狼猱山茶黄黑色，〔二九〕渝人重之，十月採貢。」又段氏蜀記云：「渝出花竹簟，爲時所重。」

巴縣，依舊十鄉。本漢江州縣地，屬巴郡。按巴城在岷江之北，漢水之南，即蜀將李嚴所修古巴城也。今州所理在巴城北故倉城，漢水北有一城，時人謂之北府城，後漢巴郡所理，尋復還今理。州東北二十里有石洞峽，即先主置關之所，東西約長二里。其江州，即南齊永明五年自州理移于僰溪口，即今江津縣理也；又自涪州界陽關移理屬之墊江縣就江州所理。後周武成三年改墊江爲巴縣。蜀初立郡于此。

塗山，在縣東南八里，岷江南岸。高七里，周迴二十里，東接石洞峽。華陽國志云：「夏禹娶于塗山，今江州塗山是也，有廟存。」此華陽國志誤也。

明月峽，在縣東北八十里。華陽國志云「江州縣有明月峽」，〔三〇〕即此。李膺益州記云：「廣陽州東七里水南有遮要三塠石，〔三一〕石東二里至明月峽。峽首南岸壁高四十丈，其壁有圓孔，形若滿月，因以爲名。」

縉雲山，在縣西一百三十七里。其山高聳，林木鬱茂，下有泉水，東西分流。傳云黄帝于此合神丹，故此山得名以紀之。

江州縣故城，漢縣名，廢城在今縣西北。

茘枝園。華陽國志：「江州縣有茘枝園，至熟時，士大夫聚會于園食之。」

江津縣，南一百二十里。依舊十鄉。本漢江州縣，〔三二〕屬巴郡。南齊永明五年，江州縣自郡城移理僰溪口，即今縣理是也。後周閔帝元年于縣理置七門郡，領江州一縣，尋改江州爲江陽縣。隋開皇三年罷郡，移縣入廢郡理，屬渝州；其年改江陽爲江津縣，以斯地在江之津爲名。地志云「江州縣理有茅塡驛」。

白君山，在縣北四十里。

大江，在縣西一里。

𣶒溪水，在縣南十四里，西北流入大江。

香草樓。李膺益州記云：「江州縣西南有仙池，昔有仙人居此池側置樓，多植香草于此樓下。忽一夕縱火，天降紫雲，飄然而去。後人尚指此地爲香草樓。」

溱南二州大路。按四夷縣道記云：「江津縣在今郡北一百二十里，〔三三〕縣南陸路三百六十里至溱州，又自江津縣路南，尋𣶒溪水路二百二十里至南平州。」即此路。

南平縣，東一百三十里。依舊三鄉。本漢江州縣地，唐貞觀四年分巴縣置南平州，仍于州理立南平縣，在今縣南三十五里，有霸州城是也；〔三四〕至八年改南平州爲霸州，縣屬不改；十三年廢霸州，以南平縣自霸州城移于今所屬，即永淳已前舊理所也，仍屬渝州。永淳二年又東南移六十里，于平鄉頓塓權置縣，即今縣理。

瀛山，在縣西南三百七十里。

渝弄山，在縣東北七里。

南平溪，在縣東南，流入涪州賓化縣界。

諸溪，在縣西北，流入巴縣界。〔三五〕

赤水，在今縣西四里，有赤水流入巴縣分界。縣南復有通夷播州路。〔三六〕

壁山縣，西南三百里。〔三七〕依舊一鄉。本巴縣、江津、萬壽三縣地，〔三八〕四面高山，中央平田，周迴約二百餘里，唐天寶中，諸州逃户多投此營種。川中有一孤山，西北二面嶮峻，東南兩面削平，土人號爲重壁山，至德二年于此立縣，因山名焉。

廢萬壽縣，在州西南三百八十里。〔三九〕本漢江州縣地，唐武德三年分江津縣置萬春縣，屬渝州，五年改爲萬壽縣。皇朝平蜀後，廢入江津縣，在縣南一里。〔四〇〕

卷一百三十六校勘記

〔一〕以涪水北有圓石似鏡　「圓」，底本作「圖」，注「應作圓」，據宋版、萬本、庫本、嘉慶重修一統志卷三八八重慶府引本書及傅校改删。

〔二〕三年又置新明縣　「三年」，底本脱，萬本同，據宋版、庫本及舊唐書卷三九地理志二補。

〔三〕南至瀘州六百六十二里　「南」，萬本、庫本作「西」，宋版「瀘州」下有「界」字。按元和郡縣圖志卷三三合州：「西南至瀘州五百九十里。」則宋版誤。

〔四〕陸路二百六十里　「二」，底本作「三」，據宋版、萬本、中大本、庫本及元和郡縣圖志合州改。

〔五〕西南至瀘州五百九十里　「南」，底本作「北」，宋版、萬本、庫本同。按合州治石鏡縣，即今四川合川縣，瀘州治瀘川縣，即今瀘州市，位於合州西南，元和郡縣圖志合州：「西南至瀘州五百九十里。」通典卷一七五州郡五同，此「北」爲「南」字之誤，據改。

〔六〕石膽　「膽」，底本作「贍」，庫本同，據宋版、萬本改。

〔七〕石鏡縣　按元豐九域志卷七合州：「乾德三年改石鏡縣爲石照。」輿地紀勝卷一五九合州引國朝會要同。本書所記爲北宋太平興國後期政區，應作「石照縣」，總序合州領縣之「石鏡」亦應作「石照」。

〔八〕後魏恭帝三年　「三」，底本作「二」，宋版、萬本、庫本同。按本書合州總序云：「恭帝三年改東宕渠爲墊江郡，改縣爲石鏡。」輿地紀勝合州石照縣序引本書亦作「三年」，此「二」爲「三」字之誤，據改。

〔九〕漢高帝　底本作「蜀漢帝」，萬本、庫本同，據宋版及太平御覽卷四四、輿地紀勝合州引益州記改。

〔一〇〕自上及下破處　「破」，底本作「劈」，據宋版、萬本、庫本及太平御覽、蜀中名勝記卷一八合州引益州記改。

〔一一〕山裂之處至今猶存　「之」、「至今」，底本脱，據宋版、萬本、庫本及傅校補。

〔一二〕本漢墊江縣　按元和郡縣圖志、輿地紀勝合州漢初縣序並云「本漢墊江縣地」，此「縣」下脱「地」

字。

〔一三〕宋改墊江爲東宕渠縣　按宋書卷三八州郡志四載，南宕渠郡治宕渠縣；南齊書卷一五州郡志下載，東宕渠郡治宕渠縣，皆不載有東宕渠縣。本書石鏡縣序云宋改墊江縣爲宕渠縣，與此又自相牴牾。

〔一四〕後魏至恭帝三年至改縣爲漢初縣　按南齊書州郡志下東宕渠郡領有漢初縣，隋書卷二九地理志上謂西魏置縣曰漢初，本書謂西魏置縣曰清居，隋改爲漢初，皆不同，蓋南朝齊置漢初縣，西魏改名清居縣，至隋復改爲漢初縣，復舊名。

〔一五〕朝霧山　宋版、庫本同，萬本作「朝霞山在縣南八里」，元和郡縣圖志合州赤水縣：「朝霞山，在縣南十八里。」輿地紀勝合州：「朝霧山，在赤水縣南一里，元和志作『霞』。」則萬本作「朝霞山」亦是，唯里數有誤。

〔一六〕外負銅梁於宕渠　「渠」，底本作「梁」，據宋版、萬本、庫本及左思蜀都賦改。

〔一七〕咸烏　「烏」，底本作「鳥」，庫本同，據宋版及山海經海内經改。萬本作「烏」，注「一作鳥」。

〔一八〕秦惠文王乃遣張儀司馬錯伐蜀　「惠文王」，底本脱，據宋版、萬本、庫本、傅校及華陽國志卷一巴志補。

〔一九〕領縣十一　按元和郡縣圖志卷三三渝州總序謂秦惠文王使張儀、司馬錯伐巴、蜀，滅之，「分其地爲三十一縣」，本書卷八六閬州閬中縣序引華陽國志同，則此「十」上脱「三」字。

〔二〇〕建安六年璋改永寧爲巴東郡改巴郡爲巴西郡　後一「改」字底本無，據宋版、萬本、庫本及傅校補。按華陽國志卷一巴志：「獻帝初平（興平之誤）元年，征東中郎將安漢趙穎（應作『趙韙』）建議分巴爲二郡。穎欲得巴舊名，故白益州牧劉璋：以墊江以上爲巴郡，江（河）南龐羲爲太守，治安漢；以江州至臨江爲永寧郡，朐忍至魚復爲固陵郡。巴遂分矣。建安六年，魚腹蹇胤白璋，爭巴名。璋乃改永寧爲巴郡，以固陵爲巴東，徙羲爲巴西太守，是爲三巴。」常璩叙述三巴分置明晰，最可憑信，則改固陵郡爲巴東郡，改永寧郡爲巴郡，非「改永寧爲巴東郡」。

〔二一〕仍以涪陵爲涪陵郡　按宋書卷三七州郡志三：建安六年，「以涪陵縣分立丹興、漢葭二縣，立巴東屬國都尉，後爲涪陵郡。」則建安六年於涪陵縣建立巴東屬國。輿地廣記卷三三、輿地紀勝卷一七四涪州總序謂建安二十一年改巴東屬國爲涪陵郡，元和郡縣圖志卷三〇、本書卷一二〇涪州總序謂「蜀先主以爲涪陵郡」。考三國志卷三三蜀書後主傳：延熙十一年秋，「涪陵屬國民夷反。」同書卷四五蜀書鄧艾傳亦云「涪陵國人殺都尉反叛」，涪陵屬國即巴東屬國，是其時尚未改爲郡。又同書卷三七蜀書龐統傳：統子宏「輕傲尚書令陳祇，爲祇所抑，卒於涪陵太守。」陳祇爲尚書令在延熙十四年至景耀元年之間，則建立涪陵郡應在延熙十一年以後，華陽國志卷一巴志涪陵郡領漢平縣，延熙十三年置，蓋郡與縣同時置。參見本書卷一二〇校勘記〔一〕。

〔二二〕二十一年蜀先主又以巴東郡所管朐䏰魚復二縣置固陵郡　按以朐䏰魚復二縣爲固陵郡在東漢獻帝興平元年，參見本卷校勘記〔二〇〕。

〔二三〕又以巴西郡所管宣漢至巴東郡復爲巴郡　按輿地紀勝卷一六二渠州總序引元和郡縣圖志謂宕渠郡置於建安末，引本書謂在建安二十四年，引續通典謂在建安二十三年；本書卷一三八渠州總序云在建安二十三年。又建安六年改固陵郡爲巴東郡，改永寧郡爲巴郡，參見本卷校勘記〔二〇〕。

〔二四〕大統十七年改楚州爲巴州　前一「州」字底本脱，據宋版、萬本、庫本及傅校補。下文「周閔帝元年改巴爲楚」，亦脱二「州」字，補同。

〔二五〕東北泝流取合州路至長安二千八百一十里　「合」，底本作「金」，據宋版、萬本、中大本、庫本改。按渝州治巴縣，即今四川重慶市，合州治石鏡縣，即今合川縣，從渝州西北泝涪江至合州，武英殿本元和郡縣圖志渝州「西北至合州一百六十里」，此「東」爲「西」字之誤。

〔二六〕西北至渠州鄰水縣二百里　按鄰水縣即今縣，在渝州東北，此「西北」蓋爲「東北」之誤。

〔二七〕狼猸鄉　「猸」，底本作「㹮」，據宋版及輿地紀勝卷一七五、宋本方輿勝覽卷六〇重慶府引本書改。萬本、庫本作「猱」，與「猸」音同。

〔二八〕石膽　「膽」，底本作「膽」，庫本同，據宋版、萬本改。

〔二九〕狼猱山　「猱」，嘉慶重修一統志卷三八九重慶府引本書作「猸」，按宜作「猸」，參見本卷校勘記〔二七〕。

〔三〇〕江州縣有明月峽　宋版「江州縣」上有「巴郡」二字。按華陽國志巴志作「其郡東枳有明月峽」，此引不確。

〔三一〕三塠石　「塠」，底本作「槌」，據宋版、萬本、庫本及太平御覽卷五三引李膺益州記改。

〔三二〕本漢江州縣　按漢江州縣在今重慶市嘉陵江北區，唐江津縣在今江津縣東，非一地，元和郡縣圖志渝州江津縣：「本漢江州縣地。」則此脱「地」字。

〔三三〕江津縣在今郡北一百二十里　按本書江津縣序明言江津縣在渝州南一百二十里，此「北」字當爲「南」字之誤。

〔三四〕霸州城　「城」，底本作「地」，萬本、庫本同，據宋版及輿地紀勝重慶府、嘉慶重修一統志卷三八八嘉慶府引本書改。

〔三五〕流入巴縣界　「流」，底本脱，萬本、庫本同，據宋版及輿地紀勝重慶府補。

〔三六〕縣南復有通夷播州路　「路」，底本脱，萬本同，據宋版、庫本補。

〔三七〕西南三百里　按壁山縣即今縣，在渝州西稍北一百里，元豐九域志卷八渝州壁山縣：「州西一百里。」輿地紀勝重慶府（北宋崇寧元年改渝州爲恭州，南宋淳熙十六年升爲重慶府）同，此方里有誤。

〔三八〕本巴縣江津萬壽三縣地　底本「巴縣」上衍「漢」字，萬本、庫本同，據宋版及輿地紀勝重慶府引本書删。據元和郡縣圖志渝州載，唐武德三年置萬春縣，五年改名萬壽縣，故漢無此縣。

〔三九〕在州西南三百八十里　「百八」，底本脱，萬本、庫本同，據宋版及元和郡縣圖志渝州補。

〔四〇〕在縣南一里　「在縣」，底本脱，萬本、庫本同，據宋版補。

太平寰宇記卷之一百三十七

山南西道五

開州　達州

開州

開州，盛山郡。今理開江縣。秦漢之代爲巴郡朐䏰縣地，後漢建安二年分朐䏰西北界，於今州南二里置漢豐縣，屬固陵郡。蜀先主改固陵爲巴東郡。〔一〕歷晉、宋、齊已來并屬巴東郡。後魏初得其地，于今達州新寧縣理立開州，領東關、三岡、開江、馬鐙四郡，與州同理。後周天和元年又于漢豐縣理置周安郡；〔二〕四年自東關郡城移開州于今理，今州西九十里，濁水北故州城是也，領周安、〔三〕東關、三岡、開江四郡，其周安郡領西流一縣；其年以東關、三岡二郡屬通州；五年改開江郡爲江會郡。建德五年省江會郡入周安郡。隋開皇三年又罷周安、萬安郡，〔四〕乃以萬安、永寧二縣及廢周安郡之西流、新浦二縣共四縣屬開州；十八年改永寧爲盛山縣。大業二年廢開州。義寧二年於盛山縣置萬州，仍割巴東郡之新浦、通川郡之萬世西流三縣來屬。唐武德元年改爲開州，領四縣。貞觀初省西流入盛山。天寶元年改爲盛山郡。乾元元年復爲開州。

元領縣三：〔五〕開江，萬歲，新浦。

州境：東西一百八十八里。南北一百二十二里。

四至八到：北至東京二千七百一十里。北至西京二千七百九十里，〔六〕若從江陵水路陸路相兼至洛陽二千六百八十里。北取通、洋兩州路至長安一千四百三十里。東至夔州雲安縣龍目驛一百九十里，從驛路至夔州二百二十里。南至萬州小路一百六十里，大路二百里。西至達州三百里。北至達州四百九十里。〔七〕西南至萬州梁山縣一百五十三里。〔八〕西北至達州石鼓縣一百二十八里。東北至姚州界二百八里。

户：唐開元户五千六百六十。皇朝户主三千六百八十六，〔九〕客七千八百五十九。

風俗：巴之風俗，皆重田神，春則刻木虔祈，冬即用牲解賽，邪巫擊鼓以爲淫祀，男女皆唱竹枝歌。

人物：無。

土産：貢：車前子。蠟，柑子。

開江縣，本漢朐䏰縣地，蜀先主建安二十一年於今縣南二里置漢豐縣，以漢土豐盛爲名。至後周武帝改漢豐爲永寧縣。隋開皇中改永寧爲盛山縣。唐武德元年移于今理。廣德元年又改爲開江縣。

神仙山，在縣東清江水東四里。古老相傳云：〔一〇〕昔有仙人衣朱衣乘白馬登此山，本道以聞，天寶二載勅置壇，號神仙宮。

盛山，在州西北三里。山上有宿雲亭、隱月岫、流盃渠、琵琶臺、繡衣石。

萬歲縣，東北四十里。元六鄉。亦朐䏰之地，蜀爲漢豐之地，宋武帝又于此分置巴渠縣，屬巴東郡。後周天和元年分巴東郡置萬安郡，改巴渠爲萬歲縣，取縣北有萬歲谷爲名。〔一一〕隋開皇三年罷郡，以縣屬開州。大業二年廢州，以縣屬萬安郡。唐武德元年郡廢，以縣屬開州，二年自今縣北三十里故城移于今所。寶曆中，節度使裴度奏廢之，以其地併入開江，尋又置。

朝閣山，自開、達二州界南入當縣。

石塔山，自開、達二州界入當縣界，〔一二〕與夔州界接。山下有一泉，分爲三道：一入夔州，一入當州，一入達州。

熊耳山，在州東北，下入扶城水，〔一三〕南至夔州界。

石門山，在縣東北十里。

清水，源出縣東北石塔山，西南流經石門山，又西南流經巴渠故城東，又西南流經縣東二里，又西南入開江縣界。

鹽泉，在縣東北二十里平地。〔一四〕

新浦縣，西南九十里。元四鄉。亦朐䏰之地，蜀爲漢豐縣地，宋武帝永初中分漢豐縣于今縣西北七里置新浦縣，屬巴東郡。後魏恭帝三年于縣置開江郡，領新浦一縣。周武帝天和五年改開江郡爲江會郡。建德五年郡廢，以縣屬周安郡。隋開皇三年罷郡，以縣屬開州。大業二年廢開州，改屬信州，即今夔州。七年自縣西北故城移于今理。

鯉城山，在縣西四十里，四面懸絶。

常渠水，一名白浦水，西自新寧縣界流入，東流經鯉城山，又東經縣理南三里，又東流入開江縣界。

墊江水，源自縣高梁山，東北流于縣南入常渠水。

達州

達州，通川郡。今理通川縣。土地與金州同。春秋、戰國並爲巴子之國。秦併天下，爲巴郡。漢爲宕渠縣之東境。後漢和帝分宕渠置宣漢縣。即今通州理所是也。晉永熙元年省宣漢縣，〔一五〕宋武帝又置，屬南宕渠郡。蕭齊又屬巴渠郡。梁大同二年于宣漢縣置萬州，以州界内有地萬餘頃，因以數名之，領開巴、新寧、寧巴、壽陽、巴中五郡。後魏廢帝二年開拓山南，改宣漢爲石城縣，析置新南縣，〔一六〕又于東關縣置并州，仍併東關爲宣漢縣；其年又以萬州居四達之路，改爲通州。周武天和元年通州領郡不改。建德五年又割開州所領東關、三岡二郡來屬，州領郡七。隋開皇三年罷郡，廢開巴郡之石城縣，廢新寧郡之三岡縣，廢臨清郡之石鼓縣，廢三巴郡之東鄉縣，並屬通州；五年又以廢并州之宣漢縣來屬。〔一七〕大業三年罷州爲郡，領通川、三岡、石鼓、東鄉、宣漢、西流、萬世七縣。唐武德元年改爲通州，領通川、宣漢、三岡、石鼓、東鄉五縣，以宣漢屬南并州；二年置新寧、思來二縣；三年以東鄉屬南石州，又爲通州總督府，〔一八〕管通、開、蓬、渠、萬、南并、南石、南鄰八州，通州領通川、三岡、石鼓、新寧、思來五縣；〔一九〕八年以廢南石州之東鄉縣來屬。貞觀元年以廢南并州之宣漢來屬，又省思來入通川；其年廢萬州，以永穆來屬；貞觀五年廢都督府。天寶元年改爲通川郡。乾元元年復爲通州。皇朝乾德二年改爲達州。其州枕江，古有土居十萬，〔二〇〕水居三千户。

元領縣九。今七：通川，永穆，石鼓，新寧，巴渠，三岡，東鄉。二縣廢：閬英，入石鼓。宣漢。入東鄉。場一：宣漢井場。

州境：東西一千四百三十里。南北六百二十里。

四至八到：東北至東京三千二百九十里。東北至西京取開州下水經三峽出江陵至襄、鄧、汝等州陸路共二千八百九十里。東北取洋州駱谷路至長安一千五百七十里，取利州驛路二千五百里。東至夔、房等州界計一千二百八十里。西至渠州界一百八十里。〔二一〕南至萬州四百里。〔二二〕北至壁州界四百一十里。東南至開州二百七十里。西南至渠州六百里，水路二百五十里。東北至金州一千一百里。西北至巴、蓬等州界二百里。

户：唐開元户四萬七百四十二。皇朝户主二千六百六十，客一萬三百三十一。

風俗：同開州。

人物：無。

土産：挺子白膠香，貢。白藥子，蜜，蠟，蜂窠。段氏蜀記云：「通、開二州産鹽、漆之利。」

通川縣，舊二十四鄉，今五鄉。本漢宕渠縣地，後漢分宕渠縣于此置宣漢縣。後魏廢帝二年開拓山南，改宣漢爲石城縣。〔二三〕隋開皇十八年又改爲通川縣，以地帶四達，故曰通川。宋武帝立郡于此。〔二四〕

鼓嘯山，在州東北一百二十里。

東關水，東北自石鼓縣界流入，經縣南一百六十步，西南流入三岡縣界。

鳳凰山，在縣西北五里。山形象鳳翅，掩映州城，俗呼爲鳳凰山。

石城山，在縣西五里。山四面絶崖，西有一路上山頂，俗謂之石城山。

永穆縣，〔二五〕西北七十五里。舊十八鄉，今九鄉。本漢宕渠縣地，後漢爲宣漢縣地，梁大同中分宣漢縣置萬榮郡于此，兼立永康縣以屬焉，即今縣也。後周保定初于此置萬州。隋開皇二年廢萬州；三年又廢郡，以永康縣屬巴州；十八年改永康縣爲永穆縣。唐武德二年于縣理再置萬州。貞觀元年州廢，以永穆屬通州。

龍驤山，在縣東南三里。

北水，西自巴州歸仁縣界流入，〔二六〕經縣南一百步，流入三岡縣界。

七盤山，在縣東三十一里。

龍女山，在縣東三十里。

鼓樓山，在縣西二十里。

石鼓縣，東六十里。舊四鄉，今二鄉。本漢宕渠縣地，後漢爲宣漢縣地，後魏恭帝三年于此立遷州，領臨清一郡，尋于郡置石鼓縣，因石鼓山爲名。隋開皇二年廢州，三年罷郡，〔二七〕并臨清縣亦歸石鼓縣，以隸通州。唐寶曆元年廢。〔二八〕大中元年再置。皇朝乾德五年併閬英縣入。

大石，在縣東五十里大江次，號爲石鼓。

龍基山，在縣南八十里。

巴渠江，在縣南四十步，流入通川界。〔二九〕

廢閬英縣，在州北一百二十里。縣本天寶九年，〔三〇〕太守韋虛受奏于應水南一里置閬英縣，以縣南五里閬英山爲名。

四白山，〔三一〕在故縣西北四十里。

新寧縣，州東一百七十五里。舊四鄉，今二鄉。在兩漢其地與宣漢縣同，西魏廢帝二年于此置開州，領東關郡，郡領蛇龍、新寧二縣。後周天和四年移開州于濁水北。唐貞觀八年自今縣西北十里移魏所置新寧縣于廢開州城，其城俗謂之竇城，即今縣理是也。

三角山，在縣東北八十里。有南江水，源出此山，西南流遶縣理三面，復屈曲西北流，遶至通川縣東七里注東關水。

鼓嘯山，在縣西南六十里。

大崩山，在縣南六十里。其山高大，望見開州新浦縣、梁山軍。

東關故郡城，在今縣西北五十里。

故新寧城，在縣西北十里。即後魏恭帝二年于此立縣，隋開皇三年廢。唐武德二年又置，後遷于竇城。

巴渠縣，州東二百三十里。〔三二〕舊四鄉，今三鄉。在兩漢與宣漢縣地同，梁大同中析置，以境在巴州宕渠内，故爲巴渠縣焉。隋初廢。唐永泰元年又析石鼓縣之四鄉地置，在東關水北五十步。此縣是當夷獠之邊界，其民俗，聚會則擊鼓踏木牙，唱竹枝歌爲樂。

文字山，在縣西三十里。又有文字溪。

長秀山，在縣北二十里。

懸布山，在縣東四里。

萬户溪，在縣東八十里。自開州萬歲縣界北流來合縣溉江水。〔三三〕又有成熟溪，亦自開州萬歲縣來合文字溪。

三岡縣，西南四十里。舊九鄉，今四鄉。在兩漢與宣漢縣地同，梁大同二年于此置新安郡，兼立三岡縣，因邑界山有三隴爲名。後魏廢帝二年改新安爲新寧郡。隋開皇三年罷郡，以縣屬通州。唐寶曆元年山南節度裴度奏廢。〔三四〕後以人户多，廢縣不便，大中五年又置。

東關水，經縣南一百步，又西流合北水。

三岡水，南自流江縣來，北流經縣東十里合東關水。

龍壁山，在縣東三十里。

玉樓山，在縣東三十三里。

龍盤山，在縣東北二十里。

東鄉縣，東北一百七十里。舊四鄉，今十一鄉。在兩漢其地與宣漢縣同，按四夷述云「梁于今縣西界置新安縣」，不詳理所。西魏恭帝二年分新安縣于益遷、下蒲兩水閒置石州，即今縣是也，又于州理置巴渠郡。周武天和四年廢石州及巴渠郡，仍于故州城置三巴郡，領東鄉、下蒲二縣。隋開皇三年罷郡，仍廢下蒲縣入東鄉縣，以隸通州。唐武德三年于此置南石州，又置下蒲、昌樂二縣以屬之；八年又廢南石州及昌樂、下蒲二縣；其年仍移東鄉縣治于今縣東一里安養故城。〔三五〕皇朝乾德五年割宣漢縣入焉。

白作鼻山，在縣東五里。

琵琶山，在縣東北二里。

鳳凰山，在縣東北六十里。

綾羅山，在縣北八十里。

益遷水，在縣東北三十步。從金州來，流入石鼓縣界。

下符江，〔三六〕在縣西南一百步，從洋州界入。

廢宣漢縣，在州北一百七十里。本漢宕渠縣地，後漢分爲宣漢縣。後魏廢帝二年于今縣東一百五十里梁所置南晉郡西百步置并州，仍自州移理宣漢縣于南晉郡北二百里，今無遺址。按并州領南晉郡，郡領東關、宣漢二縣，理東關。周改南晉郡爲和昌郡，〔三七〕又省郡郭東關入宣漢縣。〔三八〕開皇三年罷郡，以縣屬并州，五年自并州北二百里移宣漢縣理于東關故城是也。尋又廢并州，以縣屬通州。唐武德元年又置南并州及東關縣，三年移南并州理新安廢鎮城。貞觀元年又省南并州及東關縣，仍自南晉故城移宣漢縣于新安廢鎮城，〔三九〕即今縣是也。皇朝乾德五年併入東鄉縣。〔四〇〕

建平山，在故縣東三百里。東關水出焉，西南流入縣一百五十里，下石鼓縣界。

宣漢井場，在州東一千二百里。〔四一〕無鄉里。管二百户。地名長腰鹹，源出大江龍骨石窟中湧出，灘名羊門，兩面山崖峭峻，鹹源出于山下，遂煎成鹽。其場風俗，男女不耕蠶，貨賣用雜物代錢。祖稱白虎，死葬不選墳墓，設齋不以亡辰，雖三年晦朔不饗。習性礦硬，〔四二〕語無實詞，皆風土之使然。

平波山，在場東北四十四里，其山高大。

卷一百三十七校勘記

〔一〕屬固陵郡蜀先主改固陵爲巴東郡　據華陽國志卷一巴志載，漢獻帝初平（興平之誤）以朐忍至魚復爲固陵郡，建安六年改固陵郡爲巴東郡，此云後漢建安置漢豐縣，「屬固陵郡」，時尚未有固陵郡，又云「蜀先主改固陵爲巴東郡」，實爲建安六年劉璋改，此皆誤。參見本書卷一三六校勘記〔二〇〕。

〔二〕後周天和元年又于漢豐縣理置周安郡　「周安」，萬本、庫本同，宋版作「萬安」。按本書卷萬歲縣序云：「後周天和元年分巴東郡置萬安郡，改巴渠爲萬歲縣。」萬安郡蓋本名萬世郡，隋書卷二九地理志上：「萬世，後周置，及置萬世郡。」輿地廣記卷三三開州清水縣：「本萬世，後周置，及立萬世郡。」本書多據唐代地誌，避唐諱改「世」爲「安」，則北周周安郡置於漢豐縣（西魏改名西流縣），萬世郡置於萬世縣（唐貞觀末改名萬歲縣），宋版混誤。

〔三〕周安　「周」，底本作「東」，萬本、庫本同，據宋版及隋書地理志改。

〔四〕周安萬安郡　「萬安」，底本脱，據宋版、萬本、庫本及隋書地理志上補。

〔五〕元領縣三　「元」，底本脱，據宋版、萬本、中大本、庫本及傅校補。

〔六〕北至西京二千七百九十里　「七百」，萬本、庫本同，宋版作「二百」。

〔七〕北至達州四百九十里　宋版此下有「東北至萬州水路六十七里」。按開州治開江縣，即今四川開縣，萬州治南浦縣，即今萬縣市，位於開州南偏西，里距近百，方里皆不符，宋版恐誤。

〔八〕西南至萬州梁山縣一百五十三里　「西南」，底本作「東北」，萬本、庫本同，據宋版改。按梁山縣，今梁平縣，位於開州西南。

〔九〕皇朝户主三千六百八十六　「三」，底本作「二」，據宋版、萬本、中大本、庫本及傅校改。

〔一〇〕古老相傳云　「相」，底本脱，據宋版、萬本、庫本及傅校補。

〔一一〕改巴渠爲萬歲縣取縣北有萬歲谷爲名　原校：「按舊唐書地理志云：開州萬歲縣，『後周之萬縣，隋加世字，貞觀二十三年改萬世爲萬歲。』又今開州圖經云：『周天和六年改巴渠爲萬縣，取縣北萬歲谷爲名。』他與史志同，今記云『後周改巴渠爲萬歲』，誤也。萬歲之名，更于唐耳。」按隋書地理志上：「萬世，後周置，及置萬世郡，開皇初郡廢。」舊唐書卷三九地理志二：萬歲縣，「後周之萬縣，隋加『世』字，貞觀二十三年改萬世爲萬歲縣。」輿地廣記開州清水縣：「本萬世，後周置，及立萬世郡，隋開皇初郡廢，唐貞觀二十三年更名萬歲。」則後周置萬世縣，唐貞觀末改爲萬歲縣，舊唐志謂「隋加世字」，恐非；本書多據唐代地誌，爲避唐諱，略萬世而詳萬歲；原校謂唐更名萬歲，亦不確。

〔一二〕自開達二州界入當縣界　底本「州」下衍「南」字，據宋版、萬本、庫本及嘉慶重修一統志卷三九七夔州府引本書删。

〔一三〕在州東北下入扶城水　「州」，底本作「縣」，萬本同，據宋版、庫本及宋本方輿勝覽開州補。「水」，底本脱，據宋版、萬本、中大本補。

〔一四〕在縣東北二十里平地　「北」，底本脱，萬本同，據宋版補。

〔一五〕即今通州理所是也晉永熙元年省宣漢縣　此十七字底本脱，萬本、庫本同，據宋版補。

〔一六〕新南縣　「南」，底本作「寧」，據宋版、中大本、庫本改。北周地理志卷四亦作「新南縣」。

〔一七〕并州　「并」，底本作「甘」，萬本、庫本同，據宋版及隋書地理志上、本書上文改。

〔一八〕又爲通州總督府　「總」，底本作「都」，萬本、庫本無「總督府」三字，據宋版及舊唐書地理志二改補。

〔一九〕管通開蓬渠萬南并南石南鄰八州通州至思來五縣　「管通開蓬渠萬南并南石南鄰八州通州」十六字，底本脱，萬本、庫本同，據宋版及舊唐書地理志二補。

〔二〇〕古有土居十萬　「古」，底本作「右」，據宋版、萬本改。

〔二一〕西至渠州界一百八十里　「一百八十」，底本作「四百」，萬本、中大本、庫本作「四百一十」，據宋版改。元豐九域志卷八達州：「西至本州界一百八十里，自界首至渠州八十里。」

〔二二〕南至萬州四百里　底本脱，萬本、庫本同，據宋版補。本書卷一四九萬州：「西北至通州四百里。」

〔二三〕改宣漢爲石城縣　按隋書地理志上：「通川縣，「梁曰石城。」與此異。

〔二四〕宋武帝　「武」，底本脱，萬本、庫本同，據宋版補。

〔二五〕永穆縣　原校：「按諸書皆作『永穆』，惟今達州圖經及九域志作『永睦』，未詳何時更改。」按嘉慶重修一統志卷四〇九綏定府：「永穆廢縣，「宋咸平二年改曰永睦。」

〔二六〕西自巴州歸仁縣界流入　「西」，底本脱，萬本、庫本同，據宋版補。

〔二七〕隋開皇二年廢州三年罷郡　底本作「隋開皇三年廢州罷郡」，萬本同，據宋版、庫本改。又，按隋書地理志上載「後周廢州」，當是。

〔二八〕唐寶曆元年廢　「元年」，宋版、萬本、中大本、庫本皆作「七年」。按新唐書卷四〇地理志四亦作「元年」。

〔二九〕通川　「川」，底本作「州」，萬本、庫本同，據宋版改。

〔三〇〕縣本天寶九年　「縣」，底本脱，據宋版、萬本、庫本補。

〔三一〕四白山　「白」，底本作「百」，萬本同，據宋版、庫本改。

〔三二〕州東二百三十里　「東」，底本作「南」，宋版、萬本、庫本同，嘉慶重修一統志卷四○九綏定府引本書作「東」。按巴渠縣在今四川宣漢縣東北，實在達州（今達縣市）東北，元豐九域志達州：巴渠縣，「州東二百三十八里」是也，此「南」爲「東」字之誤，據改。

〔三三〕開州萬歲縣　「歲」，底本作「壽」，宋版、萬本同，庫本、嘉慶重修一統志卷四○八綏定府引本書作「歲」。按本書下文云「成熟溪亦自開州萬壽縣來合文字溪」，「萬壽」，宋版作「萬歲」；又本書開州領有萬歲縣，而無「萬壽縣」，此「壽」爲「歲」字之誤，據改。下文改同。

〔三四〕寶曆元年　「元年」，宋版、庫本作「七年」，萬本作「三年」。按新唐書地理志四亦作「元年」。

〔三五〕仍移東鄉縣治于今縣東一里安養故城　「一里」，底本脱，據宋版、萬本、中大本、庫本、嘉慶重修一統志卷四○九綏定府引本書及蜀中名勝記卷二三東鄉縣引輿地紀勝補。

〔三六〕下符江　原校：「按今達州圖經及九域志東鄉縣皆有下蒲江，又今記東鄉縣總序亦云『于益遷、下蒲兩水間置石州』，此云下符江，恐誤，然因之以存疑。」按輿地廣記卷三三達州東鄉縣亦云下蒲江。

〔三七〕周改南晉郡爲和昌郡　按隋書地理志上：「宣漢，西魏置并州及永昌郡。」輿地廣記卷三三達州載同。則西魏置永昌郡，北周沿襲，周書卷一○邵惠公顥傳：顥子導，導子廣，「初封永昌郡公」；導子亮，「武成初，封永昌郡公。」即是，北周地理志卷四亦作「永昌郡」，此「和」爲「永」字之誤。

〔三八〕又省郡郭東關入宣漢縣　「郭」，底本作「之」，萬本、庫本同，據宋版改。

〔三九〕宣漢縣　「縣」，底本無，據宋版、萬本、庫本補。

〔四〇〕東鄉縣　「鄉」，底本作「關」，據宋版、萬本、中大本、庫本及元豐九域志卷八達州改。

〔四一〕在州東一千二百里　「千」、「百」，底本作「百」、「十」，萬本同，據宋版、庫本、嘉慶重修一統志卷四二二太平廳引本改。元豐九域志達州明通院：州東一千二百里。宣漢、鹽井、組攔三場。

〔四二〕習性礦硬　「礦」，宋版、庫本同，萬本作「獷」。

太平寰宇記卷之一百三十八

山南西道六

洋州　渠州　廣安軍

洋州

洋州，洋川郡。今理興道縣。土地所屬與梁州同。〔一〕春秋及戰國並屬楚地。秦滅楚置三十六郡，此爲漢中郡地。後漢封班超于此。三國時爲蜀之重鎮，故先主分城固立南鄉縣。至後主延熙中，將軍王平守興勢，魏將曹爽攻之不克，乃今郡地。晉改南鄉爲西鄉。後魏正始中廢西鄉縣，仍于今西鄉縣西五十里豐寧戍置豐寧郡及豐寧縣，仍更立龍亭縣，郡屬直州。廢帝二年于今西鄉縣置洋州，以水爲名，領洋川、懷昌、洋中、豐寧四郡，其懷昌郡領懷寧一縣。後周天和五年省懷昌郡，改懷寧爲懷昌縣。隋開皇三年又罷三郡，并省龍亭縣入洋州，領豐寧、黄金、懷昌三縣。〔二〕大業二年廢洋州，仍省懷昌，以豐寧、黄金二縣入漢川郡，仍改豐寧爲西鄉，移于廢州廨理，又于州城置洋川鎮。唐武德元年復于西鄉立洋州，領西鄉、興勢、黄金三縣，四年又置洋源縣。〔三〕開元十八年又置真符縣。〔四〕天寶元年改州爲洋川郡，十五年郡自西鄉權移理于興道，即今州理是也。乾元元年復爲洋州。皇朝爲武定軍節度。

元領縣五。今三：興道，西鄉，真符。二縣廢：洋源，散入鄰近縣。黄金。入真符縣。

州境：東西二百四十里。南北五百九十里。

四至八到：東北至東京一千九百一十里。東北至西京一千四百九十里。東北至長安六百四十里。東至金州五百里。西至興元府一百二十里。〔五〕南至壁州山路五百四十里。北至盩厔縣五百里。東至真符縣界一十九里。西至興元府城固縣界三十三里。南至西鄉縣界四十里。北至真符縣界三十五里。東南至西鄉縣界四十八里。西南至興元府城固縣界一百里。

户：唐開元户二萬三千八百四十九。〔六〕皇朝户主七千四百四十一，客三千六百五十九。〔七〕

風俗：同梁州。

人物：無。

土產：熊羆狐狸皮，麝香，今貢。隔織。

興道縣，舊二十一鄉，今十七鄉。本漢城固縣地，後魏宣武帝正始中分城固縣地，于今理西北二十里興勢山置興勢縣，〔八〕兼立儻城郡，因山爲名。按地記云：〔九〕「晉于今西泉縣置晉昌郡，〔一〇〕魏復移于今縣置晉昌郡，〔一一〕因晉舊名也。廢帝三年改爲儻城郡。隋開皇三年罷郡。大業二年縣自山上移居廢郡廨理。唐貞觀二十三年改爲興道縣。先是移郡理就西鄉縣，此爲屬邑，後以險固，貞元初又移郡于此。」

興勢山，在縣西北四十三里。今郡城所枕自然隴勢，形如一盆，緣外險而內有大谷，爲盤道上數里，方及四門，因爲興勢之名。

明月池，在縣西北。其地屬明月鄉，中有一臺，是漢高祖所造。水經注云「形如偃月」，故號爲明月池。〔一二〕

七女池。漢中記云：「興道有七女池。昔有人無男，養七女，父亡，女負土各爲一冢，不知定葬何冢？其冢羅列如七星，各高七丈，取土處，今成一池，號爲七女池。」

漢水，在縣南二百步。屈曲行三百七十里，流入金州漢陰縣界。

儻谷水，一名駱谷水，在縣北三十里。南注漢水。

龍亭故城，漢爲縣，〔一三〕廢城在今縣東。又梁州記云「龍亭縣屬儻城郡」。

西鄉縣，東南一百里。舊一十四鄉，今四鄉。本漢成固縣地，後漢班超受封之所。蜀先主分成固之地立南鄉縣，屬漢中郡。至晉太康二年改南鄉爲西鄉，即今縣南十五里平陽故城也。後魏置洋州及豐寧郡豐寧縣。隋開皇三年罷郡。大業三年廢洋州，改豐寧縣爲西鄉縣，移于廢州理，即今縣也。貞觀二十三年移郡理興道，此爲屬邑。

白廟山，山有老子廟。

駱谷水。水經注云：「駱谷水出此谷，〔一四〕南流入漢。」亦入蜀徑路。

唐公房。神仙傳云：唐公房昔事李八百，公房患無酒，八百因以杖指崖，酒泉湧出，故後人敬之立祠，甚靈，號曰唐公房。

洋水，出廢洋川縣東巴嶺。又水經注云：「源出巴山。」經縣東八里，北流入黄金縣界。郡因此水稱名。

平西城。後漢書云：「班超平定西域有功，封定遠侯，凡三十年告老方歸。」故城今在縣南，晉置西鄉縣于此城。

清涼川，在縣北。唐書：「德宗皇帝以朱泚之難幸梁、洋，中書舍人齊映從駕至此川，見旌旗蔽野，上心駭，謂泚之追兵疾路至此，〔一五〕見梁帥嚴震具軍容，拜馬前，敘君臣離亂，流涕久之。上喜，令震登馬，與朕作主人。映叱：『嚴震與至尊導馬，御膳自有所司。』頃之，上次洋州行宫，召映責以儒生不達機權，煙塵時務姑息主帥。映奏曰：『山南士庶只知有嚴震，不知有陛下。且今天威親臨，令蜀士民知天子之尊，亦足以盡嚴震爲臣子之節。』上歎久之。震聞特拜謝，映時議多之。」即此川也。

廢洋源縣，在州東南一百二十里。本漢成固縣地，屬漢中郡。唐武德七年析西鄉縣東南一百八十里地以置，因縣北洋水爲名。大曆元年爲狂賊燒劫，遂北移于西鄉縣南二十里白湍村權置行縣，即今縣理是。寶曆元年山南西道節度使裴度奏，準今年二月勅洋源縣爲鄉，以五里地隸鄉近諸邑。〔一六〕

巴嶺山，在舊縣南十里。〔一七〕

武子山，在今縣南二里。〔一八〕

洋水，在今縣西南三百步。

真符縣，北六十里。舊五鄉，今四鄉。本漢安陽縣地，唐開元十八年，梁州長史韋敬祖奏于此置華陽縣，取古華陽之地爲名。天寶三年廢；八年，王鉷開清水谷路，復于黎園置華陽縣；其年因鑿山路得玉册，遂改爲真符縣，仍隸京兆府，北去府四百餘里；至十一年又隸洋州；其年以縣去州偏遠，移縣就桑平店，北去盩厔四百四十里。

廢黃金縣，在州東北一百三十里。本漢安陽縣地，屬漢中郡。後魏文帝大統十二年分置黃金縣，〔一九〕因縣界有黃金水爲名，屬直州。廢帝二年分直州置洋川郡，以縣屬焉。隋開皇二年廢郡，以縣屬洋州。大業二年廢洋州，又以縣屬漢川郡，十一年移於縣治北六十里巴嶺鎮。貞觀二年又移于今縣所理。廣德後因羌賊叛亂，權移于蜯湍置行縣，在漢江北，南至西鄉縣六十里。元和以後方移就今理。皇朝乾德四年併入真符縣，仍移縣就廢黃金縣，即今理也。

寒泉，在舊縣北八十四里。

漢水，在舊縣北二百步。

洋水，出縣東巴嶺。水經注云：「道源巴山，東北流入漢。」

黃金水，在縣西十里。〔二〇〕南注漢水。

黃金戍。按梁州記云：「戍，水陸艱險，在縣西北八十里。即張魯所築，南接漢川，北枕古道，俗號爲鐵城是也。」

古道。春秋繁露云：「三皇抵車出谷口。」即今斜谷是也。又郡國志云：「北曰斜，南曰褒，同一谷，故曰褒斜。」

渠州

渠州，鄰山郡。今理流江縣。禹貢梁州之域。春秋時巴國。秦惠文王遣張儀、司馬錯伐巴蜀，滅之，因置巴郡。漢初置宕渠縣，屬巴郡，今即流江縣東北七十里宕渠故城是也。其城，後漢車騎將軍馮緄增修，俗名車騎城。東晉末，爲蠻獠所侵，因而荒廢。漢志：「符特山，在宕渠縣西南。」今縣則有龍驤山，蓋古符特山也。後漢建安二十三年，蜀先主分巴郡置宕渠郡，〔二〕尋省。後主延熙中又置，尋又省。晉惠帝又置。李壽亂後，地爲諸獠所侵，郡縣悉廢。宋又自漢宕渠縣移郡理安漢故城。梁初又省。普通三年又于漢宕渠縣西南七十里置北宕渠郡，即今州理是也。大同三年於郡理置渠州。〔三〕後魏文帝十三年其地内屬，仍舊爲渠州，領北宕渠郡。至後周武成元年改北宕渠郡爲流江郡，理流江縣。隋開皇三年罷郡，所領屬渠州。大業三年罷州，復爲宕渠郡。唐武德元年復置渠州，領流江、賨城、宕渠、咸安、鄰水、墊江六縣；其年改賨城爲始安，又分置賨城、義興、豐樂三縣。以宕渠、咸安二縣屬蓬州，又分鄰水、墊江、鄰山、鹽泉四縣置鄰州；三年割鄰水來屬；八年省義興、豐樂、賨城三縣；其年廢鄰州，以鄰山來屬。天寶元年改爲鄰山郡。乾元元年復爲渠州。皇朝乾德六年割渠江縣屬廣安軍。

元領縣五。今四：流江，鄰水，鄰山，大竹。一縣割出：渠江。入廣安軍。

州境：東西一百四十五里。南北二百六十六里。

四至八到：東北至東京三千五百二十里。東北至西京三千一百里。東北至長安二千六百里。東至涪州四百五十里。南至合州新明縣界一百七十里。西至果州二百八十里。西北至達州六百里。東南至涪州二百七十里。西南至果州岳池縣界一百一十九里。西北至蓬州官路二百二十里，私路一百九十里。西北至合州水路約四百里。〔三〕東北至蓬州水路二百五十里。

户：唐開元户九千。皇朝户主四千三十六，客一萬七千七百五十九。

風俗：同達州。

人物：玄賀，字文和，宕渠人。爲大司農。馮緄。爲廷尉。

土産：黄連，車前子，恒山，茱萸，鐵。〔四〕

流江縣，舊十四鄉，今九鄉三團。本漢宕渠地，梁武帝于此置北宕渠郡。周明帝改爲流江郡，仍于郡理置流江縣，即今縣是也。開皇三年郡廢。屬渠州。

宕渠山，一名大青山，在縣東五十八里。蜀都賦曰：「外負銅梁於宕渠。」

宕渠水，一名渝水，在縣東二里。

故賨國城，在縣東北七十四里，古之賨國都也。晉中興書云：「賨者，廩君之苗裔也。巴氏之子務相乘土船而浮，衆異之，立爲廩君，子孫布列于巴中。秦併天下，以爲黔中郡，薄其賦税，人出錢四十。邑人謂賦爲賨，遂因名。後佐高祖平定天下。善歌舞，所謂巴渝舞也。」

漢宕渠縣城，在今縣東北，俗號爲車騎城。

鄰水縣，東南一百三十里。元二鄉。亦漢宕渠縣地，梁武大同三年置鄰水縣，屬鄰山郡，因彼州水以名之，寄理州城。隋開皇元年自州城移于岳池溪，今縣北九里故城是也；三年罷郡，以縣屬渠州。唐武德元年改屬鄰州，二年復屬渠州，其年自故城縣移于今理。寶曆中山南西道節度使裴度奏廢之。大中初又改置焉。

鄰山，在縣北八十里。

鄰水，源出縣東北鄰山，南流經東，去縣二十六里，又南流。中有大磧，懸流十丈，奔急若驚湍電瀉。

絲經池，在縣東南八十里。

鄰山縣，東南一百里。舊二鄉，今五鄉。亦漢宕渠縣地，自晉至齊，地並爲夷獠所據。梁大同三年于此置鄰州及鄰山縣。後魏廢帝改爲鄰山郡，以山名之。至隋初郡廢，併縣入鄰水。

唐武德元年分置鄰山縣，屬鄰州；八年廢州，縣屬渠州。縣城南西北三面有池圍繞，東阻涅水，〔二五〕甚險固，俗號爲金城。

鄰山，在縣西四十里。此山重疊鄰比相次爲名，南盡縣界，東入鄰水縣界，北入達州三岡縣界。此山出鐵。

涅水，在縣東二十步。自忠州清水縣界入當縣。

大竹縣，北六十里。舊六鄉，今五鄉。亦漢宕渠縣地，後爲流江縣地，唐久視元年分今宕渠縣東界置，屬蓬州，以邑界多產大竹爲名。至德二年割屬渠州。寶曆中與鄰水縣同廢，其後又置。按通典此邑舊隸蓬州，今屬渠州。

龍蘭山，在縣北二十里。

露水，在縣東北十五里。

貴溪水，在縣東北十五里。

廣安軍

廣安軍，理渠江縣。〔二六〕本合州濃洄鎮、渠州新明鎮地，國朝乾德六年以合、果、渠三州相去路遠，〔二七〕山川險僻，多聚寇攘，遂合二鎮置廣安軍，仍割渠州之渠江、合州之新明、果州之岳池三縣以成之，從西川轉運使劉仁燧之所請也。

領縣三：渠江，新明，岳池。

軍境：東西二百四十里。南北二百二十里。

四至八到：東北至東京三千八百里。東北至西京三千四百里。正北至長安二千里。東至梁山軍五百里。西至果州二百里。南至渝州三百里。北至渠州一百八十里。東北至忠州三百五十里。西南至合州二百里。東北至達州三百五十里。西北至蓬州三百五十里。

户：舊户載合、果、渠三州籍。皇朝户主六千二百五十三，客一萬五千四百六十三。

風俗：與果、合、渠三州同。

土產：絲，布，紬，綿，牡丹皮。

渠江縣，舊三鄉，今三鄉。本漢宕渠縣地，後漢又爲賨城縣地，〔三八〕今縣北十二里有古廢賨城在焉，一名始安城。梁普通三年于此置始安縣，取古始安城爲名，屬北宕渠郡。隋開皇三年罷郡，以縣屬渠州，十八年改爲賨城縣。大業元年自故城移于今理，南臨渠水，東枕大溪。唐武德元年復改爲始安縣。至德二年又改爲渠江縣。國朝乾德六年割屬廣安軍。

渠江水，一名渝水，在縣南八十步。西流入合州新明縣界。

富靈山，在縣東南七十里。峭峻多藥物，實靈仙所居也。

新明縣，西六十里。舊六鄉，今十六鄉。本漢墊江縣地，東爲宕渠之地，後魏改爲石鏡縣地，唐武德二年分石鏡之東北界於渠水中索越洲上爲新明縣，〔三九〕以新被明化爲邑之稱。聖曆三年，刺史張柬之以舊縣多水害，奏移于嘉陵江西岸，北連靈巖山，即今縣理是也。國朝乾德六年割隸廣安軍。

蛇龍山，在縣東六十里。

白鶴山，在縣西南一百里。

嘉陵山，在縣西南一百里。

渠江，在縣東三十里。

岳池縣，西北一百二十里。元十二鄉。〔三〇〕亦南充之地，宋武帝于此立南宕渠郡，尋廢郡，立岳池縣，以境内岳池水爲名。

岳安山，在縣東三十五里。高六百丈，岳池之水出焉，上有音聲鳥。

獅子山，在縣東五里，山形如獅子。

蒙溪水，〔三一〕在縣西北五十里。源出岳安山，東流至故縣鎮西，本是思岳池，因此以名縣焉。

卷一百三十八校勘記

〔一〕土地所屬與梁州同　「梁」，底本作「渠」，萬本、庫本同，據宋版改。

〔二〕領豐寧黄金懷昌三縣　「懷昌」，底本脱，「三」，底本作「二」，萬本、庫本同，據宋版補改。隋書卷二九地理志上：「舊有懷昌郡，後周廢爲懷昌縣，至是入（豐寧縣）焉。」按云「至是」，乃指隋大業初。本書下文載：「大業二年廢洋州，仍省懷昌，以豐寧、黄金二縣入漢川郡。」據此，懷昌縣于隋開皇初仍存，屬洋州，洋州領豐寧、黄金、懷昌三縣，至大業初廢洋州，省懷昌縣，存豐寧、黄金二縣，屬入漢川郡，故宋版是。

〔三〕四年又置洋源縣　「四年」，新唐書卷四〇地理志四、舊唐書卷三九地理志二同，元和郡縣圖志卷二二洋州作「七年」。

〔四〕開元十八年又置真符縣　按元和郡縣圖志洋州、唐會要卷七一州縣改置下及本書下文真符縣序皆云開元十八年置華陽縣，天寶八年改名真符縣，此云不確。

〔五〕西至興元府一百二十里　「一」，底本作「二」，萬本、庫本同，據宋版及元和郡縣圖志洋州改。

〔六〕唐開元户二萬三千八百四十九　「二」，底本作「一」，萬本、庫本同，據宋版及舊唐書地理志二、新唐書地理志四改。

〔七〕客三千六百五十九　「五」，底本作「九」，據宋版、萬本、中大本、庫本及傅校改。「九」，萬本、庫本同，宋版作「七」，蓋此誤。

〔八〕于今理西北二十里興勢山置興勢縣　「北二十」，底本作「九十二」，萬本、庫本同，據宋版及傳校改乙。元和郡縣圖志、輿地紀勝卷一九〇洋州皆載：「興勢山，在興道縣北二十里。」

〔九〕地記　「記」，底本作「志」，據宋版、萬本、中大本、庫本及傳校改。

〔一〇〕晉于今西泉縣置晉昌郡　「昌」，底本脱，萬本同，據宋版、庫本、嘉慶重修一統志卷二三八漢中府引本書及魏書卷一〇六地形志下補。

〔一一〕魏復移于今縣置晉昌郡　「復」，底本作「後」，萬本同，庫本脱，據宋版及嘉慶重修一統志漢中府引本書改。

〔一二〕其地屬明月鄉至故號爲明月池　「地」，萬本、庫本同，宋版作「池」。「號爲」，底本作「名」，據宋版、萬本、庫本改。

〔一三〕漢爲縣　按兩漢無龍亭縣，後漢書卷七八蔡倫傳：「元初元年，鄧太后以倫久宿衛，封爲龍亭侯。」即此。魏書地形志下晉昌郡龍亭縣，本書洋州總序謂後魏正始中立龍亭縣，是也。

〔一四〕駱谷水出此谷　「此」，底本作「北」，萬本、庫本同，據宋版及輿地紀勝洋州引水經注改。水經沔水注：「洛谷水北出洛谷。」按「洛」與「駱」通。

〔一五〕洮之追兵疾路至此　「疾」，底本作「截」，萬本同，據宋版、庫本、輿地紀勝洋州引本書改。

〔一六〕準今年二月勅洋源縣爲鄉以五里地隸鄰近諸邑　按唐會要卷七一州縣改置下：寶曆元年九月，山南西道節度使裴度奏，「廢洋源縣爲鄉五。」與此異。「五」，底本作「其」，據宋版、萬本、中大本、庫本改。「諸」，底本係於「隸」下，據宋版、萬本、庫本及嘉慶重修一統志漢中府引本書乙正。

〔一七〕巴嶺山在舊縣南十里　底本脱，萬本、庫本同，據宋版及輿地紀勝洋州引本書補。

〔一八〕武子山在今縣南二里　底本脱，萬本、庫本同，據宋版補。

〔一九〕文帝　底本脱，據宋版、萬本、庫本、傅校及元和郡縣圖志洋州補。

〔二〇〕在縣西十里　底本「十」上衍「四」字，據宋版、萬本、中大本、庫本删。元和郡縣圖志洋州謂在黄金縣西九里。

〔二一〕後漢建安二十三年蜀先主分巴郡置宕渠郡　「二十三年」，輿地紀勝卷一六二渠州總序引元和郡縣圖志謂宕渠郡置於後漢建安末，引本書謂在建安二十四年（本書卷一三六渝州總序作「二十一年」），引續通典謂在建安二十三年。「郡」，底本作「縣」，據萬本、中大本、庫本及輿地紀勝渠州總序改。

〔二二〕大同三年　「大同」，輿地紀勝渠州總序引元和郡縣圖志作「大通」。

〔二三〕西北至合州水路約四百里　按渠州治流江縣，即今四川渠縣；合州治石鏡縣，即今合川縣，位於渠州西南，此「西北」蓋爲「西南」之誤。

〔二四〕鐵　萬本、庫本皆作「鐵器」。

〔二五〕涅水　「涅」，輿地紀勝渠州引元和郡縣圖志同，又引本書作「淏」，萬本、庫本及嘉慶重修一統志卷四〇九綏定府引本書作「涅」，傅校同，未知孰是。下文「涅水」條，「涅」改同「涅」。

〔二六〕理渠江縣　「理」，底本作「領」，據萬本、中大本、庫本改。嘉慶重修一統志卷三九四順慶府引本書作「治」，即「理」。

〔二七〕乾德六年　按元豐九域志卷七、宋會要方域七之六、輿地紀勝卷一六五廣安軍引國朝會要皆作「開寶二年」，當是。下渠江縣、新明縣序云「乾德六年割屬廣安軍」，「乾德六年」應作「開寶二年」。

〔二八〕後漢又爲賨城縣地　隋書地理志上：賨城縣，「舊曰始安，開皇十八年改焉。」本書下文亦云：梁普通三年置始安縣，「隋開皇十八年改爲賨城縣。」未聞後漢置有賨城縣，此誤。華陽國志卷一巴志：「宕渠蓋爲故賨國，今有賨城、盧城。」則爲古賨城地。

〔二九〕索越洲　「越」，底本作「鉞」，萬本同，據庫本、嘉慶重修一統志卷三九四順慶府引本書改。

〔三〇〕元十二鄉　「二」，萬本、中大本、庫本皆作「一」，傅校改同，此「二」蓋爲「一」字之誤。

〔三一〕蒙溪水　庫本同，萬本此下有「一名岳池水」，按輿地紀勝廣安軍引本書無，恐誤。

太平寰宇記卷之一百三十九

山南西道七

巴州　蓬州

巴州

巴州，清化郡。今理化城縣。古巴國地，所屬與達州同。在漢即巴郡宕渠縣地，後漢分宕渠北界置漢昌縣，即今州理也。按四夷縣道記云：「至李特孫壽時，有羣獠十餘萬從南越入蜀漢閒，散居山谷，因流布在此地，後遂爲獠所據。」歷代羈縻，不置郡縣。至宋，乃于巴嶺南置歸化、北水二郡，〔一〕以領獠户，歸化郡即今理是也。齊因之。梁置歸化、木門二郡。後魏正始元年，梁州刺史夏侯道遷以其地内屬，于是分其地于漢昌縣理所置大谷郡，帶防兵以鎮撫之。延昌三年于大谷郡北置巴州，〔二〕蓋取古巴國以爲名。隋大業三年改巴州爲清化郡。唐武德元年改爲巴州，領化城、曾口、清化、盤道、永穆、歸仁、始寧、其章、安固、伏虞、恩陽、白石、符陽、長池十四縣；其年以符陽、長池、白石屬集州，以安固、伏虞屬蓬州，清化屬靜州；二年割歸仁、永穆置萬州。貞觀元年廢萬州，以歸仁來屬。天寶元年改爲清化郡。乾元元年復爲巴州。

元領縣九。今六：化城，恩陽，曾口，其章，清化，七盤。三縣廢：歸仁，併入曾口。始寧，同上。盤道。併入清化。

州境：東西一百二十里。南北一百四十里。

四至八到：東北至東京三千六十四里。東北至西京二千八十里。東北取巴嶺路至長安一千二百二十里。東至壁州九十里。西至閬州二百一十里。南至蓬州一百六十里。北至集州二百三十七里。東南至達州三百七十里。西南至蓬州二百一十里。東北至壁州界五十五里。西北至集州一百八十里。

户：唐開元户三萬二百一十八。皇朝户主一千九十三，客七千六百五十九。

風俗：同峽州。

人物：無。

土産：紬，綿，白藥，巴戟天，茶。按廣雅云：「荆、巴間採茶作餅成，以米膏出之。〔三〕欲煮餅，先炙令色赤，搗末置瓷器中，以湯澆覆之，用葱薑芼之，即茶始説也。」又段氏蜀記云：「巴州以竹根爲酒注子器，〔四〕爲時珍貴也。」

化城縣，舊十九鄉，今九鄉。本漢宕渠縣地，後漢分置漢昌縣，屬宕渠郡。梁普通六年于梁大溪西三里置梁大縣，〔五〕屬大谷郡。按後周地圖記云：「大象二年改梁大縣爲化城縣，以縣南三里化城山爲名。」〔六〕

龍腹山，胡鼻山，黄牛山，以上三山皆在郡界。

虎牙山。郭璞江賦：「虎牙嵥豎以屹崒，其山臨江，高踰萬仞。」

白馬穴。九州要記云：「即黄牛山，有穴，昔有白馬奔出，故名。」

北水，一名巴嶺水，一名渝川水，一名宕渠水，西北自集州難江界流入南。水經注云：「北水又東，與難江水合。」

靈壽溪，姜詩泉，二水皆在郡界。

恩陽縣，西南四十一里。〔七〕舊七鄉，今五鄉。本漢閬中縣地，梁普通六年分閬中置義陽郡，又于郡置義陽縣，因界内山爲名，屬巴州。後魏以郡屬江州。恭帝改江州爲萬州。〔八〕後周天和二年廢萬州，以郡屬巴州。隋開皇三年罷郡，十八年改義陽縣爲恩陽縣。

義陽岳山，在縣南一里。

清水，北自清化縣界來，至縣西北又屈曲而東流，經縣北八十步，又東流入化城縣界。

曾口縣，東南四十里。元六鄉。〔九〕本漢宕渠縣地，宋末于此置歸化郡，以撫獠户。梁普通六年于郡理置曾口縣，以曾口谷爲邑名。後魏因而不改。隋開皇三年廢郡，以曾口屬巴州。

北水，自化城縣界入，東南流經縣理西，又東南經縣理南，又東入歸仁縣界。

廢歸仁縣，在縣東八十里。本漢宕渠縣地。梁普通六年于此置平州縣，屬遂寧郡，因縣界平州水爲名。後魏不改。隋開皇三年罷郡，以縣屬巴州，九年改平州縣爲歸仁縣。皇朝乾德四年併入曾口。

木蘭山，在縣西二十五里。

北水，西北自曾口縣界來，東南流經縣南一里，又東南流入永穆縣界。

平州水，東北自廣納縣界來，南流經縣東五里，〔一〇〕又南合北水。

其章縣，東三十里。舊七鄉，今四鄉。本漢葭萌縣地，梁武帝普通六年于此置哀戎郡，以界内哀戎水爲名，又置其章縣，以縣東八里其章山爲名。按其章山，一名隆城山。隋開皇三年罷郡，以縣屬巴州。唐寶曆七年又廢，尋又置。

渝溪，源出縣東北三十五里平地，東南流，與思賴水合，又東南入始寧縣。

廢始寧縣，在縣東南十五里。本漢宕渠縣地，梁普通六年于此置遂寧郡，又於郡理置始寧縣，因山爲名。隋開皇三年罷郡，以縣屬巴州。唐貞觀八年移于今理。皇朝乾德四年併入其章縣。

始寧山，在縣東北七里。

渝溪水，西北自其章縣界來，南流經故縣東南，又東南流經縣北三里，又東南經始寧山東南，與思賴水合。

清化縣，東北六十里。舊三鄉，今六鄉。〔二〕本漢葭萌縣地，梁普通六年於今縣北二十里置木門郡，又於郡置伏强縣，並因山爲名。隋開皇中罷郡，以縣屬巴州，七年改伏强縣爲清化縣。唐武德元年于此置靜州，六年移州就理地平縣。貞觀元年，清化縣自木門城移于今理。

木强山，〔三〕在縣北一百步。

清水，北自地平縣來，南流經木門城東，又南經縣理。

東遊水，東北自地平縣來，西南流經木門山，又西南合清水。

廢盤道縣，在縣東四十里。本漢宕渠縣地，宋末於今縣西南十里置北水郡。梁普通六年於北水郡置難江縣，因難江水爲名。梁末其地内屬。後魏恭帝三年改難江縣爲盤道縣，因龍腹山道路盤曲爲名。隋開皇三年罷郡，以縣屬巴州。唐貞觀十一年自故城移縣于今理。寶曆四年又廢之，〔一三〕以其地併入恩陽縣。長慶中復置。國朝乾德四年併入清化縣。

龍腹山，在縣西九里。

北水，西北自難江縣界入。難江水，北自難江縣來，至縣北方合北水。

七盤縣，西北一百二十里。元四鄉。唐久視元年於七盤山東南立，因山爲名。

蓬州

蓬州，咸安郡。今理蓬池縣。禹貢梁州之域。古巴國之地，土地所屬與達州同。漢爲宕渠縣，〔一四〕即益州巴郡地。晉又爲巴西郡地。宋末屬歸化郡。梁大同元年于此置伏虞郡，又北置安固縣，以屬巴州。尋入後周，故周地圖記云：「天和四年割巴州之伏虞郡、隆州之隆城郡，于此置蓬州，因蓬山以爲名。」隋初郡廢，大業中州廢。唐武德元年割巴州之安固伏虞、〔一五〕隆州之儀隴大寅、渠州之宕渠咸安等六縣置蓬州，因周舊名，三年以儀隴屬方州，〔一六〕尋復來屬。天寶元年改爲咸安郡。至德二年改爲蓬山郡。乾元元年復爲蓬州。

元領縣七。今六：蓬池，良山，儀隴，伏虞，蓬山，朗池。一縣廢：宕渠。入良山。

州境：東西一百五十里。南北一百八十七里。

四至八到：東北至東京二千二百里。東北至西京二千二百九十里。東北取巴嶺路至長安一千四百四十里，取閬州路一千七百六十里。東至達州四百四十里。南至渠州一百九十里。西至閬州二百里。北至巴州二百一十里。東南至開州六百八十里。西南至果州二百八十里。正東微南至達州三百二十里。西北至渠州官路二百一十里。〔一七〕東北至壁州三百六十里。西北至利州五百五十里。

户：唐開元户一萬五千五百七十六。皇朝户主六千一百四十四，客一萬六千五十六。

風俗：雜以獠户。

人物：無。

土産：山高水險，不生藥物。

蓬池縣，元六鄉。本漢閬中縣地，梁天監元年分閬中之地置大寅縣，取邑西大寅山爲名，屬蓬州。隋大業三年廢蓬州，縣屬巴西郡。唐武德元年復屬蓬州。廣德元年改曰蓬池，取蓬水以爲名。

龍章山，在縣東南三里。四時常有花發。

驗江水，一名流江水，西來自儀隴縣界，東流經縣理北，又東南流入良山縣。

東華山，在縣東三十五里。

扶六水，自儀隴縣西北流入，有六澗水相扶合流，因此爲名。

聖水，出縣東北二十里龍鮫山。土人浴蠶，即倍有獲。

火井，在縣西南三十里。水涸之時，以火投其中，焰從地中出，〔一八〕可以禦寒，移時方滅。若掘深一二丈，頗有水出。

良山縣，東七十二里。元二鄉。本漢宕渠縣地，梁大同元年分宕渠之地以置安固縣，取安靜永固爲名，屬伏虞郡。隋開皇三年罷郡，以縣屬蓬州。大業初州廢，以其地併入宕渠。〔一九〕唐武德元年于縣理置蓬州。開元二十九年州自此移理蓬池縣，〔二〇〕改安固縣爲良山縣。元和中又廢。大中年又置。皇朝乾德三年併宕渠縣入焉。

大蓬山，在縣東南三十里，與小蓬山相去二里。

綏山。按列仙傳云：「葛由者，蜀之羌人，周成王時，刻木爲羊賣之。一旦，〔二一〕乘木羊入蜀。蜀中王侯貴人追之，〔二二〕上綏山。」山在安固縣東三十里，隨之者皆得仙術。

消水，〔二三〕北自伏虞縣流入，經縣東一里，東南入宕渠縣。

流江水，在縣西南二十一里。

廢宕渠縣，在州東一百里。本漢舊縣，屬巴郡。梁太清元年於此置景陽郡及宕渠縣，因縣界山爲名。隋初郡廢，而縣存，割隸蓬州。按縣城置在長樂山上。唐寶曆元年又併入蓬山縣。〔二四〕大中年又置。

居崇山，在縣西一里。

消水，北自縣界南流經縣西一十里，又西南流入蓬山縣界。

儀隴縣，西北六十里。元六鄉。本漢閬中縣地，梁天監元年于此置隆城郡，因隆城山爲名，及儀隆縣。隋開皇三年郡廢，以縣屬蓬州。唐武德三年割屬方州，八年廢方州，〔二五〕復屬蓬州。縣城元在金城山頂，四望懸絶，石壁高八十丈，周迴五里，惟西南稍通人馬。開元二十六年移于山下平溪，即今理也。大曆初以廟諱，改爲儀隴縣。

儀隴山，在縣西三十里。山頂有石，銘儀隴二字。俗謂之赤葛山，流江之水出焉。

金城山，在縣北。上平下聳。

龍望山，在縣東十里。其山有神祠，號「龍望神」。

鼈水，在縣西北三十里，出鼈池。〔二六〕

伏虞縣，東北六十里。元四鄉。本漢宕渠縣地，梁大同中于今縣東三十里分置宣漢縣，屬義安郡。隋開皇三年廢郡，以縣屬蓬州；至十八年改宣漢爲伏虞縣，以界内伏虞山爲名。

大業三年廢州，屬清化郡。唐武德元年復屬蓬州，移理于山頂上。開元末，百姓請去險就平，遂西南移于消水側置縣，今縣是也

靈星山，在縣南七里。高千餘尺，消水，〔二七〕源出此山北，東南流入良山縣界。

宣漢水，源出今縣東四十里頂山，東流經舊縣南七里，又東流入良山縣界。

蓬山縣，東南九十里。元五鄉。本漢宕渠縣地，梁大同中于此置綏安縣，屬景陽郡。隋開皇三年罷郡，以縣屬蓬州，十八年改爲咸安縣。唐至德二年改爲蓬山縣，以縣界内山爲名。

景陽山，在縣東南十六里。

流江水，西自蓬池縣界來，南流經縣南一百步，又東流入渠州流江縣界。

消水，自縣東十五里南流注流江縣水。〔二八〕

菩薩山，在縣東三十里。

三角山，在縣南三十里，〔二九〕山形有三角。

石雞翁山，在縣西南六十里，有石如雞。又果州有石如雞母。二山相對去五里。

朗池縣，南三十五里。元六鄉。本漢宕渠縣地，梁大同中于此置縣。唐武德四年，劍南道大使竇軌割果州相如縣地置，〔三〇〕以臨古朗池爲名。寶應元年，租庸使徐演奏自果州割屬蓬州。大曆五年遭狂賊焚燒，自後權置行縣，未立城壁。貞元元年移于營山歇馬館爲理，

即今縣是也。

營山，在縣西南一里。

披衣山，在縣西南六十里。天將雨，山上雲霧馳曳，如披衣焉。〔三〕山上有雲山寺，寺中有池，去果州嘉陵江三十里，江水或淺，其池亦淺，江水或漲，其池亦漲，號天生池。其山又有清溪之水出焉。

銅鼓山，在縣西南，連閬州新政縣。

嘉陵江，在縣西七十五里。

卷一百三十九校勘記

〔一〕歸化北水二郡　「北水」，輿地紀勝卷一八七巴州總序引元和郡縣圖志及本書作「水北」，未知是否。

〔二〕于大谷郡北置巴州　「北」，嘉慶重修一統志卷三九一保寧府引本書同，萬本、庫本作「地」，傅校改同。

〔三〕荆巴間採茶作餅成以米膏出之　「間」，底本作「閬」，萬本、庫本同；「米」，底本作「來」，皆據輿地紀勝、宋本方輿勝覽卷六八巴州引廣雅改。萬本、庫本皆脱「成以米膏出之」六字，誤。

〔四〕巴州以竹根爲酒注子器　「子」，萬本、庫本作「於」。按輿地紀勝巴州引段氏蜀記作「子」，無「器」字，宋本方輿勝覽引作「巴州以竹根爲酒注」，無「子器」二字。

〔五〕梁普通六年于梁大溪西三里置梁大縣　「大」，萬本同。按隋書卷二九地理志上：「化成，梁曰梁廣。」輿地廣記卷三二巴州化城縣序同，此「大」爲避隋煬帝諱而改。

〔六〕以縣南三里化城山爲名　庫本、嘉慶重修一統志保寧府引本書同，萬本無「三里」二字，誤。

〔七〕西南四十一里　「南」，底本作「北」，萬本、庫本同。按元豐九域志卷八巴州恩陽縣：「州西南三十里。」輿地紀勝巴州同。按巴州治化城縣，即今四川巴中縣，恩陽縣即今恩陽鎮，位於巴中縣西南，此「北」爲「南」字之誤，據改。

〔八〕萬州　「萬」，底本作「方」，萬本、庫本作「萬」，傅校改同。王仲犖北周地理志卷四：「按隋志通川郡，梁置萬州，西魏曰通州，此梁置之萬州，置於今四川達縣者也。西魏改梁置萬州爲通州，又於此置萬州，此置於四川巴中縣西北（應作「南」）當時之義陽縣者也。此萬州廢，北周復於今四川達縣西北之永康縣置萬州，隋開皇三年廢。梁、西魏、北周三萬州各異地。」此「方」爲「萬」字之誤，據改。下同。

〔九〕元六鄉　「六」，底本作「四」，據萬本、中大本、庫本及傅校改。

〔一〇〕南流經縣東五里　「五」，庫本同，萬本作「一」。

〔一二〕今六鄉　「六」，萬本、中大本、庫本皆作「七」，此疑誤。

〔一三〕木强山　「木」，萬本同，庫本作「伏」。隋書地理志上：清化縣，「有伏强山。」嘉慶重修一統志卷三九〇保寧府引本書作「木强山」，云：「木彊，即伏强也。」

〔一三〕寶曆四年又廢之　「四年」，萬本、中大本、庫本作「九年」，傅校改同。按寶曆僅二年，無「四年」、「九年」，新唐書卷四〇地理志四作「元年」，本書下文云「長慶中復置」，長慶在寶曆之前，豈有廢在後，復置在前？此「寶曆」疑爲「大曆」之誤。

〔一四〕漢爲宕渠縣　按唐宋蓬州治蓬池縣，在今四川儀隴縣東南，漢宕渠縣在今渠縣東北，非一地，太平御覽卷一六八引十道志、輿地紀勝卷一八八蓬州引元和郡縣圖志云漢宕渠縣地，是也，此脱「地」字。

〔一五〕武德元年　「元年」，萬本、庫本及舊唐書卷三九地理志二、新唐書地理志四同，中大本作「七年」，輿地紀勝蓬州引本書同。

〔一六〕方州　新唐書地理志四、輿地廣記卷三二蓬州同，舊唐書地理志二作「萬州」。參見本卷校勘記〔二五〕。

〔一七〕西北至渠州官路二百一十里　按渠州治流江縣，即今渠縣，位於蓬州東南，元豐九域志：蓬州，「東南至本州界一百二十里，自界首至渠州七十里。」此「西北」誤。

〔一八〕以火投其中焰從地中出　嘉慶重修一統志卷三九三順慶府引本書同，輿地紀勝蓬州引本書作「以藁投之，輒於井中出煙焰」，與此別。

〔一九〕以其地併入宕渠　萬本、庫本皆無此文。按隋書地理志上謂大業初廢蓬州，安固縣仍存，嘉慶重修一統志卷三九四順慶府引本書作「大業中蓬州併入宕渠」，則此「地」宜作「州」。

〔二〇〕州自此移理蓬池縣　「州」，底本脱，據萬本、庫本、嘉慶重修一統志卷三九四順慶府引本書、傅校及輿地紀勝蓬州引元和郡縣圖志補。

〔二一〕一旦　「旦」，底本作「日」，據萬本、庫本及搜神記卷一改。

〔二二〕蜀中王侯貴人追之　「中」，底本作「之」，據萬本、庫本及搜神記卷一改。「貴人」，底本作「賓」；「追之」，底本作「之追」，萬本、庫本同，皆據萬本及搜神記卷一改乙。

〔二三〕消水　「消」，底本作「淯」，據萬本、中大本、庫本、嘉慶重修一統志卷二九三順慶府引本書及傅校改。輿地紀勝蓬州作「逍」。

〔二四〕寶曆元年　「元年」，底本作「七年」，萬本、庫本同。按寶曆僅二年，據新唐書地理志四改。

〔二五〕唐武德三年割屬方州八年廢方州　「方州」，萬本同，庫本作「萬州」。按新唐書地理志四：儀隴縣，「武德三年以縣置方州，八年州廢。」輿地廣記蓬州同，則非割屬方州，而是以縣立方州。舊唐書地理志二：儀隴縣，「武德二年屬萬州。」同庫本，而差一年。

〔二六〕䶮水在縣西北三十里出䶮池　二「䶮」字，底本作「鼈」，據萬本、庫本、輿地紀勝蓬州、嘉慶重修一統志卷二九三順慶府引本書及傳校改。「池」，底本脱，萬本同，據中大本、庫本、輿地紀勝、嘉慶重修一統志引本書及傳校補。

〔二七〕消水　「消」，底本作「洧」，據萬本、中大本、庫本、嘉慶重修一統志卷二九三順慶府引本書及傳校改。參見本卷校勘記〔三〕。

〔二八〕自縣東十五里南流注流江縣水　嘉慶重修一統志卷二九三順慶府引本書作「西南經蓬山縣東十五里，又南流注流江水」。按流江水即今四川儀隴縣南、營山縣北之儀隴河，消水即今儀隴縣東、營山縣東北之消水河，自北而南流注入儀隴河，此「縣」字衍。

〔二九〕在縣南三十里　「南」，輿地紀勝蓬州引本書作「東」，未知是否。

〔三〇〕竇軌　「竇」，底本作「寶」，萬本、庫本同，據嘉慶重修一統志卷二九四順慶府引本書及舊唐書卷六一、新唐書卷九五竇軌傳改。

〔三一〕山上雲霧馳曳如披衣焉　嘉慶重修一統志卷三九三順慶府引本書同，輿地紀勝蓬州引本書作「山上雲氣溶洩如披衣」，與此別。

太平寰宇記卷之一百四十

山南西道八

集州　壁州

集州

集州，符陽郡。今理難江縣。土地所屬與達州同。今州即漢巴郡宕渠縣地。晉巴西郡。永寧中，李特王蜀，其地屬焉。後魏景明中于巴嶺南置洋川、其章、平素三郡。大統中，山南覆没。梁武帝大同中又于巴嶺側立安寧、敬水、平南三郡，仍立東巴州以領三郡，州理在木馬。按木馬地名在今洋州界，無復遺址。後魏恭帝二年改東巴州爲集州，〔一〕以東北集川水爲名，人户寡少，寄理梁州。後周天和五年移集州于巴嶺南，即今州理。領平桑、其章、安寧、敬水、平南五郡。隋開皇三年罷所領郡，立集州，領難江、曲細、符陽、白石四縣。

大業三年廢集州，〔二〕以難江屬漢川郡，以長池、舊名曲細。符陽、白石三縣屬巴州，仍于廢集州城置公山鎮。唐武德元年廢鎮，復于難江縣置集州，仍割巴州之符陽、長池、白石三縣來屬，又置平桑縣，凡領五縣；八年以符陽、白石屬壁州。貞觀元年廢平桑縣，二年又置，六年又省平桑、長池二縣，八年復割壁州之符陽來屬，十七年又割廢静州之地平縣來屬。天寶元年改爲符陽郡。乾元元年復爲集州。

元領縣四。今二：難江，嘉川。二縣廢：大牟，併入難江。通平。併入嘉川。

州境：東西一百九十一里。南北一百九十六里。

四至八到：東北至東京約二千八百里。東北至西京一千九百里，取地平縣至利州驛路二千六百里。東北取巴嶺路至長安一千四百里。東至壁州取符陽縣路二百七十里。正南微西至巴州一百八十里。西至利州三百里。北至興元府二百七十里。東南至壁州五百里。西南至巴州一百八十里。西北至利州界二百五十里。東北至洋州四百里。

户：唐開元户四千三百五十三。皇朝户主二千七百一十三，客三千二百三十五。〔三〕

風俗：同梁州。

人物：無。

土產：小絹，藥子，蜜，蠟。

難江縣，舊七鄉，今十鄉。〔四〕本漢宕渠縣地，周天和五年于此置難江縣，因江水難涉，故以難江爲名。隋大業中屬漢川郡。唐武德元年于縣理置集州。

小巴嶺，在縣東北一百三十里。周地圖云：「此山之南，即古之巴國。其嶺上多雲霧，盛夏猶有積雪。又有北水，源出此山。」

難江水，源出縣東小巴嶺，南流經縣東二十里，入盤道縣界。故水經注云：「難水出小巴山。」

平桑水，源出縣西三十五里。

方石城，本因流離人聚居，謂之流離城也。

廢大牟縣，在州西南一百一十里。本漢葭萌縣地，隋爲清化縣地，〔五〕唐武德元年分清化縣西界置大牟縣，取縣東三里大牟山以爲名，屬靜州。貞觀十七年割屬巴州。永泰元年割屬集州。縣在巴州北六十里。皇朝乾德五年併入難江縣。

思遠山，在縣西北三十里。有曾溪水，源出此山，東北流注與峻水合。

嘉川縣，西一百二十二里。〔六〕元三鄉。本漢葭萌縣地，宋武帝于此置宋熙郡及興樂縣。後入于魏，至恭帝元年改興樂爲嘉川縣，取嘉陵江所經爲名。隋開皇三年罷郡，以縣屬利州。唐貞觀二年改屬靜州，十七年復屬利州。永泰元年割屬集州。

每母山，一名大胡山，在縣西四里。

東遊水，一名宋熙水，自三泉縣界西南流，〔七〕又合西遊水，又屈曲東南流經縣東一百一十步，又西南流入義清縣界。

胡度水，〔八〕一名隋水，〔九〕西自利州綿谷縣界流入，東流與宋熙水合。

廢通平縣，在州西一百一十五里。梁大通六年于此置池川縣，〔一〇〕屬木門郡。隋開皇三年省池川縣入伏强，七年改伏强爲清化縣。唐武德元年分清化西北界置狄平縣，屬静州；二年改爲地平縣，取天成地平之義；七年以静州自木門故城移理于此。貞觀十七年廢静州，以縣屬集州。永泰元年改爲通平縣。皇朝乾德五年併入嘉川縣。

龍腹山，在縣東一里。

高城戍，在縣東二十六里。又有清水，北自難江縣界流經高城戍，又南入清化縣界。

壁州

壁州，始寧郡。今理通江縣。禹貢梁州之域。歷代土地所屬與巴州同。本漢宕渠縣地，後魏大統中于今州理置諸水縣，屬遂寧郡。隋開皇三年省諸水縣入始寧縣。大業三年以始寧縣屬巴州。唐武德八年分始寧縣之東境，于後魏諸水城再置諸水縣，仍于縣理立壁州，以縣西一里壁山爲名。又割集州之白石、符陽二縣來屬。貞觀元年廢萬州，割廣納縣來屬，八年復以符陽屬集州。〔二〕天寶元年改爲始寧郡。乾元元年復爲壁州。

元領縣五。今三：通江，白石，符陽。二縣廢：廣納，東巴。并併入通江。

州境：東西二百六十里。南北三百八十里。

四至八到：東北至東京三千四百里。東北至西京三千里。北取洋州路至長安二千里。北至洋州興道縣五百四十里。西至巴州一百五十里。南取廣納路至巴州歸仁縣一百七十八里。東至所管東巴縣二百三十里，縣東與通州東鄉縣接界。東南至通州三百七十里。

户：唐開元户一萬二千三百六十八。皇朝户主七百二十九，客二千一百三十七。

風俗：同蓬州。

人物：無。

土産：麻布，絲布，綿，紬，蠟，〔三〕馬鞭。貢。段氏蜀記云：「壁州進貢鞭，諸道不及。」

通江縣，舊十六鄉，今六鄉。本漢宕渠縣地，後漢分置宣漢縣。梁武帝分宣漢置始寧縣。後魏分始寧置諸水縣，因縣南諸水爲名。唐武德七年省，八年再置縣並州于此。天寶元年以邑枕巴江，故爲通江縣。

哥籟山，在縣東七十里。上有城，甚險峻。

巴字水，巴江有二水，並流自漢中，至城下入武陵，曲折如「巴」字，〔一三〕故曰巴江。今峽中謂之巴峽，即此水也。

牛頭山，四絶爲衆山之望。

廢廣納縣，在州南五十里。舊二鄉。亦漢宕渠縣地，復爲始寧、歸仁二縣地，唐武德三年析二縣之地置廣納縣，〔一四〕以縣界廣納溪爲名。寶曆元年九月，山南西道節度使裴度奏廢縣爲鄉六，〔一五〕並入白石、諾水二縣。大中初復置。皇朝乾德四年併入通江。

平州水，北自通江縣界來，南流經縣理西，與廣納溪水合。

廢東巴縣，〔一六〕在州東一百四十里。二鄉。本漢宕渠地，唐開元二十三年，壁州三縣耆老狀論太平曲水王福村界東南連通州，即爲浮遊所集，州縣不便理，請置邑就以撫之，由是勑許置太平縣，因取彼太平川以爲名。天寶十年改爲東巴縣，〔一七〕以處巴江之東爲名。皇朝乾德四年併入通江。

白石縣，東北一百里。元四鄉。亦宕渠縣地，後魏廢帝于今縣西南十五里立白石縣，因界内白石川爲名，屬其章郡。隋開皇三年廢郡，以縣屬集州。大業三年廢集州，以縣屬巴州。唐武德七年自魏所置縣移于今縣東南一里，屬渠州，八年改爲壁州。證聖元年又移于今理。縣城南枕大溪，北臨小澗。

青水，一名白石水，東北自洋源縣界流入，西南流與諸水合。

符陽縣，北七十里。舊八鄉，今六鄉。本漢縣，屬巴郡。〔八〕晉、宋廢爲宣漢縣地。後魏正始中置其章郡，領符陽縣，亦無人户，寄理渠州。後周天和五年開拓此地，移其章郡及縣理于此。隋開皇三年罷郡，以縣屬集州。大業三年廢集州，以縣屬巴州。唐武德元年又置集州，縣依舊屬焉。

思公山，在縣北二百里。其山最峻，思公水源出此山，南流經縣理西，又南入通江縣界。又有思公城。

符水，源出縣東南三百步，西流經縣南九十步，又西流入思公水。

卷一百四十校勘記

〔一〕後魏恭帝二年改東巴州爲集州　按周書卷二文帝紀下載，魏廢帝三年改東巴州爲集州，與此異。

〔二〕大業三年「三年」，萬本、中大本、庫本、嘉慶重修一統志卷三九一保寧府引本書皆作「二年」，傅校改同。後壁州白石縣、符陽縣序同。

〔三〕客三千二百三十五　「五」，底本作「九」，據萬本、中大本、庫本及傅校改。

〔四〕今十鄉　「十」，底本作「九」，據萬本、中大本、庫本及傅校改。

〔五〕隋爲清化縣地　「爲」，底本作「有」，萬本、庫本同，據輿地紀勝卷一八七巴州、嘉慶重修一統志卷三九一保寧府引本書改。

〔六〕西一百二十二里　「一百二十二」，萬本、庫本作「二百三」，中大本作「二百二」，嘉慶重修一統志卷三九一保寧府引本書作「一百五十」。按集州治難江縣，即今四川南江縣，嘉川縣即今旺蒼縣西南嘉川鎮，東北去集州治里數與萬本、中大本、庫本所載合，此誤。

〔七〕自三泉縣界西南流　嘉慶重修一統志卷三九〇保寧府引本書同，萬本、庫本「流」下有「入」字。

〔八〕胡度水　萬本據水經注改爲「濩溪水」。按水經漾水注：「漢水又東，與濩溪水合，水出獠中，世亦謂之爲清水也。」據嘉慶重修一統志卷三九〇保寧府釋，濩溪水即今閬中縣東枸溪河，其逕流與此河不同，萬本改誤。

〔九〕隋水　「隋」，萬本、中大本、庫本皆作「清」，傅校改同，此「隋」蓋爲「清」字之誤。

〔一〇〕大通六年　「大通」，萬本、庫本同，嘉慶重修一統志卷三九一保寧府引本書作「大同」。

〔一一〕復以符陽屬集州　「屬」，底本作「入」，據萬本、傅校及舊唐書卷三九地理志二改。

〔一二〕蠟　底本作「蜜」，據萬本、庫本、嘉慶重修一統志卷三九二保寧府引本書及傅校改。

〔一三〕曲折如巴字　萬本同，中大本、庫本「折」下有「三曲」二字，傅校補「二曲」二字。

〔一四〕武德三年「三年」，底本作「二年」，萬本、庫本同，據嘉慶重修一統志卷二九一保寧府引本書及舊唐書地理志二、新唐書卷四〇地理志四改。

〔一五〕山南西道節度使裴度奏廢縣爲鄉六　「六」，底本脱，萬本同，據庫本、傅校及唐會要卷七一州縣改置下補。

〔一六〕東巴縣　通典卷一七五州郡五、新唐書地理志四、輿地紀勝巴州同，萬本、庫本及舊唐書地理志二、唐會要州縣改置下作「巴東縣」。

〔一七〕天寶十年　舊唐書地理志二、新唐書地理志四及唐會要州縣改置下皆作「天寶元年」，此「十年」疑爲「元年」之誤。

〔一八〕本漢縣屬巴郡　按符陽縣置於北魏，兩漢巴郡無此縣，此當誤。

太平寰宇記卷之一百四十一

山南西道九

金州　商州

金州

金州，安康郡。今理西城縣。禹貢梁州之域。昔虞舜嘗居之，謂之嬀墟，帝王世紀謂之姚墟，即此也。歷夏、殷，州不改，周禮職方氏省梁并雍，〔一〕又爲雍州之域。于周爲庸國之地。戰國時爲楚附庸地，〔二〕後爲楚所滅，復爲楚地。秦惠文王攻楚，取漢中地，置漢中郡，今州即漢中郡之西城縣也，以地臨漢水，境枕秦川，〔三〕故爲秦楚之地焉。三國志云：「建安二十年分漢中之安陽、西城爲西城郡。」後地入蜀，蜀以申儀爲西城太守。後申儀降魏，魏文帝使復守之，因改爲魏興郡，移理洵口。晉太康二年移理錫縣，今豐利界東魏興故城是也，三年又改理平陽縣，〔四〕今廢黄土縣東平陽故城是也。至元康中又移理錫縣，今均州鄖鄉縣也。〔五〕其封何曾爲西城侯，亦此地也。永嘉後復移理西城故城。宋末分魏興之安康縣置安康郡。〔六〕齊不改。梁于魏興郡置北梁州，尋改爲南梁州。按後魏正始元年，北梁州長史夏侯道遷舉漢中歸魏，魏以漢中遺民在東垂者居此，由是改爲魏興郡。又按梁州記：「後魏合華陽、金城二郡爲忠誠郡，領亭鄉、〔七〕錫城、金川三縣。」即此地。孝昌三年于安康郡置東梁州。西魏大統元年，梁將蘭欽東伐取南鄭，其魏興等諸郡還梁。梁罷梁州。廢帝元年，大將軍達奚武吞併山南，東梁州刺史李遷哲降魏，魏又于魏興置東梁州；三年因其地出金，改爲金州，仍領魏興郡。後周天和四年省西城縣，仍移吉安縣理西城廢縣廨。隋開皇三年罷郡，所領縣並屬金州。大業二年改吉安爲金川縣，三年罷州，爲西城郡。唐武德元年復爲金州，領西城、金川、洵陽、石泉、安康五縣；其年割洵陽置洵州，又分置洵城、驢川二縣，洵州凡領三縣，又置平利縣屬金州，分安康置西安州，又立寧都、〔八〕廣德二縣隸西安州；二年改安州爲直州；三年金州置總管府，管金、井、〔九〕直、洵、洋、南豐、均、漸、〔一〇〕遷、房、重、順十二州；七年廢洵州，以洵城、洵陽、驢川三縣來屬。貞觀元年廢直州，又省寧都、廣德，以安康來屬，仍省驢川縣；八年省洵城縣，又以廢上州之廢黄土縣來屬。天寶元年改爲安康郡。至德二年改爲漢南郡。乾元元年復爲金州。晉天福四年升爲懷德軍節度使，九年降爲防禦州。至皇朝乾德四年改爲昭化軍節度使。

元領縣六。今五：西城，平利，洵陽，漢陰，即安康。〔一二〕石泉。一縣廢：淯陽。入洵陽。

州境：東西四百里。南北二千里。

四至八到：東北至東京一千九百里。北至西京取庫谷路一千五百四十里，取藍田路一千八百六十里。北至長安取庫谷路六百八十里，取藍田路一千里。東至均州七百二十里。南至夔州五百一十四里。西至洋州五百里。北至京兆府界五百六十六里。東南至房州五百四十八里。〔一三〕西南至通州一千一百里。〔一三〕西北至京兆府長安縣界五百九十里。東北至商州六百六十里。

户：唐開元户九千六百七十。皇朝户主三千六百一十七，客八千四百一十五。

風俗：漢高祖發巴、蜀伐三秦，遷巴中渠帥七姓居商、洛。其俗至今猶多獵山伐木，深有楚風。

人物：無。

土産：麝香，黄蘗，紙，漆，蠟，鍾乳，麩金，厚朴。

西城縣，舊十七鄉，今七鄉。本漢舊縣，屬漢中郡。應劭注漢書云：「嬀墟爲西城，〔一四〕舜居于此。」潁容釋例云：「舜居西城，本曰嬀汭。」即此。西魏立郡于此。

伏羲山。按十道要録曰：「抛、〔一五〕鉸二山焚香氣，必合于此山。」

虞舜祠。按水經云：「西城縣故城内有虞舜祠。」〔一六〕

吉挹城。晉吉挹爲梁州都督，〔一七〕爲苻堅所攻，遂于縣南九里峻山上築此城。攻圍三年，挹堅守不下，是名吉挹城。

西城故城。按水經注云：「漢水經月川口，又東經西城故城南。」其故城即漢之西城，今州西北四里漢江之北，西城山之東，魏興郡故城是也，當谷口路南，〔一八〕與州城相對。其西城山在州西北五里，蓋後魏時移今理。

平利縣，東南七十里。舊三鄉，今七鄉。〔一九〕本漢西城地，兩漢及魏蓋爲西城縣地，〔二〇〕晉于今縣南平利川置上廉縣，〔二一〕取上廉水爲名，尋又改爲吉陽縣。按周地圖記云：「上廉縣後移還上庸，于平利川置吉陽縣。後魏改爲吉安縣。後周天和四年移吉安於今州理。」唐武德元年再於上廉城置平利縣；八年又移於古聲口戍南，聲水之東，黄羊水北，即今縣也。大曆六年以户口散落，併入西城縣。長慶初復置。

藥婦山，在縣東南八十五里。周地圖記云：「有夫婦攜子入山獵，其父落崖，妻子將藥救之，并變爲三石人，名以此得。今頂上有石臼，〔二二〕父老云古仙學道于此，而藥臼尚存。」

洵陽縣，東一百二十里。舊十二鄉，今十九鄉。本漢舊縣，在洵水之陽，〔三三〕屬漢中郡。後漢省。晉太康四年復立。故魏于此置郡。輿地志云：「魏置魏興郡，領洵陽等六縣于此。」〔三四〕唐武德元年置洵州，七年廢洵州，以縣來屬金州。

馬跡山。水經注云：「洵陽縣北山有懸書崖，高五十丈，刻石爲文字，今人不能上，不知所述，山下有石壇，上有馬跡五所，因名曰馬跡山。」

洵水。水經注云：「北出洵山，東南流經平陽戍下，與直水合。」又云：「水經縣北至縣東又南入沔。」〔三五〕

澗水，在縣西二十七里，一名閶谷水，北注于漢。其「閶」字亦爲「驢」字。〔三六〕

高帝廟。梁州記云：「洵陽縣南山下有漢高帝廟。」

留停山。行人登之，愛其峭拔，多停留縱覽，因名之。

心山。漢宣帝時北平陽厥爲漢中守，經此山，有棲遁意，遂不之郡，學道感瑞，見金羊，因易爲姓，今縣界有羊氏，即厥之族也。山下多殊草，有風不偃，無風獨揺。上有石壇。

廢淯陽縣，在州東三十里。本漢洵陽縣地，晉于此置淯口戍。後魏大統十七年改置淯陽郡，又于郡西三十三里置黃土縣，居漢水南黃土山之西爲名。後周保定二年改淯陽郡爲長岡郡，〔二七〕三年郡廢，移黄土縣于淯陽郡廨爲理。隋大業二年以黄土縣屬金州。唐天寶元年改爲淯陽縣。大曆六年以户口散落，其地併入洵陽縣。

聖公館。漢水記云：「黄土縣雞鳴山北十五里有聖公館，即後漢光武起義兵屯此。」

漢水，在縣城南，東流。

淯水，在縣西一百步。自商州上津縣來，東流于漢。

漢陰縣，西一百一十里。舊十二鄉，今六鄉。本漢安陽縣，屬漢中郡。有安陽故城，在今縣西二十四里，即今敖口東十五里漢江之北故城是也。〔二八〕晉太康元年更名安康縣。太康地記及太康志、臧榮緒晉書地理志並屬魏興郡。宇文周始從舊縣移于今所。唐至德二年改安康爲漢陰。

梁門山，在今縣東十八里。即月川水之源也。

鳳凰山。周地圖記謂：「鳳凰山爲龍子山，叠嶂有十二層。」按道書云：「鳳凰山十二層，〔二九〕上有仙人藥園。」

直水，源出永興軍乾祐縣弱嶺姜子關，經縣理西，又南注于漢，北流當終南山子午谷路是也。

漢水，在縣南二里，東流。

石泉縣，西北約三百里。〔三〇〕舊六鄉，今五鄉。本漢西城縣地，梁武帝立晉昌郡，治王水口，夏侯道遷以梁州入魏，移晉昌郡於所領長樂縣東陽村，即今石泉縣理是也。後值黄衆寶反叛，〔三一〕移晉昌郡于舊理，因改曰魏昌。周武成三年，郡又移理東陽川，仍併郡所領諸縣爲永樂一縣，〔三二〕理于今縣南一里舊長樂縣所理處，續改名石泉縣，〔三三〕以縣北石泉爲名。保定三年廢魏昌郡，移石泉縣理郡城，即今縣理是也。唐聖曆元年改爲武安縣。神龍初復舊爲石泉。大曆六年以户口散落，併入漢陰縣。永貞元年，金州刺史姜公輔復奏：「本州先廢石泉縣，以地併入漢陰縣，山谷重阻一千餘里，來往輸納，民爲不便，請于舊所復置。」詔從之。

漢水，在縣東百步。

王水口，在縣西八十里。

商州

商州，上洛郡。今理上洛縣。古商於之地，〔三四〕禹貢梁州之域。周爲豫州之境。周禮職方氏云：「豫州，其山鎮曰華山。」春秋時其地屬晉，所謂晉陰之地。戰國時其地屬秦，衛鞅封于商邑，後屬内史理。〔三五〕漢元鼎四年於此置上洛縣，地理志云上洛屬弘農郡。〔三六〕續漢書郡國志云上洛縣屬京兆尹。〔三七〕晉初改爲京兆南部，後又立爲上洛郡，即太始三年分京兆地置上洛郡于此置理是也。後魏太和十一年又于此置洛州，西魏如之。後周宣政元年改洛州爲商州，取古商於之地爲名。隋大業三年爲上洛郡。唐武德元年改爲商州，其年于上津縣置上州。貞觀十年州廢，上津來屬。天寶元年改爲上洛郡。乾元元年復爲商州。

元領縣六。今五：上洛，上津，豐陽，商洛，洛南。一縣割出：乾元。入雍州。

州境：東西三百三十里。南北五百五十里。

四至八到：東北至東京一千二百里。東南至西京八百六里。西北至長安二百六十里。東至鄧州七百里。南至金州七百里。西至金州七百里。北至虢州四百里。東南至均州豐利縣六百八十里。西北至華州山路二百七十里。〔三八〕東北至虢州同上。

户：唐開元户八千九百二十六。皇朝户主三千七百六十三，客一千三百五。

風俗：漢高祖發自巴、蜀，以克三秦，遂遷巴中渠帥七姓于商、洛之閒，至今猶存。〔三九〕

人物：無。

土産：弓材，麝香，今貢三十臍。朱砂，今貢一斤。旱藕，〔四〇〕熊白，今貢三十斤入内。枳殼，今貢三十斤。鬼草，〔四一〕麻布，楮皮，厚朴，石青，〔四二〕杜仲，黄蘗，飛鼠，貴妃粉。〔四三〕

上洛縣，舊七鄉，今五鄉。本漢舊縣也。竹書紀年云：「晉烈公三年，楚人伐我南鄙，至于上洛。」即此也。漢元鼎四年，以其地置上洛縣，居洛水之上，因以爲名。

地勢，按此郡地帶楚山，丹水出焉，甚爲險隘。王莽謂明威侯王級曰：「繞霤之固，南當荆楚。」繞霤者，言四面阨塞屈曲，水迴繞如屋霤也。今地有七盤十二繂。繂，音留莖切。〔四四〕

楚山。帝王紀：「南山，曰商山，又名地肺山，亦稱楚山。」皇甫謐高士傳：「四皓皆河内軹人，或在汲，一曰東園公，二曰角里先生，三曰綺里季，四曰夏黄公。修道潔己，非義不動。始皇時，秦政方虐，〔四五〕四士避世於商山，作歌曰：『英英高山，〔四六〕深谷逶迤。華華紫芝，〔四七〕可以療飢。唐虞時遠，吾將何歸。駟馬高蓋，其憂甚大。富貴而屈人，〔四八〕不如貧賤之肆志。』乃共入商嶺上雒，隱居地肺山，以待天下安定。」

熊耳山。盛弘之荆州記云：「熊耳東西各一峯，南北望之狀如熊耳。」〔四九〕山海經云：「熊耳山，其上多漆，其下多椶，浮濠之水出焉，西流注于洛。」又按仙書謂：「此山上有青丹之樹，得而服之成仙。」西京雜記云：「終南山多離合草，葉似江蘺而紅緑是也。又有丹青樹，葉一青一赤，望之如錦繡，長安謂之丹青樹。」

秦嶺山，在縣西南一百里，高九百五十丈。

四皓墓，在縣西四里廟後。

高車山，在縣北二里。高士傳云：「高車山上有四皓碑及祠，皆漢惠帝所立也。高后使張良詣南山迎四皓之處，因名高車山。」

倉野。左氏傳：「楚左師軍于倉野。」〔五〇〕

嶢關，即沛公入秦之路。

丹水，在縣南一里，出楚山。吕氏春秋云「堯有丹水之戰」，是此地。漢高入秦，王陵起兵丹水以應之，故今有王陵城在焉。〔五一〕

楚水，源出縣西南楚山。水經注云：「楚水源出上洛縣西南楚山，其水兩源，合于四皓廟東，又東經高車嶺南，翼帶衆流，北轉入于丹水。」

上津縣，南二百九十里。元四鄉。本漢長利縣地，屬漢中郡。宋于此置北上洛郡。梁改爲南洛州。後魏廢帝三年爲上州，以晉時于此置洛津戍爲名，仍于州置上津郡及上津縣。隋開皇三年罷郡，以縣屬上州。大業二年廢上州，以縣屬商州。義寧二年復于縣理置上津郡。唐武德元年又廢郡，置上州。貞觀元年廢上州，以縣復隸商州。

天柱山，一名牛山，在縣北一百五十里。又按殷武名山記云：「上津天柱山，絶巖壁立，秀出衆嶺。有穴名遊仙洞，洞口有竹數莖，寒風凛然，〔五二〕人不敢入。」

甲水，在縣西二百步，南流注漢水。〔五三〕

長利水，亦名仙水，西北自豐陽縣界流入均州豐利縣界。

杏水，在縣東北七十里，〔五四〕源出石城山西漢水側石臼中。色白而味甘，每上巳與端午日，遠近咸臻，飲之治冷疾。

千人穴，在縣東七十里。穴口高闊三丈，深二百步，可容千人，中有石脂凝滴若乳，〔五五〕味甘治疾。常有石燕羣飛，出入其中。

嘉魚穴，在縣東北一百五十里。穴口闊三尺，常有水，至上巳日即有羣魚出穴，大者一尺許，〔五六〕名曰鱒魚。

廢開元縣，〔五七〕在縣東七十里。魏前廢帝二年置，後周保定三年廢。

廢漫川縣，在縣北四十五里。魏前廢帝二年置，後周保定三年廢。

豐陽縣，南一百一十里。舊五鄉，今四鄉。本衛鞅受封于此。漢爲商縣地，晉太始三年分商縣之地置豐陽縣，因豐陽川以爲名，尋廢。後魏太安二年於舊縣復置，仍于縣理南置上洛郡。永平五年省爲縣。唐武德元年，縣自故豐陽川移于今州西南一百六十里甲水西五十步爲理。麟德元年又移于今理置。

嗚馬山，在縣西十里。

上留交水，在縣西三里，南流入皮谷水合。

甲水，經邑界。

青鳳山，在縣西南二百六十里，青鳳之水出焉。

豐陽山，在縣南三百五十里，高九百二十丈。

鬼嶺，在縣南三百七十里。

商洛縣，東九十里。六鄉。本古商國，帝嚳之子卨所封之地也。漢爲商縣，屬弘農郡。周地圖記云：「商洛郡領商、豐陽二縣，〔五八〕屬洛州。」盛弘之荆州記云「武關西北一百二十里有商城」，即謂此邑城也。隋開皇四年改商縣爲商洛縣。唐武德二年自故城移于今理。按其地接南陽郡界，漢立商縣，所謂商於之地。

商洛山，在縣南一里，一名楚山，即四皓所隱之處。高后使迎四皓，故今連亘有高車山，蓋因之得名。盛弘之荆州記云：「上洛有商山。」班孟堅西都賦所謂「商、洛緣其限」，高士傳謂地胏，即此。

武關，在縣東南九十里。春秋時少習地，左傳云：「楚使謂晉大夫士蔑曰：『晉楚有盟，好惡同之。若將不廢，寡君之願也。不然，將通于少習以聽命。』」注：「少習，商縣武關也，將大開武關道以伐晉也。」〔五九〕又云武關山爲地門，史記云：「秦昭王與楚懷王書云：『願與君會武關，面約結盟。』昭王詐令一將軍出兵武關，執懷王而歸。」又漢書云：

「沛公攻武關，入秦。」

商洛川，在縣東南八里。

洛南縣，東九十里。〔六〇〕元四鄉。本漢上洛縣地，晉太始三年分上洛地，〔六一〕於今縣東北八十里置拒陽縣，屬上洛郡，尋省。後魏真君二年又於今縣東四十里武谷川再置。〔六二〕隋開皇二年罷郡，以拒陽屬商州，〔六三〕五年改拒陽爲洛南縣，取洛水之南爲名。大業十一年移于今理，俗謂之清池川。

玄扈山，在縣西北一百里。黄帝録云：「帝在玄扈山上，與大司馬容光、左右輔周昌等一百二十人臨之，有鳳銜圖以至帝前。圖以黄玉爲匣，署曰『黄帝詔司命集帝行録』，帝令開之，其文可曉，黄帝再拜受圖。」

洛水在縣北一里，源出冢嶺山。河圖玉版云：「倉頡爲帝南巡狩，登陽虚之山，臨于玄扈洛汭之水，靈龜負書，丹甲青文以授之。」即於此水也。又水經注云「洛水北過文邑」，〔六四〕亦謂此邑。

秦山，在縣西北八十五里。

大谷龍龕山，在縣東北八十里。其山北接秦嶺，多出麩金。

魚難水，在縣北八十里。〔六五〕魚難山有撲水崖，高五十尺，魚不能過，故曰魚難，又南流經石門入洛。

卷一百四十一校勘記

〔一〕州不改周禮職方氏省梁并雍　底本「州」下有「名」字，「雍」下有「州」字，皆據宋版、庫本删。

〔二〕戰國時爲楚附庸地　「時」，底本脱，據宋版、萬本、庫本及傅校補。

〔三〕境枕秦川　「川」，底本作「州」，萬本、庫本同，據宋版及輿地紀勝卷一八九金州引本書改。

〔四〕三年又改理平陽縣　按宋書卷三七州郡志三魏興郡興晉縣：「魏立曰平陽，晉武帝太康元年更名。」則太康三年時已更名興晉，故晉書卷一五地理志下魏興郡治興晉縣，此「平陽」宜作「興晉」。

〔五〕元康中又移理錫縣今均州鄖鄉縣也　按本書上文明言錫縣「今豐利界東魏興故城」，故城即今陝西白河縣；此又謂錫縣「今均州鄖鄉縣」，故治即今湖北鄖縣，自相牴牾。水經沔水注：「漢水又東逕魏興郡之錫縣故城北。」即兩漢魏晉之錫縣，本書所云「今豐利界東魏興故城」是也。水經沔水注又載：漢水又東逕鄖鄉縣故城南，「即長利之鄖鄉矣。」華陽國志卷二漢中志：「鄖鄉縣，本名長利縣。」則鄖鄉縣與錫縣無關。以鄖鄉縣爲錫縣，始於宋書州郡志，其謂鄖鄉縣，「本錫縣，二漢舊縣，屬漢中，後屬魏興。」後世地志多從之。

〔六〕宋末分魏興之安康縣置安康郡　「安康縣」，底本作「永康縣」，萬本、庫本同，據宋版及宋書州郡志三、輿地紀勝金州總序改。

〔七〕亭鄉　「鄉」，底本作「香」，據宋版、萬本、中大本、庫本及嘉慶重修一統志卷二四二興安府引本書改。

〔八〕寧都　「都」，舊唐書卷三九地理志二同；宋版作「郁」，新唐書卷四〇地理志四同。下同。

〔九〕井　底本作「并」，萬本同，據宋版、庫本、舊唐書地理志二及傅校改。

〔一〇〕漸　「漸」，底本作「圻」，宋版作「析」，萬本作「忻」，據庫本及舊唐書地理志二改。

〔一一〕即安康　此三字底本脱，據宋版、萬本、中大本、庫本及傅校補。

〔一二〕東南至房州五百四十八里　「南」，底本脱，萬本、庫本同，據宋版補。元豐九域志卷一金州：「東南至本州界一百四十五里，自界首至房州五百五十五里。」

〔一三〕西南至通州一千一百里　據本書卷一三七達州總序北宋乾德二年改通州爲達州，此「通州」應作「達州」。

〔一四〕嬀墟爲西城　按漢書卷二八地理志上漢中郡西城縣顔師古注引應劭曰：「世本嬀虚在西北。」水經沔水注亦云「嬀墟在(西城)西北」，此引不確。

〔一五〕拋　萬本、庫本同，宋版作「抛」，未知孰是。

〔一六〕按水經云西城縣故城内有虞舜祠　按水經沔水注云西城縣故城内有舜祠，非水經。

〔一七〕晉吉挹爲梁州都督　「都督」，底本作「時」，宋版作「牧」，萬本、庫本作「將」，輿地紀勝金州引本書作「都督」。按晉書卷八九吉挹傳：「孝武帝初爲魏興太守，「苻堅將韋鍾攻魏興，挹遣衆距之，斬七百餘級，加督五郡軍事。」水經沔水注：「梁州督護吉挹所治。」通典卷一七五州郡五亦云「晉吉挹爲梁州督」，皆與紀勝引本書合，據改。

〔一八〕當谷口路南　「谷口」，萬本、庫本、嘉慶重修一統志興安府引本書同，宋版作「義谷口」，未知是否。

〔一九〕舊三鄉今七鄉　「三」，萬本、庫本及傅校同，宋版作「五」。「七」，萬本、庫本作「五」，傅校改同，宋版作「□五」，此當誤。

〔二〇〕兩漢及魏蓋爲西城縣地　「地」，底本脱，據宋版、萬本、庫本、嘉慶重修一統志卷二四二興安府引本書及傅校補。

〔二一〕晉于今縣南平利川置上廉縣　「南」，底本脱，萬本、庫本同，據宋版、嘉慶重修一統志興安府引本書及傅校補。

〔二二〕今頂上有石臼　「頂」，底本作「嶺」；「石」，底本脱，庫本同，皆據宋版、萬本及輿地紀勝金州引本書改補。

〔二三〕洵水　「洵」，萬本、庫本同，宋版作「旬」。按漢書地理志上、水經沔水注皆作「旬」，元豐九域志、輿地紀勝金州皆作「洵」，「旬」、「洵」古今字。後同。

〔二四〕領洵陽等六縣于此　「于此」，萬本、庫本同，宋版無，蓋爲衍字。

〔二五〕水經縣北至縣東又南入沔　按水經沔水注云旬水東南逕旬陽縣南，東南注漢，此「北」爲「南」字之誤。

〔二六〕其閒字亦爲驢字　後一「字」底本脱，據宋版、萬本、庫本及傅校補。

〔二七〕長岡郡　「岡」，底本作「興」，萬本、庫本同，據宋版改。隋書卷二九地理志上黄土縣：「後周改郡，置縣曰長岡。」

〔二八〕即今敖口東十五里漢江之北故城是也　「五」，底本脱，萬本、庫本同，據宋版及輿地紀勝金州補。

〔二九〕十二層　「十二」，宋版、萬本、中大本、庫本皆作「二十」，傅校改同。按嘉慶重修一統志卷二四一興安府引本書及輿地紀勝、宋本方輿勝覽卷六八金州皆作「十二」。

〔三〇〕西北約三百里　「北」，底本作「南」，宋版、萬本、庫本同，嘉慶重修一統志卷二四二興安府引本書作「北」。按金州治西城縣，即今陝西安康市，石泉縣即今縣，位於金州西北，此「南」爲「北」字之誤，據改。

〔三一〕黄衆寶　「寶」，底本作「保」，宋版、萬本、庫本同，據傳校及周書卷四六、北史卷六四柳檜傳、資治通鑑卷一六四梁元帝承聖元年改。

〔三二〕仍併郡所領諸縣爲永樂一縣　「郡」，底本脱，萬本、庫本同，據宋版及上文補。

〔三三〕續改名石泉縣　按隋書地理志上謂西魏改永樂縣爲石泉縣，王仲犖北周地理志卷四從隋志之説，「所以然者，以王褒周初已封石泉縣子，當從隋志爲長也。北周封石泉縣者見周書王褒傳：孝閔帝踐阼，封石泉縣子。」

〔三四〕古商於之地　「古」，底本作「本」，據宋版、萬本、庫本改。

〔三五〕後屬内史理　「屬」，底本作「爲」，據宋版、萬本、傳校及通典州郡五改。

〔三六〕地理志云上洛屬弘農郡　「地理志云上洛」，底本作「又」，萬本、庫本脱，據宋版及漢書地理志上改補。

〔三七〕續漢書郡國志　萬本、庫本脱；「續」，底本脱，據宋版及續漢書郡國志一補。

〔三八〕西北至華州山路二百七十里　「北」，底本脱，萬本、庫本同，據宋版及通典州郡五補。

〔三九〕至今猶存　「猶」，底本作「尚」，據宋版、萬本、庫本及傳校改。

〔四〇〕旱藕　宋版、萬本、中大本、庫本皆無，當非樂史原文，爲後世竄入。

〔四一〕鬼草　宋版、萬本、中大本、庫本皆無，傳校删，當非樂史原文，爲後世竄入。

〔四二〕石青　宋版、萬本、中大本、庫本皆無，當非樂史原文，爲後世竄入。

〔四三〕飛鼠貴妃粉　宋版、萬本、中大本、庫本皆無，傳校删，當非樂史原文，爲後世竄入。

〔四四〕縡音錙莖切　底本作「音爭」，據宋版及傳校改補。

〔四五〕秦政方虐　「方」，底本作「苛」，據宋版、萬本、庫本及傳校改。

〔四六〕英英高山　「高山」，底本作「白雲」，據宋版、萬本、庫本、傳校及皇甫謐高士傳卷中、太平御覽卷一六八引皇甫謐帝王世紀改。「英英」，宋版、庫本及太平御覽引帝王世紀同，萬本作「莫莫」，同高士傳。

〔四七〕華華紫芝　二「華」字，底本作「曄」，據宋版、萬本、庫本改。

〔四八〕富貴而屈人　宋版、庫本同，萬本「而屈」作「之畏」，同高士傳。

〔四九〕狀如熊耳　「狀」，底本脱，據宋版，萬本、庫本及傳校補。

〔五〇〕楚左師軍于倉野　按春秋左傳：「哀公四年，楚「左師軍于菟和，右師軍于倉野。」此「左」爲「右」字之誤。

〔五一〕故今有王陵城在焉　「故」，底本脱，據宋版、萬本、庫本補。

〔五二〕寒風凛然　「然」，底本作「凛」，據宋版、萬本、庫本、輿地紀勝金州引本書及傳校改。

〔五三〕南流注漢水　「流」，底本脱，萬本、庫本同，據宋版及輿地紀勝金州引本書補。

〔五四〕杏水在東北七十里　「杏」，底本作「吉」，萬本、庫本同，據宋版、中大本、輿地紀勝金州引本書及元豐九域志卷三商州改。「東」，底本脱，據宋版、萬本、中大本、庫本補。

〔五五〕中有石脂凝滴若乳　「脂」，嘉慶重修一統志卷三四九鄖陽府引本書同，宋版、庫本及輿地紀勝金州引本書皆作「暗」，恐非。

〔五六〕大者一尺許　「一」，底本作「長」，據宋版、萬本、庫本、輿地紀勝金州、嘉慶重修一統志卷二四六商州引本書及傳校改。

〔五七〕廢開元縣　按隋書卷二五地理志中作「開化」，此疑誤。

〔五八〕商洛郡領商豐陽二縣　按魏書卷一〇六地形志下，洛州領上洛郡云：「晉武帝置。」隋書地理志中：「舊置上洛郡，開皇初郡廢。」則兩晉北朝有上洛郡，無「商洛郡」之記録，疑此「商」爲「上」字之訛。「商豐陽二縣」，底本作「商豐縣」，萬本同，據宋版改補，魏書地形志下、北周地理志卷七，上庸郡領商、豐陽二縣。

〔五九〕將大開武關道以伐晉也　「武」，底本脱，萬本同，據宋版及左傳哀公四年杜預注補。

〔六〇〕東九十里　「九」，底本作「八」，據宋版、萬本、中大本、庫本、嘉慶重修一統志商州引本書及傳校改。

〔六一〕晉太始三年　「太（泰）始」，底本作「太和」，萬本、庫本同，據宋版、中大本、嘉慶重修一統志商州引本書及傳校改。

〔六二〕真君二年又於今縣東四十里武谷川再置　「二年」，底本作「三年」；「谷」，底本作「洛」，皆據宋版、萬本、中大本、庫本、嘉慶重修一統志商州引本書及傳校改。

〔六三〕隋開皇二年罷郡以拒陽屬商州　「二年」，底本作「三年」，據宋版、萬本、中大本、庫本及傳校改。「郡」，宋版、萬本、庫本皆作「即」。

〔六四〕洛水北過文邑　水經洛水注：「東北過于父邑之南。」此以于父邑爲文邑，誤。按初學記卷八引作「文邑」，樂史乃沿襲而誤。

〔六五〕在縣北八十里　「北」，底本空缺，萬本、庫本脱，據宋版及嘉慶重修一統志商州引本書補。

太平寰宇記卷之一百四十二

山南東道一

鄧州　唐州

鄧州

鄧州，南陽郡。今理穰縣。禹貢豫州之域。漢書地理志云：「潁川、南陽，本夏禹之國。」于周爲申國，〔一〕平王母申后之家也。〔二〕戰國時屬韓，〔三〕史記：蘇秦説宣惠王曰：「韓西有宜陽，東有宛、穰。」即謂此地。〔四〕又漢志：「韓分晉得南陽郡。」是未分之前爲晉地，尋復屬楚。〔五〕至秦昭襄王十五年取韓地，置南陽郡。釋名云：「在中國之南，而居陽地，故曰南陽。」始皇置三十六郡，南陽即其一也。漢志南陽郡領宛、〔六〕犨等三十六縣，理宛。後漢光武帝起于南陽，應白水真人之讖。在宋、齊亦因之。後魏太和中置荆州，領南陽等八郡，居穰城，〔七〕置兵以備齊。隋開皇初，州郡不改，三年罷郡，〔八〕因以南陽爲縣號，而廢宛名焉。當時尚隸荆州，七年梁祚既絶，荆州之稱，復歸江陵，〔九〕改爲鄧州，〔一〇〕以漢之鄧縣爲州名。大業初分州爲南陽、淯陽二郡地。唐武德二年又改爲鄧州，領穰、冠軍、深陽三縣；三年立順陽縣，州置總管府，管鄧、淅、酈、宛、淯、新、弘等七州；〔一一〕四年廢總管，隸山南行臺，廢新州，以新野縣來屬，又置平晉縣；六年省順陽入冠軍，省平晉入穰縣；八年廢宛州，以南陽來屬，廢酈州，以新城來屬。貞觀元年省冠軍入新城。天寶元年改爲南陽郡。乾元元年復爲鄧州。梁開平三年，爲宣化軍節度。後唐同光元年改爲威勝軍。周廣順二年改爲武勝軍。皇朝因之。

元領縣九。今五：穰縣，南陽，内鄉，淅川，順陽。　四縣廢：菊潭，向城，以上二縣併入穰縣。新野，臨瀨。以上二縣併入穰縣。

州境：東西二百六十里。南北二百九十里。

四至八到：東北至東京八百里。西北至西京九百五里。〔一二〕西北至長安九百五里。〔一三〕東至唐州三百二十里。南至襄州一百八十里。西至商州六百四十八里。北至汝州四百九十里。東南至唐州四百一十二里。西南至均州二百四十里。〔一四〕西北至虢州七百里。東北至汝州四百七十五里。

户：唐開元户四萬三千五十。皇朝户主六千一十，客一萬四千三百六十六。

風俗：史記云：〔一五〕「秦滅韓，徙天下不軌之人于南陽，〔一六〕故其俗夸奢，尚氣力，好商賈漁獵，藏匿難制。宛縣名。〔一七〕西通武關，東受江、淮，〔一八〕一都會也。」

姓氏：南陽郡十一姓：張、樂、趙、井、何、白、韓、鄧、姬、周、滕。

人物：百里奚，宛人。仕虞，去虞爲秦穆公所用，霸西戎。　長沮，　桀溺，〔一九〕　范蠡，字少伯，楚宛三户人。越王以爲大夫。勾踐伯，乃辭去，乘扁舟出入三江、五湖。勾踐鑄金像於坐側。　嚴光，字子陵，新野人。其妻，梅福之季女也，世傳子陵爲餘姚人，恐謬。　任延，字長孫，宛人。累聘不應，更始元年赴辟。　直不疑，南陽人。文帝時爲郎，後拜御史大夫。平吴、楚，封塞侯。　趙憙，字伯陽，宛人。拜太尉，封關内侯。〔二〇〕　鄧禹，南陽新野人。爲大司馬，封高密侯。〔二一〕　吴漢，宛人。爲大司馬、忠侯，伐公孫述，八戰八克。　卓茂，字子康，南陽人。祖父皆郡守，茂性和不與人爭，嘗乘車出，有人認其馬，即解與之。〔二二〕　張堪，字君游，南陽人。　左雄，字伯豪，南陽人。〔二三〕拜尚書令。　陰識，字次伯，新野人。陰貴人兄也，封陰鄉侯，帝嘉之。　李善，字次孫，南陽人。〔二四〕　宋均，字叔庠，〔二五〕南陽安衆人。時九江虎暴，均爲太守。務退姦貪，思進忠善，其虎自去。又自東海相免官，吏民詣闕乞還者萬計。顯宗嘉其能，徵拜尚書令，執法不撓，出爲河内守，治稱第一。〔二六〕　孔嵩，字仲山，南陽人。〔二七〕　張衡，字平子，南陽西鄂人。今鄧州向城縣有平子墓。　朱暉，字文季，南陽人。遷臨淮守，百姓歌曰：「强直自遂，南陽朱季。吏畏其威，民懷其惠。」　朱穆，字公叔，暉之孫。官至御史。〔二八〕　何晏，字平叔，南陽人。官吏部尚書。〔二九〕　杜延年，南陽人。昌邑王廢，勸霍光立宣帝，以定策功封侯。　董班，字季，南陽人。　李通，宛人。　任光，宛人。爲信都太守。　來歙，新野人。事光武，拜太中大夫。〔三〇〕　黄忠、陳震，俱南陽人。　樊曄，新野人。拜天水太守。　鄧晨，新野人，爲常山太守。　宗慈，安衆人。爲修武令。〔三一〕　吕義，〔三二〕南陽人。　馮良，南陽人。　宗資，南陽人。世居宛，一門仕宦，至卿相者三四十人。　何進，宛人。靈帝朝，以女弟爲皇后，徵拜侍中，遷大將軍。以欲誅閹宦曹節等，謀洩被害。　謝該，南陽人。明春秋。　樂廣，字彦輔，南陽人。善談名理，衛瓘奇之，曰：「此人中水鏡。」〔三三〕　曹景宗，新野人。讀史至司馬穰苴、樂毅傳，撫卷嘆曰：「大丈夫當如是！」爲梁右衛將軍。　劉驎之，字子驥，南陽人。〔三四〕　庾肩吾，字慎之，〔三五〕南陽新野人。仕梁爲度支尚書。賊宋子仙破會稽，購得肩吾欲殺之，乃曰：「吾聞汝能作詩，今可即作，若能，將貸汝命。」〔三六〕肩吾操筆便成，辭采甚美，〔三七〕子仙乃釋之。詩云：「髮與年俱老，愁將罪共深。聊持轉風燭，暫照廣陵琴。」卒，贈散騎常侍。子信，字子山，與徐摛子陵文并綺艷，〔三八〕世號爲徐庾體。　庾杲之，字景行，新野人。〔三九〕　唐岑文本，貞觀初，爲中書侍郎。　岑羲，文本孫。嘗爲金壇令，有治績，遷中書舍人。〔四〇〕　張巡，南陽人。　韓翃。字君平，南陽人。號大曆才子之一。〔四一〕

土産：絲布，貢。絹，蔓荆子，款冬花，進：白菊花。其花在騎立山，有人户看守。白花蛇。〔四二〕

穰縣，舊九鄉，今六鄉。本漢舊縣，亦爲涅陽縣地，穰即戰國時楚之别邑，後屬韓。秦攻韓取之，封相國魏冉爲穰侯。漢爲縣，屬南陽郡。晉屬義陽郡。

靈龜。郭仲産南雍州記云：「石橋水汙而爲池，出靈龜，色如金縷。」

五壟山。周地圖記云：「南陽郡西山有五堆連延相接，故名之。」

三户。左氏傳云：「晉士蔑執蠻子，畀楚師于三户。」即此地。

湍水。荆南圖副云作「專」，南雍州記云縣北七里有湍水、六門堨、白水、濁水、棘水是也。

涅陽城，漢爲縣，廢城尚存，在涅水之陽。

潏水。郡國志云：「潏水，出南陽穰縣。」

九井。汲一井，則九井俱震。〔四三〕

鉗盧陂。周地圖記云：「召信臣所鑿，溉田三萬頃。」〔四四〕

六門堰，在縣西三里，擁湍水。亦召信臣所作也。信臣，漢人，爲太守。

朝陽故城，漢爲縣，城在今縣東南，〔四五〕俗謂之朝濕城。

順陽故城，漢縣，廢城在今縣西北。

馬圈鎮，〔四六〕在縣北。後魏立爲鎮，即漢涅陽縣地。後魏嘗以兵戎拒齊，齊大將陳顯達攻圍四十餘日，不下而退，即此城。

三公城，即鄧禹從光武有功，後歸故鄉，里人筵餞于此。禹爲太尉，故城因名之。

鄧晨宅。晨郡人，宅有大樹，晨每依蔭于其下。

范蠡祠，即蠡之故宅地也。蠡死後，三户人迄今祠之，今祠甚嚴。

三女樓。北齊蜀郡太守鄂王子雅甍，葬于縣，無男，有女三人，各出錢五百萬，共造雙樓於墓側，工跡精妙，石色可鑒，故後人謂爲三女樓。

石洞庭。按隋圖經云：「順陽縣有石洞庭，口闊三尺，高九尺，西北行之莫極，潛連上黨抱犢山。」

朱砂山，〔四七〕在縣西七里。

南陽縣，東北一百二十里。〔四八〕舊七鄉，今三鄉。本周之申國也。漢置宛縣，屬南陽郡。唐聖曆元年五月改爲武臺。〔四九〕神龍初復舊。

北華山。

淯水。

後漢淯陽縣廢城，在今縣南淯水之陽，尚存。

梅溪。南雍州記云：「南陽縣西七里有梅溪，〔五〇〕源發紫山，南經百里奚故宅。」

小長安城，在縣南三十七里，淯水之東。謝沈後漢書云：〔五一〕「漢兵與甄阜、梁丘賜戰于小長安，〔五二〕漢兵敗退保棘陽城。」周迴一里二百二十步。〔五三〕

杜衍故城，漢縣，廢城在今縣西南十三里。

劉文龍宅，在縣西四十里。

五羖大夫百里奚墓，在縣西南七里。有碣石存，墓前有七星石。

漢光武廟，皇朝建隆四年勅立廟祭祀。

廢臨瀨縣，在州西北八十五里。本漢冠軍縣地，後魏太和二十二年，孝文帝割冠軍北境置新城縣，屬南陽郡。天寶元年改爲臨湍縣。〔五四〕漢乾祐元年改爲臨瀨，避廟諱。今廢入穰縣。

翼望中山。山海經云：「湍水出焉。」〔五五〕

大胡山。南都賦云：「天封大胡，列仙之陬。」

白石山。盛弘之荆州記云：「武延城北有白石山，山悉白，自遠望之，狀如層冰積雪，耀奕天日。」

丁城。隋圖經云：「宋元嘉中掠得武陽人萬户，遂于新城築丁城安置。丁城，一名新城。」

淯水。隋圖經云：「淯水經獨山。」史定伯碑云：「瓜里津即淯水上三梁，謂之瓜里渡。」〔五六〕

冠軍城，在縣西南四十五里。漢縣，霍去病所封。

張澹冢。〔五七〕隋圖經云：「魏征南軍司張澹冢有碑刻，其背文曰：『白楸之棺，易朽之裳，銅鐵不入，瓦器不藏，〔五八〕嗟爾後人，幸勿我傷！』至宋元嘉中，有盜開其冢，獲金銀器甚多，垂簾皆金釘飾之。」

廢菊潭縣，西北一百五十里。〔五九〕元五鄉。本漢中鄉縣地，〔六〇〕唐開元二十四年割内鄉之北界以置，因菊潭水以名縣。周顯德五年併入臨瀨縣。

菊水，源出縣東石澗山，一名菊溪水。〔六一〕水出石馬峯，峯如馬，其水重於諸水。按盛弘之荆州記云：「源傍悉生芳菊，被涯浸潭，潤流滋液，〔六二〕其水極甘馨。谷中有三十餘家不穿井，仰飲此水。上壽百二十歲，中壽百餘，其七十八十者猶以爲夭。〔六三〕菊能輕身益氣，令人久壽，于此有徵矣。後漢胡廣，字伯始，爲侍中，久患風羸，音力爲切。〔六四〕南歸，飲此水，疾遂瘳。」

湍河，在縣南七里。從内鄉界來，經縣界入穰縣。

紫靈山，在縣北十五里，其山低小。

濁山，〔六五〕在縣西三十里。

默河，在縣東七十里，源從内鄉界來。

騎立山，出銅礦，在縣東一百八十里。山有湫水三池，每天旱於下池祈雨，上中池不通人行。

廢向城縣，本漢西鄂縣地，屬南陽郡。後魏孝文拓定山南，於今縣東四十里古向城置向城縣。周顯德三年廢入臨瀨。今又入穰縣。

豐山。山海經云：「豐山有獸，其狀如蝯，赤喙黄身，名曰雍和，見則國有大恐。」〔六六〕

雉衡山。荆州記：「衡山有石室，甚整飾，相傳名皇后室，未詳其來。」

分水嶺，在縣北七十里。山海經云：〔六七〕「南水自嶺南流，北水從嶺北注，故俗名此嶺爲分頭嶺。」即三鴉之第二鴉也，從此而北五十里，爲第三鴉，入汝州界。

故博望城，漢縣，屬南陽郡，武帝時張騫侯國也。

武陽山，清泠山，魯陽關，以上並在邑界。

廢新野縣，東南七十里。舊六鄉。本漢舊縣，屬南陽郡。後漢爲棘陽縣，尋廢，後爲新野。晉太康元年置義陽郡，居新野縣，屬荆州。隋開皇三年郡廢，改屬荆州，七年屬鄧州。今廢入穰縣。〔六八〕

朝陽故城。水經注云：「朝水又東經朝陽縣。」

樊陂，在縣西南。昔有樊鄧之邑，蓋因地以名之。

棘水。水經注云：〔六九〕「棘水南經新野而歷黄郵聚。」即此。

光武臺，在縣北二十里。南雍州記：「光武臺，在新野縣。」

鄧晨宅，在縣北二十四里。〔七〇〕

菖蒲潭。後魏典畧云：「孝文帝南巡至新野，臨潭水而見菖蒲，乃歌曰：『兩菖蒲，新野樂。』遂建兩菖蒲寺以美之。〔七一〕

内鄉縣，西北二百四十里。〔七二〕舊九鄉，今三鄉。〔七三〕本楚之析邑，謂白羽之地。左傳：「秦人過析限。」即此也。後屬于秦。按郡國縣道記：「析邑屬楚，楚頃襄王元年，秦昭王發兵出武關，攻楚，取析，即此也。」亦爲中鄉地。漢爲析縣，屬弘農郡。按荆州圖副：「今縣東七里地名於村，即秦張儀所謂商於之地也。」永嘉末，没劉聰。後魏孝文帝於此置析陽郡，理西析陽。廢帝改爲中鄉縣。隋開皇中避諱，改爲内鄉，兼置淅州。〔七四〕貞觀初州廢，來屬。

馬户山，山有穴若户，相傳昔有馬出以爲名。

胡保山，石勒時立黄攀神祠于此山，號胡保山。

高前山，今名天池山。山海經云：「翼望之山，東南五十里，曰高前之山。其上有水

焉，甚寒而清，帝臺之漿也，飲之者不心痛。」〔七五〕

墨山。荆州記云：「内鄉縣有墨山，一謂玄山。仙聖宅南有丹崖，映川流之濱，實爲殊觀。」

丹水，漢因水名置丹水縣，今廢，城在縣西南。郡國記云：〔七六〕「丹水，楚之商密地。」在今内鄉縣西南一百三十里丹水故城是也。永嘉亂後廢。後魏時復置，屬順陽郡。大業十三年省。武德三年再立，七年又廢。其城南臨丹水。

龍泉。荆州記云：「内鄉縣西有泉，泉中有白璧、赤柱，〔七七〕相傳曰龍泉。」

析陽故城，天后通天元年以析水之陽立縣，今廢。

析水，即水經之汋音巾。〔七八〕水也，出析縣北，〔七九〕南入于沔，謂之汋口。〔八〇〕郭仲産南雍州記：「丹水合汋口。」郡國縣道記：「析水經析邑東，今析水經西，蓋酈氏之經誤矣。〔八一〕析當春秋時，一名白羽。」

菊河，在縣東三十里。

漢王城，在縣北一百里，城内池有試劍石。

九尾湖，在縣西南七十里。

淅川縣，西二百里。元三鄉。唐武德二年析内鄉縣三鄉置，〔八二〕復後魏西析陽之縣名。

丹水，在縣北一十五里，自商州商洛縣界流入。

大黄山，小黄山，並在縣西一百三十里。

岝嶺山，〔八三〕在縣西一百三十里。

故淅州城，在縣北三里。

順陽縣，西一百二十里。新割二鄉。本順陽鎮，皇朝太平興國六年置，從鎮將孔瑩上利便故也，在淅川、内鄉兩縣界之中。〔八四〕

唐州

唐州，淮安郡。今理泌陽縣。禹貢豫州之域。春秋時楚地。左傳：屈完對齊桓公：「楚國方城以爲城。」戰國時屬晉，後屬韓。漢志：「韓分晉得南陽郡。」秦置三十六郡，爲南陽郡。〔八五〕周地圖記：「後魏太和中置東荆州于比陽古城。〔八六〕恭帝元年改爲淮州，因淮水爲名。」隋文帝開皇五年改淮州爲顯州，取界内顯望岡爲名。隋末爲淮安郡。唐武德四年改爲顯州，仍置總管，領顯、北澧、純三州，顯州領比陽、慈丘、平氏、顯岡四縣；五年又分置唐州，屬顯州總管；七年改爲都督府，州不改。貞觀元年罷都督府，仍以廢純州桐柏縣來屬；二年省顯岡縣；九年改顯州爲唐州，以廢唐州之棗陽湖陽、廢魯州之方城三縣來屬；十年以棗陽屬隨州。開元五年以方城屬仙州，〔八七〕十三年改置上馬縣，〔八八〕二十六年以方城來屬。天寶元年改爲淮安郡。乾元元年復爲唐州。舊屬河南道，至德後割屬山南東道。州城舊治比陽，唐末移于泌陽。梁改爲泌州，後唐同光初復舊名。晉又改爲泌州。漢初復舊名。

元領縣六。今五：泌陽，桐柏，湖陽，方城，比陽。一縣廢：慈丘。併入比陽。

州境：東西三百二十里。南北三百三十里。

四至八到：東北至東京七百里。西北至西京七百里。西北至長安，取葉縣路一千五百里，取鄧州路一千二百二十里。東至蔡州二百七十里。南至隨州四百里。西至鄧州三百二十里。北至汝州四百二十里，取葉縣路一百八十里，又自葉縣取龍興路至汝州一百八十里。東南至申州二百六十里。西南至襄州三百五十里。西北至汝州魯山縣四百三十里。東北至蔡州吴房縣三百一十九里。

户：唐開元户一萬四千八百。皇朝户主二千三百八十七，客五千四百四十一。

風俗：同蔡州

人物：無。

土產：絹，方城梨，〔八九〕半夏，桔梗，茱萸，烏頭。

泌陽縣，元三鄉。漢舞陰縣地，今有故城在其北，即後漢光武破王莽將甄阜、梁丘賜之地。〔九〇〕後魏立爲上馬縣，周地圖記云：「本名石馬縣，以縣南石馬爲名，後訛爲上馬。」隋廢。唐武德初又置上馬縣。貞觀初又廢。開元十三年復置。天寶元年改爲泌陽，以地有泌水經其陽，故名。

泌水。詩曰：「泌之洋洋，可以樂飢。」〔九一〕在邑界。

桐柏山，在縣東南一百八十里。

桐柏縣，東一百六十里。元三鄉。漢志平氏縣有桐柏大復山。梁大同元年於此置華州及上川郡。西魏元年改華州爲淮州，三年又改爲純州。〔九二〕後周武帝建德三年又分置義鄉縣以屬焉。隋開皇十八年改義鄉爲桐柏，取桐柏山爲名。

桐柏山。禹貢「導淮自桐柏」，漢志「桐柏大復山，淮水所出」，經南陽，東會于泗、沂，入于海。

大木山，俗名天目山。十六國春秋：「祖逖爲豫州刺史，將家屬避難于大木山。」即此山也。

菩薩山，在縣東北三十里。

淮水，出廢平氏縣桐柏山，東流。

淮瀆廟。水經注云：「桐柏山南有淮源廟，廟前有碑，是南陽郭苞立。又二碑，並是漢延熹中守令所造。」舊有淮瀆令，掌此祠。唐天寶中封淮瀆爲長源公，廟中有石龜十一枚，極大。

九渡水。水經注云：「九渡水出雞翅山，澗溪縈委，沿洄九渡，其猶零陵之九渡水也。」

湖陽縣，西南六十里。元三鄉。古蓼國之地，左傳：「桓公十一年，鄖人將與隨、絞、州、蓼伐楚師。」杜注云：「蓼國，今義陽棘陽縣東南湖陽城」是也。文公五年，「楚公子燮滅蓼。」臧文仲聞六與蓼滅，曰：『皐陶、庭堅不祀忽諸。德之不建，民之無援，哀哉！』」秦滅楚，屬南陽。漢爲湖陽縣。

蓼山，在縣東北二里。

紫玉山，〔九四〕在縣東南十五里。

謝城，本舊棘陽城。水經注云：「謝水出謝城，其源微小，至城甚大，城周迴側水，〔九五〕申伯之都也。」詩云：「申伯番番，既入于謝。」今申國在宛北，自申遷于謝。

上馬城，後魏縣。周地圖記：〔九六〕「本石馬縣，縣南有一石馬爲名，後訛爲上馬。」

棘陽故城，古謝國之地，在棘水之陽，後爲縣。有廢城，在今縣北。

湖陽城，後漢光武封姊爲湖陽公主，即此城。又按周地圖記云：「湖陽縣，光武外祖樊重邑也。」

方城縣，北一百六十里。元二鄉。〔九七〕本漢堵陽縣，屬南陽郡。應劭云：「明帝改爲順陽。」〔九八〕西魏置襄邑郡于此，〔九九〕後廢。唐武德初置北澧州。貞觀初改爲魯州，九年復廢爲縣，隸唐州。

黄城山，即方城山也。地志：「南陽葉縣方城邑有黄城山。」

唐武山。水經注云：「高鳳所隱處，號西唐山。」

衡山。漢志：「衡山，澧水所出。」即桐柏之連岡也。

餅餤山，在縣東三十里。

堵水，一名柘水。水經注：「堵水出堵陽縣北山，數源並發，南流經小堵鄉，謂之小堵水。」〔一〇〇〕

比陽縣，東北七十五里。元二鄉。漢縣，屬南陽郡。後魏置東荆州于漢比陽故城，又爲淮州。隋改爲顯州，因顯望岡爲名。唐貞觀元年改爲唐州。今縣理，即州故城。

比水，南流入縣西。水經云：「比水出比陽縣東北大胡山，一名馬仁陂，〔一〇一〕溉田萬頃。」蓋此水之聚澤也。

苦菜山，在縣西北三十五里，即黄城山也，自葉至比陽，南北相毗，連亘百里，亦曰長城山，即長沮、桀溺耦耕處。下有東流水，即子路問津之所。尸子云：「楚狂接輿耕于方城。」即此山。

溱水，亦謂之青衣水。

溲水，油水，瀧水，〔一〇二〕皆比陽水名。

楚平王祠，〔一〇三〕即昭王父也。

伍相祠，漢高帝祠，光武祠，三祠潔敬甚嚴。

楚大夫宋玉冢。

楚女冢，即楚姬也。

湖陽公主冢，後漢光武姊。

廢慈丘縣，在州東七十里。漢比陽縣地，屬南陽郡。後魏于此立江夏郡，尋廢爲戍。隋開皇十八年改爲慈丘縣，取界内山爲名。周顯德三年入比陽。

大胡山。水經注「比水出大胡山，即天封山。張衡南都賦：天封大胡，列仙之陬」是也。

中陽山，一名慈丘山，亦名上介山。水經：「瀙水出上介山。〔一〇四〕」即此山也。

卷一百四十二校勘記

〔一〕漢書地理志云潁川南陽本夏禹之國于周爲申國　原校：「按前漢書地理志潁川郡陽翟縣：『夏禹國。』又南陽郡宛縣：『申伯國，莽曰南陽。』今記既誤以陽翟爲南陽，又宛，王莽嘗改爲南陽，今亦爲南陽縣，故又以今南陽錯陽翟言之，兩皆牴牾。」按漢書卷二八地理志下引劉向域分、朱贛風俗云：「潁川、南陽，本夏禹之國。」即本書所引，原校誤。

〔二〕平王母申后之家也　底本「之」下衍「母」字，據宋版、萬本、庫本及傅校删。

〔三〕戰國時屬韓　「時」，底本脱，據宋版、萬本、庫本及傅校補。

〔四〕蘇秦説宣惠王曰韓西有宜陽東有宛穰即謂此地　「宣」，底本無，宋版、萬本、庫本同。按史記卷六九蘇秦列傳謂「説韓宣王曰」，即史記卷四五韓世家宣惠王，元和郡縣圖志卷二一鄧州總序作「韓宣惠王」，與史記合，此脱「宣」字，據補。「謂」，底本脱，據宋版、庫本及傅校補。

〔五〕尋復屬楚　「屬」，底本作「爲」，據宋版、萬本、庫本改。

〔六〕宛　底本脱，萬本、庫本同，據宋版及太平御覽卷一六八引漢志補。

〔七〕後魏太和中置荆州領南陽等八郡居穰城　魏書卷一〇六地形志下：「太延五年置荆州，『治上洛，太和中治穰城』。」此云太和中置，誤。

〔八〕隋開皇初州郡不改三年罷郡　前「郡」字，底本脱，據宋版、萬本、庫本補。「三年」，底本脱，萬本、庫本同，據宋版補。隋書卷一高祖紀上：開皇三年十一月，「罷天下諸郡」。

〔九〕復歸江陵　「歸」，底本作「爲」，萬本、庫本同，據宋版改。按三國吳、晉荆州治江陵，北魏太延中徙治上洛，太和中又徙治穰城，至隋復還治江陵。

〔一〇〕改爲鄧州　按隋書卷三〇地理志中云開皇初改爲鄧州，通典卷一七七州郡七、輿地廣記卷八鄧州同，此云七年，恐誤。

〔一一〕淯新弘　「淯」，底本作「溝」，宋版、萬本、庫本同，據新唐書卷四〇地理志四、唐會要卷七一州縣改置下改。「弘」，底本作「引」，萬本、庫本同，據宋版及舊唐書卷三九地理志二改。

〔一二〕西北至西京九百五里　萬本、庫本皆無此文。按鄧州治穰縣，即今河南鄧州市，北宋以河南府爲西京，即今洛陽市，在鄧州之北，此云「西北」，恐誤。又通典州郡七：「南陽郡（鄧州）去東京六百七十里。」元和郡縣圖志鄧州：「北至東都六百四十五里。」唐以河南府爲東都，一稱東京，此里數有誤。

〔一三〕西北至長安九百五里　「五」，萬本同，庫本作「二十五」。通典州郡七：「南陽郡（鄧州）去西京九百三十里。」與庫本近是。

〔一四〕西南至均州二百四十里　「二」，元和郡縣圖志鄧州作「三」，通典州郡七同，此「二」爲「三」字之誤。

〔一五〕史記云　按本書以下引文見於漢書地理志下篇末劉向域分、朱贛風俗，此「史記」爲「漢書」之誤。

〔一六〕徙天下不軌之人南陽　「徙」，底本作「從」，萬本作「縱」，據庫本及漢書地理志下改。

〔一七〕縣名　萬本、庫本皆無，傅校删，蓋非樂史原文。

〔一八〕東受江淮　「江淮」，底本作「淮海」，萬本、庫本同，據漢書地理志下改。

〔一九〕長沮桀溺　萬本、中大本、庫本皆無，傅校删，蓋非樂史原文。

〔二〇〕嚴光字子陵新野人至趙熹字伯陽宛人拜太尉封關内侯　萬本、中大本、庫本皆無嚴光、任延、直不疑、趙熹傳略，傅校删，蓋非樂史原文。按後漢書卷八三逸民列傳謂嚴光會稽餘姚人，此云新野人，當誤。

〔二一〕爲大司馬封高密侯　按後漢書卷一六鄧禹列傳載拜爲大司徒，非「大司馬」。「封」，底本脱，據萬本、庫本及後漢書鄧禹列傳補。

〔二二〕卓茂至即解與之　萬本、中大本、庫本皆無，傅校删，蓋非樂史原文。

〔二三〕字伯豪南陽人　萬本、庫本無此六字。

〔二四〕陰識字次伯至李善字次孫南陽人　萬本、中大本、庫本皆無陰識、李善傳略，蓋非樂史原文。

〔二五〕字叔庠　「叔庠」，底本作「庠叔」，據後漢書卷四一宋均列傳乙正。萬本、庫本無此三字。

〔二六〕又自東海相免官至治稱第一　萬本、庫本無此三十九字。「萬計」，後漢書宋均列傳作「數千人」，此誤。

〔二七〕孔嵩字仲山南陽人　萬本、中大本、庫本皆無，傳校刪，蓋非樂史原文。

〔二八〕朱暉字文季至朱穆字公叔暉之孫官至御史　萬本、中大本、庫本皆無朱暉、朱穆傳略，蓋非樂史原文。

〔二九〕字平叔南陽人官吏部尚書　萬本、庫本皆無「字平叔」、「官吏部尚書」八字。

〔三〇〕杜延年南陽人至來歙新野人事光武拜太中大夫　萬本、中大本、庫本皆無杜延年、董班、李通、任光、來歙諸傳略，蓋非樂史原文。

〔三一〕樊曄新野人至宗慈安衆人爲修武令　萬本、中大本、庫本皆無樊曄、鄧晨、宗慈傳略，蓋非樂史原文。

〔三二〕呂義　按三國志卷三九蜀書呂乂傳云字季陽，南陽人，此「義」疑爲「乂」字之誤。

〔三三〕馮良南陽人至衛瓘奇之曰此人中水鏡　萬本、中大本、庫本皆無馮良、宗資、何進、謝該、樂廣諸傳略，蓋非樂史原文。按晉書卷四三樂廣傳：衛瓘曰：「此人之水鏡。」此「中」應作「之」。

〔三四〕劉驎之字子驥南陽人　萬本、中大本、庫本皆無，蓋非樂史原文。

〔三五〕字慎之　「慎之」，南史卷五〇庾肩吾傳同，梁書卷四九庾肩吾傳作「子慎」，按肩吾兄黔婁字子貞，於陵字子介，作「子愼」爲是。

〔三六〕將貸汝命　「命」，底本脱，據萬本、庫本及南史庾肩吾傳補。

〔三七〕操筆便成辭采甚美　「便成」、「辭」，底本作「立就」、「詞」，據萬本、庫本及南史庾肩吾傳改。

〔三八〕徐摛　「摛」，底本作「擒」，萬本同，據梁書、南史庾肩吾傳改。

〔三九〕庾杲之字景行新野人　萬本、中大本、庫本皆無，蓋非樂史原文。

〔四〇〕唐岑文本貞觀初爲中書侍郎岑羲文本孫嘗爲金壇令有治績遷中書舍人　萬本、庫本皆作「唐岑文本孫羲，南陽人」。

〔四一〕張巡南陽人韓翃字君平南陽人號大曆才子之一　萬本、中大本、庫本皆無張巡、韓翃傳略，蓋非樂史原文。

〔四二〕白花蛇　萬本、庫本皆無。

〔四三〕則九井俱震　萬本、庫本皆作「即九井皆動」。

〔四四〕周地圖記云召信臣所鑿溉田三萬頃　「記」，底本脱，萬本、庫本同，據太平御覽經史圖書綱目補。「溉」，底本作「灌」，據萬本、庫本、嘉慶重修一統志卷二一〇南陽府引本書及通典卷一七七州郡七改。

〔四五〕城在今縣東南　「南」，底本脱，據萬本、庫本、嘉慶重修一統志卷二一一南陽府引本書及通典州郡七補。

〔四六〕馬圈鎮　「鎮」，庫本同，萬本作「城」。

〔四七〕朱砂山　「山」，萬本、庫本皆作「里」。

〔四八〕東北一百二十里　「東」，底本作「西」，萬本、庫本同。按元豐九域志卷一鄧州南陽縣：「州東北一百二十里。」南陽縣即今河南南陽市，位於鄧州（治今鄧州市）東北，此「西」乃「東」字之誤，據改。

〔四九〕聖曆元年五月　「五」，底本作「四」，據萬本、中大本、庫本及唐會要卷七一州縣改置下改。

〔五〇〕南陽縣西七里有梅溪　「西」，萬本、庫本作「西北」。

〔五一〕謝沈後漢書　底本後漢書上有「謝」字，下注「城名」，萬本無，庫本作「謝承」。按水經淯水注引謝沈漢書云：「光武攻淯陽不下，至小長安，與甄阜戰敗于此。」則所謂「謝」者，乃晉謝沈漢書，此注「城名」，誤，據補「沈」，刪「城名」。又本書下引後漢書文出自宋范曄後漢書，非謝沈漢書。

〔五二〕梁丘賜　「丘」，底本脱，庫本同，據後漢書卷一光武帝紀第一上補。

〔五三〕周迴一里二百二十步　萬本、庫本無「二十」二字。

〔五四〕天寶元年改爲臨湍縣　按元和郡縣圖志鄧州：西魏「廢帝以近湍水，改爲臨湍。隋文帝復改爲新城。天寶元年又改爲臨湍縣。」則西魏已改名臨湍縣，不始于唐天寶。

〔五五〕翼望中山山海經云湍水出焉　萬本作「翼望山，在縣西北二十里。湍水出焉」，同元和郡縣圖志鄧州。

〔五六〕淯水至謂之瓜里渡　底本三「淯」字作「清」，脱「渡」字，萬本、庫本同。按水經淯水注：淯水又南逕預山東，俗名之爲獨山也，「又西南逕史定伯碑南，又西爲瓜里津，水上有三梁，謂之瓜里渡。」據改補。

〔五七〕張澹　「澹」，萬本、庫本同。水經湍水注、北堂書鈔卷七九、一〇二、藝文類聚卷四〇、太平御覽卷五五一、五八九、七六七引盛弘之荆州記皆作「詹」，此疑誤。

〔五八〕瓦器不藏　「瓦」，底本作「凡」，萬本、庫本同，據北堂書鈔卷一〇二、藝文類聚卷四〇、太平御覽卷五五一引盛弘之荆州記改。

〔五九〕廢菊潭縣西北一百五十里　按元和郡縣圖志鄧州菊潭縣：「東南至州一百五十里。」則在鄧州西北，此應列於鄧州治穰縣下，才合。

〔六〇〕本漢中鄉縣地　按漢無「中鄉縣」，元和郡縣圖志鄧州菊潭縣云「本漢酈縣武陶戍之地」，此謂「漢中鄉縣」，誤。本書内鄉縣序云：「後魏孝文帝於此置析陽郡，理西析陽，廢帝改爲中鄉縣。」則此「漢」爲「西魏」之誤。「地」，底本作「也」，據宋版、萬本、庫本改。

〔六一〕一名菊溪水　「菊溪」，宋版同，萬本、庫本作「菊潭」，與本書廢菊潭縣叙「因菊潭水以名縣」合。

太平御覽卷六七引盛弘之荆州記作「菊溪」，則此水一名菊溪，又名菊潭。

〔六二〕被淮浸潭潤流滋液　「淮」、「潭」、「潤」，底本作「淮」、「淡」、「澗」，庫本同，皆據宋版改。萬本作「潭潤滋液」，同水經湍水注。按後漢書卷四四胡廣傳李賢注引盛弘之荆州記作「芳菊被涯」，太平御覽卷六三引荆州記作「被徑浸潭，流其滋液」。

〔六三〕其七十八十者猶以爲夭　「其」，底本無，據宋版、萬本、庫本及太平御覽引荆州記補。

〔六四〕音力爲切　宋版、萬本、庫本及續漢書郡國志四劉昭注、藝文類聚卷八一、太平御覽卷六三引荆州記皆無此四字，蓋非樂史原文。

〔六五〕濁山　「山」，底本作「水」，據宋版、庫本改。萬本作「獨山」，誤。

〔六六〕見則國有大恐　宋版同，萬本、庫本皆無此文，萬本别有神耕父處之，常遊清泠之淵，出入有光。有九鐘焉，是知霜鳴。注云：「清泠水在西鄂縣山上，神來時水赤有光耀，今有屋祠之。霜降則鐘鳴，故言知也」五十六字，乃據山海經中山經文及郭璞注妄補。

〔六七〕山海經　按下引「南水自嶺南流，北水從嶺北注，故俗名此嶺爲分水嶺」文，山海經無，而載於水經淯水注，此「山海經」爲「水經注」之誤。

〔六八〕廢新野縣東南七十里至今廢入穰縣　按元和郡縣圖志鄧州新野縣：「西北至州七十里。」則此應列於鄧州治穰縣下，才合。又晉書卷一五地理志下云義陽郡太康中置，與此謂太康元年置異。

〔六九〕水經注　「注」，底本脱，萬本、庫本同，據宋版及水經淯水注補。

〔七〇〕在縣北二十四里　「四」，底本脱，據宋版、萬本、中大本、庫本及元和郡縣圖志鄧州補。

〔七一〕兩菖蒲新野樂遂建兩菖蒲寺以美之　二「兩」字底本作「雨」，萬本、庫本同，據宋版改。

〔七二〕西北二百四十里　「北」，底本脱，萬本、庫本同，據宋版及元豐九域志鄧州補。元和郡縣圖志鄧州内鄉縣：「東南至州二百四十里。」按内鄉縣即今西峽縣，位於鄧州（治今鄧州市）西北。

〔七三〕今三鄉　「三」，底本作「九」，萬本同，據宋版、庫本改。

〔七四〕隋開皇中避諱改爲内鄉兼置淅州　原校：「按隋書地理志淅陽郡：『西魏置淅州。』又内鄉縣：『舊曰西淅，西魏改爲内鄉。』今記『隋開皇中避諱，改爲内鄉』，與元和郡縣志同，其曰『兼置淅州』，未知據何書，皆與隋志不合。」按隋書地理志中内鄉縣：「舊曰西淅陽郡。」原校引文脱誤。

〔七五〕飲之者不心痛　「不」，底本作「必」，萬本同，據宋版、庫本及山海經中山經改。

〔七六〕郡國記　「記」，底本作「志」，據宋版、萬本、庫本改。

〔七七〕赤柱　「柱」，底本作「桂」，萬本同，據宋版、庫本改。

〔七八〕音巾　宋版、萬本、庫本皆無，非樂史原文，爲後世竄入。

〔七九〕出析縣北　「析」，底本脱，據宋版、萬本、庫本補。

〔八〇〕謂之泃口　「泃」，宋版、庫本同，萬本作「均」，下文同。按泃水即均水，泃口即均水入沔之口，水經均水注：「泃水又南流注于沔水，謂之泃口者也。」水經沔水注作「均口」，云均水入沔，「謂之均口也。」南北朝史或作「泃口」、「泃水」，或作「均口」、「均水」，梁書卷一八馮道根傳：「齊建武末，魏主托跋宏寇没南陽等五郡，明帝遣太尉陳顯達率衆復爭之。師入泃口，道根與鄉里人士以牛酒候車，因説顯達曰：泃水迅急，難進易退。」北史卷一六廣陽王建傳：子弟嘉，「孝文南伐，詔嘉斷均口。」

〔八一〕析水即水經之泃水也至蓋酈氏之經誤矣　楊守敬水經注疏水經均水篇：「守敬按酈注之析水，在丹水篇，出析縣西北，又逕縣北，又逕縣東入丹，與今水道（按即今西峽、淅川縣西淇河）毫無參差，安得以析水當均水，且均水出析縣東北，原委皆不經析縣西，樂氏此説殊謬。」

〔八二〕唐武德二年析内鄉縣三鄉置　按舊唐書地理志二、新唐書地理志四皆載武德元年置淅川縣，五年廢，輿地廣記鄧州載五代時復置淅川縣，此皆誤脱。

〔八三〕岞嶺山　「岞」，底本作「窄」，據宋版改。萬本、庫本缺。

〔八四〕在淅川内鄉兩縣界之中　「兩」、「之」，底本脱，皆據宋版補。萬本、庫本無「兩」字，有「之」字。

〔八五〕爲南陽郡　「爲」，底本作「屬」，據宋版、萬本、庫本改。

〔八六〕後魏太和中置東荆州于比陽古城　「後」，底本脱，據宋版、萬本、庫本補。按北史卷九五蠻傳：

「延興中，大陽蠻首桓誕擁沔水以北，滍葉以南，八萬餘落，遣使内屬。孝文嘉之，拜誕征南將軍、東荆州刺史、襄陽王，聽自選郡縣。誕既内屬，居朗陵。太和十年移居潁陽。」水經比水注：「余以延昌四年，蒙除東荆州刺史，州治比陽縣故城。」則北魏延興中置東荆州，治朗陵，太和十年徙治潁陽，不在比陽，延昌四年始移治比陽。

〔八七〕開元五年以方城屬仙州　「五」，底本作「元」；「州」，底本作「來縣」，皆據宋版及舊唐書地理志二改。

〔八八〕十三年改置上馬縣　「十」，底本脱，萬本同，據宋版、庫本及舊唐書地理志二、新唐書地理志四補。

〔八九〕方城梨　「梨」，底本作「蒺藜」，據宋版、萬本、庫本改。

〔九〇〕梁丘賜　「丘」，底本脱，萬本、庫本同，據宋版及後漢書卷一光武帝紀第一上補。

〔九一〕可以樂飢　「樂」，萬本、庫本同，宋版、中大本作「療」。毛詩正義：「舊皆作樂字，晚詩本有作疒下樂，以形聲言之，殊非其義。療字當從疒，下作尞，案説文云療，治也，療或𤻲字也。」

〔九二〕三年又改爲純州　「三」，底本作「二」，據宋版、萬本、庫本改。周書卷二文帝紀下：魏廢帝三年春正月，「改淮州爲純州。」

〔九三〕取桐柏山爲名　底本「取」上衍「漢志桐柏縣」五字，萬本、庫本同，據宋版及元和郡縣圖志卷二一一唐州删。按漢書地理志無「桐柏縣」。

〔九四〕紫玉山　「山」，底本作「水」，萬本、庫本同，據宋版改。

〔九五〕城周迴側水　「側水」，底本作「水側」，庫本同，據宋版、萬本及水經比水注乙正。

〔九六〕後魏縣周地圖記　底本「縣」作「州」，脱「地」字，萬本同，據宋版及本書泌陽縣序改補。庫本有「地」字。

〔九七〕元二鄉　「二」，底本作「三」，萬本、庫本同，據宋版、中大本改。

〔九八〕應劭云明帝改爲順陽　按漢書卷二八地理志上南陽郡博山縣顔師古注引應劭曰：「漢明帝改曰順陽，在順水之陽也。」則博山改爲順陽，與堵陽縣無關，此誤。

〔九九〕西魏置襄邑郡于此　按隋書地理志中：「方城，西魏置，及置襄邑郡。」輿地廣記卷八唐州同，此脱「方城縣」。

〔一〇〇〕堵水出堵陽縣北山數源並發南流經小堵鄉謂之小堵水　「堵」，水經淯水注作「赭」，讀史方輿紀要卷五一：「堵水，亦曰赭水。」「並」，底本作「并」，據宋版、萬本、庫本及水經淯水注改。「小」，底本脱，宋版、萬本、庫本同，據水經淯水注補。

〔一〇一〕比水出比陽縣東北大胡山一名馬仁陂　「比」，萬本、庫本同，宋版作「沘」。王念孫曰：「作比者正字，作沘者或字。」（楊守敬水經注疏水經比水篇引）又水經比水注：「舊比水右會馬仁陂水，水出潕陰北山，泉流競湊，水積成湖，蓋地百頃，謂之馬仁陂。」水經潕水注：潕陰城「之東有馬仁陂，郭仲産曰：陂在比陽縣西北五十里，蓋地百頃，其所周溉田萬頃。」此云「比水一名馬仁陂」，恐誤。

〔一〇二〕隴水　「隴」，底本作「瀧」，據宋版、萬本、庫本改。

〔一〇三〕楚平王祠　「祠」，底本作「廟」，據宋版、萬本、庫本改。

〔一〇四〕溵水出上介山　「介」，水經溵水編作「界」，此「介」爲「界」之誤。

太平寰宇記卷之一百四十三

山南東道二

均州　房州

均州

均州，武當郡。今理武當縣。禹貢豫州之域。春秋及戰國其地並屬楚。史記：「秦昭襄王三十五年置南陽郡。」其地屬焉。在漢爲武當縣，屬南陽郡。後漢因之，在荆州部。魏屬南鄉郡。晉屬順陽郡。齊永明七年於今鄖鄉縣置齊興郡。〔一〕輿地志云：「梁武帝以此郡爲南始平郡，復有武功、武陽二縣，仍屬南雍州。太清元年於梁州之齊興郡置興州。」後魏廢帝元年改興州爲豐州，因以豐城爲名。後周武成元年自今鄖鄉城移于延岑城，即今理是也。隋開皇三年罷郡，豐州不改；五年改豐州爲均州，因界内均水爲名。大業初廢州，改爲淅陽郡，今郡城即後漢時延岑所築。〔二〕義寧二年割淅陽郡之武當、均陽二縣置武當郡，又置平陵縣。唐武德元年改爲均州，七年省平陵縣，八年省均陽入武當，其年以南豐州之鄖鄉、堵陽、安福三縣來屬。〔三〕貞觀元年廢均州，又省堵陽、安福二縣，以武當、鄖鄉二縣屬淅州；八年廢淅州，又以武當、鄖鄉二縣置均州，又廢上州，割豐利縣來屬。天寶元年改爲武當郡。乾元元年復爲均州。貞元五年勑均、房二州隷山南東道。〔四〕

元領縣三。今二：武當，鄖鄉。一縣廢：豐利。入鄖鄉。

州境：東西三百六十六里。南北一百四十里。

四至八到：東北至東京九百八十里。東北至西京八百八十五里。西北至長安九百里。東至鄧州二百四十四里。南至房州二百六十八里。西至金州七百里。北至鄧州内鄉縣二百六十八里。東南至襄州三百七十里，水路三百六十里。西南至房州三百七十二里。西北至商州上津縣石丹山界三百四十四里。東北至鄧州三百四十四里。

户：唐開元户一萬三千七百。皇朝户主三千七百九十二，客三千八百二十七。

風俗：漢書地理志：「漢中風俗與汝南郡同，有漢江川澤山林，少原隰，多以刀耕火種。人性剛烈躁急，信巫鬼，重淫祀，尤好楚歌」。〔五〕

人物：無。

土産：鹿脯，今貢。羚羊，舊貢。麝香，山雞皮，萎蕤，椒，蠟。

武當縣，舊八鄉，今三鄉。本漢舊縣，屬南陽郡，取武當山以名。縣舊治延岑城，唐顯慶四年移于今所。

武當山，一名太和山。武當山記云：「區域周迴四五百里，中央有一峯，名曰參嶺，高二十餘里，望之秀絶，出于雲表，清朗之日，然後見峯。一月之中，不過四五輕霄蓋其上，白雲帶其前，旦必西行，夕而東返，則惟其常謂之朝山，蓋以衆山朝揖之主也。」郭仲産南雍州記云：「武當山廣員三四百里，山高壠峻，若博山香爐，苕亭峻極，干霄出霧。學道者常百數，相繼不絶，若有于此山學者，心有隆替，輒爲百獸所逐。」陶弘景玉匱云：「太和山形南北長，高大有神靈，棲憑之者甚多。太和山雖在南陽界，而去洛陽甚近，度轘轅南陽界而北趨魯陽便得至焉。」又南雍州記云：「武當山有石門、石室，相承云尹喜所棲之地。」陰君内傳云：「君，字長生。入武當昇仙。」

石階山。隋圖經云：「一名華岳地肺，一名肺山。」福地記云：「西北角有大松樹，樹下生草名救窮，冬夏不枯，日食三寸，絶穀不饑，登之度世。陶先生謂之西岳佐命」是也。

女思山。漢武當長來邵女，〔六〕嫁爲河内張德子婦，隨夫還至此山，南望其父，思慕而死，即葬此山。女即來歙曾孫也。

三夫人峯，亭亭若博山香爐也。

三王城。前漢末，王匡、王鳳、王常所築，各一城，今號三王城。社樹。隋圖經云：「南陽武當南門有社柏樹，〔七〕大四十圍。梁蕭欣爲郡守，伐之，〔八〕言有大蛇從樹腹中墜下，飌數圍，長三丈，羣蛇數十隨之入南山，聲如風雨。未伐樹前，曾見夢于欣，欣不之信，後欣果死于治所。」

古塞山，在今縣北。戰國時楚築以備秦。今城所據之山險峻，按今名大寨山是。

鄖鄉縣，西一百十三里。舊八鄉，今五鄉。古麇國之地，左氏傳云：「楚潘崇伐麇，至于錫穴」。〔九〕漢初置錫縣。按地記云：「漢中郡之東界有錫縣，即古之錫穴也。」漢志錫縣屬漢中郡，今縣城即漢理。晉太康五年改錫縣爲鄖鄉縣。梁代志云：「其地出猫牛、沙牛。」

兜牟山，在縣東十里。即漢中郡與南陽郡分界處。

西山，今名寶蓋山。水經注云：「鄖鄉有西山，山有石蝦蟇，倉卒看之與真不別。」〔一〇〕山北有崖，傍視之，有一穴甚明，〔一一〕傳號爲星牖。〔一二〕

很子山。隋圖經云：「山臨漢水，山邊鑿石作六字，皆方一尺，四字猶可識，云『玄田中丘』，兩字不可識。山下有很子冢，爲水所壞，今成小洲，亦謂很子葬父之所。」

渚水，在縣西六十里，有渚水。漢地志注云「渚水入于漢，俗名渚口」，〔一三〕是。

寒泉水。水經注云：「漢水又東，謂之滂灘，冬則水淺，而下多大石。又東爲淨灘，夏水急盛，川多湍洑，行旅苦之，故諺云：『冬滂夏淨，斷官使命。』言二灘阻礙也。」滄浪洲。隋圖經云：「漢水逕琵琶谷至滄浪洲，即漁父櫂歌處。庾仲雍漢記云謂之千齡洲。」亦通名滄浪水，又東逕龍巢山下。

丹水。隋圖經云：「豐州丹水出丹魚，先夏至前十日夜，伺之，魚浮水，〔一四〕有赤光上照如火，以網取之，割其血以塗足，可步行水上。」

廢豐利縣，西二百四十里。元六鄉。〔一五〕本漢長利縣地，後漢省。晉復立，太康五年改長利爲錫縣，所屬不改。宋于此僑置南上洛郡，屬梁州。後魏分錫縣置豐利縣。按荆州圖副云：「豐利、熊川、陽川三縣，即武當之地。」唐武德元年置上津郡于此。貞觀八年廢郡，以縣屬均州。皇朝乾德六年併入鄖鄉縣。〔一六〕

錫義山，一名天心山，在縣東北六十五里。〔一七〕道書福地志云：「天心山方圓百里，形如城，四面有門。上有石壇，長十餘丈。山高谷深，多生薇蘅，〔一八〕其草有風不偃，無風獨摇。」

房州

房州，房陵郡。今理房陵縣。土地所屬與金州同，此即古麋、庸二國之地。麋音君。春秋爲房子國，左傳云：「楚子伐麋，成大心敗麋師于防渚。」即是此也。又闞駰云：「防陵，即春秋時防渚也。」史記：「秦惠文王十三年攻楚，〔一九〕取漢中地，置漢中郡。」始皇滅趙，徙趙王遷于房陵，是此。〔二〇〕其地四塞險固，即爲漢中郡地。其後，始皇誅呂不韋，其家亦徙于此。歷兩漢，郡如之，後漢末以爲房陵郡。〔二一〕華陽國志：「孟達降魏，魏文帝合三郡爲新城郡，以達爲太守，理上庸。達後叛歸蜀，司馬宣王討之，仍從新城移理房陵。」〔二二〕歷晉、宋、齊爲新城、上庸二郡。梁天監末立岐州，與郡同理房陵。侯景之亂，地入後魏，廢帝二年改新城郡爲光遷國。漢中記云：「光遷國，〔二三〕昔傳此地古有三百人于州西南房山中學道得仙，因名其地爲廣仙，後人語訛爲光遷。」後周武帝保定三年廢國爲遷州，改房陵爲光遷縣。〔二四〕隋因之，煬帝廢州爲房陵郡。唐武德元年改爲遷州，領光遷、永清，又置受陽、淅川、房陵，凡領五縣；其年又於竹山縣置房州，領竹山、上庸，又置武陵，凡領三縣；五年廢遷州之淅川；七年又廢房陵、受陽二縣。貞觀十年廢遷州，自竹山移房州治于廢遷州城；其年省武陵縣，改光遷爲房陵縣。天寶元年改爲房陵郡。乾元元年復爲房州。貞元五年以房州、均州隸山南東道。〔二五〕皇朝爲保康軍節度。

元領縣四。今二：房陵，竹山。二縣廢：上庸，入竹山。永清。入房陵。

州境：東西二百五里。〔二六〕南北二百五十四里。

四至八到：東北至東京一千五百里。東北至西京一千一百五十五里。〔二七〕西北至長安一千四百六十八里。東至襄州四百二十里，〔二八〕水路五百八十四里。南至歸州山路五百里。西至金州五百五十里。北至均州二百六十里。東南至襄州界四百九十里。西南至金州界五百七十八里。東北至襄州界一百七十八里。

户：唐開元户一萬四千四百四十二。皇朝户主四千八百八十二，客六百九十。

風俗：同金州。

人物：無。

土産：賦：紫布。鍾乳，麝香，石楠葉，黄芩，羚羊角，雷丸子，黄蘗皮。

房陵縣，舊十六鄉。本漢舊縣，屬漢中郡。初爲「防」字，後漢改爲「房」，以陵爲名。

建鼓山。袁山松記云：「登句將山，見馬鬣、建鼓，嶷然半天。」華陽國志云：「此即山水之艱，有馬鬣、建鼓之險。」

房山，在縣西南四十里。〔二九〕其山四面有石室似房，因爲名。

狼山，夾水導源出此山。

筑水。水經注云：「筑水出梁州閬陽縣。魏遣夏侯淵與張郃下巴西，集軍宕渠，先主軍筑口，即是此水所出。」〔三〇〕又按漢志云：「筑水東至筑陽入沔。」今按筑水，在州理北，東流經永清縣南，又東北流至襄州穀城縣南，又東北方注于漢江。〔三一〕

黄香冢。香，後漢爲吏部尚書，即此郡人，有至孝之名，卒于此，有冢在郡東。

北河水，源出縣西界，遶城東流。不通舟，有石崖門阻隔。

又有三十五小溪，其名惡者有臨愁水。

城四面有三十四小山，其名惡者有罵詈山。

三王一作「山」。〔三二〕冢，其縣南有大墳三所，號三王冢；縣北有趙王冢，並無碑記，皆古老相傳。

廢永清縣，在縣東一百一十里。本漢防陵縣地，周地圖記云：「後魏廢帝三年分房陵東境，于今縣東六里置大洪縣，屬光遷國。」後周保定二年移于今理，乃改爲永清縣。今併入房陵縣。

景山，在縣西南二百里，東與京山連接。有沮水，源出景山，一名雁浮山。山海經云：「荆山之首曰景山。」雁南翔北歸，偏經其上，土人由茲改名爲雁塞山。又曰：「荆山之首曰景山，上多金玉。」

筑水，在縣南三里，東流。粉水，源出縣東北永林山。水經注云：「粉水導源東流，經上粉縣，取此水以淘粉，〔三三〕則皓曜鮮潔，有異衆流。」

粉城。因粉水爲名。

竹山縣，西一百五十里。〔三四〕元八鄉。本漢上庸縣，古之庸國也。今縣古城，即是昔周武王伐紂，會諸侯于孟津之上，庸人往焉，故尚書牧誓曰：〔三五〕「庸、蜀、羌、髳、微、盧、彭、濮人。」即此也，漢書志上庸縣屬漢中郡。

白馬塞山。盛弘之荆州記云：「孟達爲新城太守，登白馬山而歎曰：『劉封、申耽據金城千里而不能守，豈丈夫也哉！』爲上堵吟，今人猶傳此聲，音韻憤激，其哀思之音乎！遊者云重山疊嶂，亦信然」。〔三六〕

方城山，在縣東三十里。左傳云：「楚使廬戢黎侵庸，及庸方城。」即此。山頂平坦，四面險峻。

龍祇山，在縣南二里。古老相傳：「昔有道士王若冲于此山服柏葉，身上毛生碧緑色，白日昇天。」

黄竹山，在縣東一百里。〔三七〕

鰲水，源出縣西十里，入堵水。其水足蛇，邑人云：「莫飲鰲谷水，水中有蛇龜。」一名龜水。

上玄水，在縣北六十里。源出庸嶺下，南流入孔陽水。有潭深不可測，或投石其中，即卒風暴雨。

浸水，在縣西四十里。出王冢山下，南流入武陵水。堪浣羅紗，色白如練。

鬼田，在縣東二里，隔堵水。約二頃，不生樹木，只有茅荻，每歲清明日祭而燎之，預卜其豐儉，燎草至盡，即是年豐。風俗爲驗，于今亦然。

堵水，源出金州平利縣界黄平源嶺下。圖經云：「郭帶堵水，水通漢江，舟船往來，商賈所湊也。」

廢上庸縣，在州西二百五十里。本漢上庸縣，〔三八〕古上庸城，在縣東四十里武陵故城是也。後漢省。曹魏更立，屬新城郡，明帝改屬上庸郡。蕭齊改爲武陽縣。梁改立新豐縣，又改爲武陵縣。後魏改爲京川縣，〔三九〕廢帝二年改爲孔陽縣，以西有孔陽水爲名。隋開皇三年罷郡，廢孔陽縣，仍于今竹山縣移上庸縣于廢孔陽縣爲理，今併入竹山縣。

庸城山，在縣西五里。舊名懸鼓山，庸人居此山置鼓。

王冢山，在上庸縣西六十里。古老相傳有三王冢在此。

孔陽水，在故縣西十步，〔四〇〕其源出檀溪嶺下。〔四一〕其水洗物除垢，亦堪磨刀劍，甚利也。〔四二〕

卷一百四十三校勘記

〔一〕齊永明七年於今鄖鄉縣置齊興郡　後「齊」字底本脱，萬本、庫本同，據宋版及南齊書卷一五州郡志下補。按輿地紀勝卷八五均州總序云：「齊爲始平郡，又置齊興郡。」按與南齊書州郡志記載合，此脱載「始平郡」。

〔二〕今郡城即後漢時延岑所築　「時」，底本作「將」，萬本、庫本同，據宋版改。輿地紀勝均州引本書作「即後漢延岑所築」，通典卷一七七州郡七均州同。

〔三〕其年以南豐州之鄖鄉堵陽安福三縣來屬　「南」，底本脱，萬本、庫本同，據舊唐書卷三九地理志二、新唐書卷四〇地理志四補。「南豐州」，宋版作「澧州」，誤。

〔四〕貞元五年　按唐會要卷七一州縣改置下謂在貞元元年五月。

〔五〕漢書地理志至尤好楚歌　「刀」，底本作「力」，萬本同，據宋版、庫本改。按漢書卷二八地理志下云：「楚有江漢川澤山林之饒；江南地廣，或火耕水耨。……信巫鬼，重淫祀。而漢中淫失枝柱，與巴蜀同俗。汝南之別，皆急疾有氣勢。」與此引文異意違，恐非出自漢書地理志。

〔六〕漢武當長來邵女　「邵」，底本作「郡」，庫本同，據宋版改。萬本及嘉慶重修一統志卷三四六襄陽府引本書皆作「羣」。

〔七〕武當南門有社柏樹　「南」，底本脱，萬本、庫本同，據宋版、輿地紀勝均州引本書及宋本方輿勝覽卷三三均州引圖經、永樂大典卷一四五三七引本書補。

〔八〕梁蕭欣爲郡守伐之　「守」，萬本、輿地紀勝引本書及宋本方輿勝覽引圖經同，宋版、庫本無，當誤。

〔九〕至于錫穴　「錫」，左傳文公十一年作「鍚」，漢書卷二八地理志上漢中郡錫縣，應劭曰：「音陽。」顏師古曰：「即春秋所謂錫穴。」續漢書郡國志五作「錫」，漢中郡錫縣：「有錫，春秋時曰錫穴。」錢綺札記曰：「此字舊説互異，未能定其何從。然石經先於版本，班固、應劭又先於後漢志，陸氏釋文亦以『錫』字爲正字，『鍚』爲或作字，則作『錫』者後出，當從石本。」

〔一〇〕倉卒看之與真不别　「不」，底本作「無」，據宋版、萬本、庫本及水經沔水注改。

〔一一〕傍視之有一穴甚明　底本作「傍有一穴視之甚明」，據宋版、萬本及嘉慶重修一統志卷三四九鄖陽府引本書乙正。

〔一二〕傳號爲星牖　底本「傳」上有「相」字，無「號」字，萬本同，嘉慶重修一統志鄖陽府引本書作「號爲星牖」，據宋版删補。

〔一三〕渚水至俗名渚口　「漢地志」，輿地紀勝均州引本書作「漢地理志」，然漢書地理志無此引文。按水經沔水注云：「堵水出建平郡界故亭谷，東歷新城郡，又東北逕上庸郡，又東逕方城亭西，「東北歷嵾山下，而北逕堵陽縣南，北流注于漢，謂之堵口。」此「渚」疑爲「堵」字之誤。

〔一四〕魚浮水　「魚」，底本脱，萬本、庫本同，據宋版、輿地紀勝均州引本書及水經丹水注補。

〔一五〕元六鄉　「六」，宋版、萬本、中大本、庫本皆空缺。

〔一六〕廢豐利縣西二百四十里至皇朝乾德六年併入鄖鄉縣　按元和郡縣圖志卷二一均州豐利縣：「東至州二百四十里。」則此所謂「西二百四十里」，乃指均州之西里距而言，此應列於均州治武當縣下，才合。

〔一七〕在縣東北六十五里　「五」，底本脱，據宋版、萬本、中大本、庫本及元和郡縣圖志均州豐利縣補。

〔一八〕多生薇蘅　「蘅」，水經沔水注及太平御覽卷九九四引水經注同，宋版作「衡」；萬本、庫本作「蘅」，則誤。

〔一九〕秦惠文王十三年攻楚　「十三」，底本作「三十」，萬本、庫本同，據宋版及史記卷五秦本紀乙正。

〔二〇〕是此　「此」，底本脱，萬本、庫本同，據宋版補。

〔二一〕後漢　「後」，底本脱，據宋版、萬本、庫本及元和郡縣圖志卷二一房州總序補。

〔二二〕華陽國志至仍從新城理房陵　原校：「按今記先所引與華陽國志多舛謬，今略從本文校定，然華陽國志新城治房陵，今云理上庸，又雜取之他書矣。」按水經沔水注：新城郡故漢中之房陵縣也，「漢末以爲房陵郡，魏文帝合房陵、上庸、西城立以爲新城郡，以孟達爲太守，治房陵故縣。」華陽國志卷二漢中志載同，新城郡治房陵；同書卷又載：漢末爲上庸郡，魏黄初中省，「孟達誅後復爲郡」，郡治上庸，皆不載孟達時新城郡曾治上庸。

〔二三〕漢中記云光遷國　此七字底本脱，萬本同，據宋版及輿地紀勝卷八六房州引本書補。

〔二四〕後周武帝保定三年廢國爲遷州改房陵爲光遷縣　「保定」，底本脱，宋版、萬本、庫本同，據周書卷五武帝紀上補。「縣」，底本脱，據宋版、萬本、中大本、庫本補。

〔二五〕貞元五年以房州均州隸山南東道　同本書卷均州總序，唐會要卷七一州縣改置下謂「貞元元年五月以均州隸山南東道觀察使」。

〔二六〕東西二百五里　「五」下底本衍「十」字，萬本、庫本同，據宋版删。

〔二七〕東北至西京一千一百五十五里　「一百」，底本作「五百」，萬本、庫本同，據宋版改。元和郡縣圖志房州：「東北至東都一千一百五十五里。」按唐以洛陽爲東都，北宋以洛陽爲西京。

〔二八〕東到襄州四百二十里　底本「十」下衍「四」字，據宋版、萬本及元和郡縣圖志房州删。

〔二九〕在縣西南四十里　庫本同，萬本據元和郡縣圖志房州「十」下補「三」字。

〔三〇〕筑水水經注云至即是此水所出　原校：「按今記房陵、穀城所載筑水，自房陵流至穀城入沔，其會沔處，謂之筑口。穀城即漢之筑陽，距房陵尚三百餘里，又自房陵至南鄭千二百餘里。夏侯淵、張郃屯漢中，數犯暴巴界。先主令張飛進兵宕渠，與郃等戰于瓦口，郃等敗，收兵還南鄭。漢宕渠故城乃在今渠州流江縣界，時張飛以巴西太守拒郃等還南鄭，則當取道今巴西，無緣相拒於穀城之筑口，意宕渠自有瓦口，而水經注誤以爲汎口，今記又誤以爲筑口也。水經注又載『汎水出閬陽縣，東過巴西，歷巴渠、北新城、上庸，東逕汎陽縣故城，晉分筑陽立。又東流注于沔。』按宋書州郡志，閬陽屬新城郡，郡治房陵，去閬陽必不遠，汎水不應自閬東過巴西，乃更歷巴渠、上庸，復經筑陽，水經之誤矣。又今記房陵縣有兩筑水，上筑水似是汎水而誤爲筑，筑口、汎口皆當在穀城之間，今載于房陵，亦誤。」按水經沔水注云：「沔水又南，汎水注之，水出梁州閬陽縣。魏遣夏侯淵與張郃下巴西，進軍宕渠，劉備軍汎口，即是水所出也。」又云：「汎水又東逕巴西，歷巴渠、北新城、上庸，東逕汎陽縣故城南，汎水又東流注于沔，謂之汎口也。」又云：「沔水又南逕筑陽縣東，又南，筑水注之，杜預以爲彭水也。水出梁州新城郡魏昌縣界，東逕筑陽縣故城南，又東流注于沔，謂之筑口。」則汎水、筑水爲二水，並爲沔水支流，汎水即今湖北穀城縣西、北之北河，筑水即今穀城縣西南之南河，樂史改汎水爲筑水，又改汎口爲筑口，非矣，原校所云亦誤。

〔三一〕又東北方注于漢江　「漢江」，底本作「江漢」，萬本、庫本同，據嘉慶重修一統志卷三四九鄖陽府引本書及輿地紀勝房州乙正。

〔三二〕一作山　萬本、庫本、嘉慶重修一統志鄖陽府引本書及輿地紀勝房州皆無此三字，蓋非樂史原文。

〔三三〕取此水以淘粉　「淘」，庫本及輿地紀勝房州引本書同，萬本作「漬」，同水經粉水注，按宜作「漬」。

〔三四〕西一百五十里　「西」，底本作「東」，萬本、庫本同。元和郡縣圖志房州竹山縣：「東至州一百四十八里。」按唐宋房州治房陵縣，即今湖北房縣，竹山縣即今縣，位於房州西北。元豐九域志卷一房州竹山縣：「州西一百五里。」輿地紀勝房州竹山縣：「在州西一百三十里。」則此「東」爲「西」字之誤，據改。

〔三五〕尚書牧誓　「牧」，底本作「泰」，萬本、庫本同，據尚書牧誓及元和郡縣圖志房州竹山縣序改。

〔三六〕音韻憤激至亦信然　庫本及太平御覽卷四三引盛弘之荆州記同；萬本作「音韻哀切，有惻人心，今水次尚歌之」，乃據水經沔水注而改，與盛弘之荆州記不符。

〔三七〕在縣東一百里　元和郡縣圖志房州記在竹山縣北一百里，與此異。

〔三八〕廢上庸縣在州西二百五十里本漢上庸縣　水經沔水注：「堵水出建平郡界故亭谷，堵水又東北逕上庸郡，故庸國也，楚滅庸，以爲縣，「漢末又分爲上庸郡，城三面際水。堵水又東逕方城亭西。」按堵水即今堵河，方城亭在今竹山縣東南，今竹山縣城西南東三面臨堵河，史記秦本紀正義引括地志：「上庸，今房州竹山縣及金州是也。」元和郡縣圖志房州亦謂「漢上庸縣，今竹山縣理是也」，則漢上庸縣即今竹山縣，此謂漢上庸縣在竹山縣西二百五十里，誤，實則此爲隋唐之上庸縣，元和郡縣圖志云上庸縣「東至房州二百五十里」，是也。

〔三九〕後魏改爲京川縣　「川」，底本作「州」，庫本同，據萬本及嘉慶重修一統志鄖陽府引本書改。

〔四〇〕在故縣西十步　「十步」，萬本作「六十里十步」，庫本同。元和郡縣圖志謂「在上庸縣西五十步」，萬本、庫本疑誤，此疑脱「五」字。

〔四一〕其源出檀溪嶺下　「下」，庫本同，萬本及嘉慶重修一統志鄖陽府引本書作「上」，輿地紀勝房州引本書無此字。

〔四二〕甚利也　按輿地紀勝房州兩乳山引本書云「在房陵縣」，底本、萬本、庫本房陵縣皆無，今附録於此。

太平寰宇記卷之一百四十四

山南東道三

隨州　郢州　復州

隨州

隨州，漢東郡。今理隨縣。禹貢：「荆及衡陽惟荆州。」虞舜及周皆爲荆、豫之域。在周爲隨國，世本曰：「隨，姬姓也。」春秋傳曰：「楚武王侵隨，鬬伯比言于楚子曰：『漢東之國，隨爲大。』」隨國，今義陽縣是也。其後爲楚所滅。戰國其地屬楚。秦併天下，爲南陽郡地。漢初立爲隨縣，屬南陽郡。後漢如之。晉屬義陽郡，後分置隨郡。宋、齊因之。西魏置并州，尋廢，大統十六年克定隨、安陸二郡，〔一〕改隨郡爲隨州。隋初如之，大業初廢州，以其地分置漢東、春陵二郡。唐武德三年復并爲隨州，領隨縣、光化、安貴、平林、順義五縣。貞觀十年割唐州棗陽來屬。天寶元年改爲漢東郡。乾元元年復爲隨州。今郡城，古隨國之地。〔二〕皇朝乾德四年，升爲崇義軍節度，尋改崇信軍。

領縣四：隨縣，棗陽，唐城，光化。

州境：東西三百七十里。南北二百一十里。

四至八到：東北至東京一千一百里。西北至西京一千一百六十五里。西北至長安一千四百三十五里。東至安州一百五十五里。南至郢州四百六十里。西至襄州三百五十里。北至唐州三百六十里。東至申州二百四十四里。西北至唐州四百三十五里。東南至安州三百六十里。

户：唐開元户二萬六千九百。皇朝户主三千一百六十四，客三千四十九。

風俗：同唐州，尤多獵山伐木。

人物：無。

土産：蒲黄，枳實，會羅，柰花綾，小絹，葛，覆盆子。

隨縣，舊十二鄉，今二鄉。漢舊縣，後漢初，平林兵起此邑，今邑東北有平林鄉，即王常起兵之所。梁立曲陽郡。後西魏復得其地，因立郡于此。

三鍾山，在縣東五十里。山有石，狀如覆鍾。〔三〕

鸚鵡山，在縣東北百十五里，石狀如鸚鵡。

隨侯堂。

厲鄉。左傳：「楚人伐徐，齊師、曹師伐厲以救之。」九井。荆州記云：「厲鄉西有塹兩重，塹内有地，俗謂之神農宅，中有九井，汲一井則八井震動，民多不敢觸，在縣北一百里。」

斷蛇丘，在縣西北一十五里。按搜神記：「隨侯出獵，見白蛇被傷，乃築坻于縣東北骸山側牧養，既愈，放之，後銜徑寸珠以報德。」

隨侯墓，在縣北二十里。地志云：「隨縣北二十五里有隨侯墓。」今里數不同，以古今尺步有異。

隋文帝廟，在州東南一里。天寶七年置。

季梁廟，在州南八十步。按左傳：「楚武王侵隨而求成焉。隨少師請追楚師，季梁止之，曰：『天方授楚，楚之羸，其誘我也。君何急焉？君姑修政，而親兄弟之國，庶免于難。』隨侯懼而修政，楚不敢伐。」人思其德，爲廟祀焉。

厲山，在縣北一百里，高一里。荆州記云：「隨地有厲鄉村，下有一穴，是神農所生穴也。穴口方一步，容數人立。今穴口石上有神農廟在。」

驢泉山，在縣北九十里。上有池，旱不涸。昔出神驢，故以爲名。荆州記云：「驢泉山石滷潤，牛馬經過，貪其甘，不能去。土人云牛馬解逸，即此山尋之。」

棗陽縣。西北二百里。舊十五鄉，今一鄉。本漢蔡陽縣地，後魏于此立南荆州。隋大業初改置春陵郡，仍改邑爲棗陽縣。〔四〕唐初郡廢，而邑隸隋州。

光武故址，在今縣南，有白水源。〔五〕

春陵故城，在今縣東。漢元帝時以春陵之國地多卑濕，〔六〕因割蔡陽之白水、上唐二鄉爲春陵侯邑，自零道縣徙于此。讖所謂白水真人處。

襄鄉故城，漢爲縣，今廢城在今縣東北。

下涖戍，梁天監中置，在縣東南一百里。後魏宣武帝正光初南伐，破之，置爲鎮，〔七〕後梁又收復之，卻爲郡，即此戍也。

唐城縣，西北一百五十里。舊十二鄉，今一鄉。漢隨縣地，後魏于此置濉西縣，兼立義陽郡，後又改爲肆州，或曰唐州。隋廢之。唐開元二十五年以客户編成十二鄉置唐城縣。〔八〕後梁改爲漢東縣。漢初復舊。

唐鄉。左氏傳云：「晉、楚戰于邲，唐侯爲左拒。」杜注云：「唐侯，楚之小國。」即此。

古唐城，自梁朝乾化三年改爲漢東縣。後唐同光元年復爲唐城。晉天福元年又改爲漢東。漢乾祐元年卻改爲唐城縣。

光化縣，南三十四里。舊五鄉，今一鄉。自漢至宋，爲隨縣之地，南齊立爲安化縣。後爲西魏文帝克之，改爲光化縣。〔九〕

錫水，在縣西北十里，源出隨縣大浩山。荆州記云：「厲山下有厲鄉村，臨錫水。」

楚子城，在縣北十八里。左傳桓公八年，「楚子合諸侯于沈鹿，黄、隨不會。使薳章讓黄。楚子伐隨。」因築此城以逼隨，故號楚子城。〔一〇〕

郢州

郢州，富水郡。今理長壽縣。歷代所屬與竟陵郡同。二漢屬江夏郡地，晉宋以來爲竟陵郡地，梁時即南司、北新二州之境。西魏分屬安州，武帝分置石城郡，後于石城置郢州。〔一一〕隋煬帝初廢州，置安陸、竟陵二郡。唐武德四年併二郡立温州，于長壽縣置郢州，京山、藍水二縣屬焉；七年廢基州，以章山來屬。貞觀元年省藍水入長壽，又廢郢州，以長壽屬温州，〔一二〕章山屬荆州；十七年廢温州，仍舊置郢州，治京山。〔一三〕天寶元年改爲富水郡。乾元元年復爲郢州。

元領縣三。今二：長壽，京山。一縣廢：富水。併入京山。

州境：東西一百六十五里。南北五百二十五里。

四至八到：北至東京一千二百里。西北至西京一千一百二十五里。〔一四〕西北至長安一千三百八十五里。東至安州三百二十九里。南至復州三百里。西至江陵府二百八里。〔一五〕北至襄州三百一十六里。〔一六〕東南至復州界一百五十六里。西南至江陵府界八十里。西北至襄陽界三百一十六里。東北至隨州四百六十里。

户：唐開元户一萬二千。皇朝户主一千三百八，客二千六百五十八。

風俗：同荆州，然清明節鄉落唱水調歌。

人物：宋玉。郢人。

土産：紵布，丹參，牛膝，貝母。貢。

長壽縣，舊十二鄉，今二鄉。漢爲竟陵縣地，屬江夏郡。晉武帝改爲長壽縣，屬竟陵郡。〔一七〕後周立郡于此，而縣隸焉。

偃月城。郡國志云：「竟陵有偃月城，城三面漳水擁焉。」

武陵山。郡國志云：「左傳謂『楚武王卒于樠木之下』，即此山也。」又名武陵青泥池，即三國志樂進與關公相拒之所。〔一八〕亦曰樠木山，在縣東一里。

竟陵故城，漢爲縣，西四十步。〔一九〕

金港，在縣南二百步，〔三〇〕源出樠木山。

漖水，在縣北二十里，源出京山縣東。

白雪樓基，在州子城西。

漖河池，在縣北十五里。南流合漖河，西入漢江。

龜鶴池，在縣西十步。乃南昌尉梅福未登仙時養龜、鶴池。

金鷄冢，在縣南六十里。〔三一〕

京山縣，東一百一十里。舊四鄉，今十一鄉。歷晉宋以來爲新陽縣。梁改爲新州，因舊邑之名。西魏改爲温州。隋初廢州，改爲京山縣，〔三二〕因界内京山爲名。

倪子山，在縣東南四十五里。

張良山，在縣北十里。山有張良走馬路，至今不生草木。

鴨嘴山，在縣南二里。〔三三〕

泗河，在縣西四十里，東入復州竟陵縣界。

温泉湯，在縣東十五里。〔三四〕其泉有十八眼。

廢富水縣，在州北二百四十里。隋置，〔三五〕因界内富川水爲名。皇朝乾德二年併入京山縣。

富河，在縣北一百步。〔二六〕從隨州隨縣來，入安州應城縣。

新市故城，後漢爲縣，故城在縣東北。

復州

復州，竟陵郡。今理景陵縣。禹貢荆州之域。虞舜及周地屬不改。春秋、戰國時屬楚。秦屬南郡。于漢十三州，在荆州部，即江夏之竟陵縣地。晉分置竟陵郡。宋、齊因之。後周得之，以其地置郢、復二州。〔二七〕隋初如之，煬帝初廢州，〔二八〕於舊郢州置竟陵郡，今富水縣是也，於舊復州卻立沔陽郡。唐武德五年改爲復州，治竟陵縣。貞觀七年移理沔陽。〔二九〕天寶元年改爲竟陵郡。乾元元年復爲復州。晉天福五年升爲防禦州。

元領縣三。今二：景陵，沔陽。　一縣割出：監利。入荆州。

州境：東西一百八十里。南北四百五十里。

四至八到：北至東京一千四百里。西北至西京一千四百二十五里。西北至長安一千六百八十五里。東至舊沔州陸路三百四十里，水路七百里。南至沔陽縣陸路一百四十里，自縣南至岳州水路五百里。西至江陵府四百八十里。北至郢州私路二百五十里，官路三百里。東南至蜀江水流爲界七百四十里。西南至赤岸港爲界三百五十七里。西北至乞火山東與郢州爲界三百五十四里。東北至安州三百四十里。

户：唐開元户八千二百一十。皇朝户主三千一百一十七，客四千三百一十一。

風俗：同荆襄。

人物：無。

土産：白紵布，〔三〇〕牛膝，狼毒，大戟，烏喙，鹿皮。

景陵縣，舊八鄉，今四鄉。本漢竟陵縣，屬江夏郡。盛弘之荆州記云：「晉元康九年分江夏郡置竟陵郡，而縣屬焉。」晉天福初改爲景陵縣。

巾戍山。水經云：〔三一〕「竟陵郡有巾戍山，晉獲銅鐘七枚于此。」

五華山，在縣東北七十里。周地圖記云：「五華山山嶺連屬，北接郢州。」即此山是也。

沔水。即春秋謂「周昭王南征，乘膠船以進，尋没此水。」〔三二〕

夏水。郡國志：「古滄浪之水，漁父所歌，歌于此水，其側又有熨斗陂存。」〔三三〕

鄀縣城，故漢縣，廢城今在縣東。

雲夢城。郡國志云：「竟陵城西大澤，即古雲夢澤也。」

郤月城，在河口，〔三四〕魏將黄祖所守之城。

沔陽縣，南一百二十里。舊四鄉，今二鄉。本漢沔陽縣地，〔三五〕又郡國志云：「沔陽縣，即楚王城也。」

七里沔。按周地圖記云：「夏水合諸水同入漢，〔三六〕自漢入潴水名爲七里沔，即屈原逢漁父與言，濯纓鼓枻而去之處。」

沔水，水自西入大江。晉鎮南將軍杜元凱爲荆州刺史，自開陽口，起夏水達巴陵千餘里，内瀉長江之險，外通零桂之漕。

夏水，水自南入大江，一名長夏水，西南自監利縣界流入。水經云：「沔水又東南逕江夏雲杜縣東，夏水從西來注之。爲中夏水。」〔三七〕荆州圖副云：「此夏水既非山流，有渃川潴，冬斷夏通，故云夏水。」

大隱林。郡國志云：「沔陽大隱林，又有小隱林，南有隱磯山，是漁父釣所。」

雲杜故城，漢爲縣，故城在今縣西北。

石城，在縣東南三百里，古保聚之所。

鼉湖，在縣東二十里。

馬骨坂。楚平王牧馬，馬遺骨于此坂。

白猿廟。郡國志云：「沔陽有白猿廟，即楚平王獲白猿于此立廟。」

魚復縣故城，在縣東十五里。〔三八〕

卷一百四十四校勘記

〔一〕大統十六年克定隨安陸二郡　按周書卷二文帝紀下載，攻克隨郡是在大統十五年冬十一月。

〔二〕古隨國之地　「地」，萬本、庫本皆作「城」。

〔三〕山有石狀如覆鍾　按輿地紀勝卷八三隨州引本書作「山有三堆，狀如覆鍾」，嘉慶重修一統志卷三四三德安府引本書同，疑此「石」爲「三堆」之誤。

〔四〕隋大業初改置春陵郡仍改邑爲棗陽縣　隋書卷三一地理志下棗陽縣：「舊曰廣昌，并置廣昌郡。開皇初郡廢，仁壽元年縣改名焉。大業初置春陵郡。」又據元和郡縣圖志卷二一隨州棗陽縣序云：「後漢分蔡陽立襄鄉縣，周改爲廣昌，隋仁壽元年改爲棗陽縣。」據此，後漢置襄鄉縣，北周改爲廣昌縣，并置廣昌郡，隋開皇初廢郡，仁壽元年改廣昌縣爲棗陽縣，大業初於縣置春陵郡，此脱載棗陽縣由何縣改置，又誤棗陽縣改名年代。

〔五〕光武故址在今縣南有白水源　按輿地紀勝卷八八棗陽軍作光武宅，引本書云：「建武三年幸春陵，祠園廟，因置酒舊宅，大會父老故人之地。」本書缺脱。

〔六〕漢元帝時以春陵之國地多卑濕　「漢元帝」，底本作「漢文帝」，萬本、庫本同。按漢書卷二八地理志上顔師古引漢記云：「元朔五年以零陵泠道之舂陵鄉封長沙王子買爲舂陵侯。至戴侯仁，以舂陵地形下溼，上書徙南陽。元帝許之，以蔡陽白水鄉徙仁爲舂陵侯。」後漢書卷一四城陽恭王祉傳：舂陵侯考侯仁「以舂陵地埶下溼，山林毒氣，上書求減邑内徙。元帝初元四年徙封南陽之白水鄉，猶以舂陵爲國名。」水經沔水注：「漢元帝以長沙卑溼，分白水、上唐二鄉爲舂陵縣。」則此「文」爲「元」字之誤，據改。

〔七〕後魏宣武帝正光初南伐破之置爲鎮　原校：「按後魏紀年，宣武帝有正始，而孝明帝有正光，然未見破下溠戍事所出，未知孰誤。」按「正光初」，輿地紀勝棗陽軍引本書作「正光中」。

〔八〕開元二十五年　「二十五年」，唐會要卷七一州縣改置下同，元和郡縣圖志隨州作「二十四年」，舊唐書卷三九地理志二、新唐書卷四〇地理志四皆作「二十六年」。

〔九〕後爲西魏文帝克之改爲光化縣　按隋書卷三一地理志下：「光化，舊曰安化，西魏改爲新化，後周又改焉。」輿地紀勝隨州引圖經同，此説不確。

〔一〇〕故號楚子城　按輿地紀勝隨州趙侯臺引本書云：「在(隨)〔隨〕縣北八里，隨侯所築放彈之所，臺址存。」底本、萬本、庫本隨縣無，今附録於此。

〔一一〕武帝分置石城郡後于石城置郢州　按太平御覽卷一六七引十道志云「後周武帝置郢州」，此「武帝」宜有「後周」二字。

〔一二〕以長壽屬温州　按舊唐書地理志二、新唐書地理志四皆載貞觀元年廢郢州，以長壽屬鄀州，八年廢鄀州，長壽又改屬温州，此誤。

〔一三〕治京山　按元和郡縣圖志卷二一郢州總序云：「貞觀十七年廢温州，於長壽改置郢州。」新唐書地理志四：「貞觀十七年復置郢州，「治京山，後還治長壽。」本書郢州治長壽，此缺載移治長壽。

〔一四〕西北至西京一千一百二十五里　「一百」，底本脱，萬本同，據庫本補。元和郡縣圖志郢州：「西北至東都一千一百二十五里。」唐以洛陽爲東都，五代晉改東都爲西京，北宋因襲，正合庫本所記。

〔一五〕西至江陵府二百八里　按元和郡縣圖志郢州：「正南微西至江陵府三百里。」本書卷一四六荆州（唐上元元年升爲江陵府）：「北至郢州三百里。」又通典卷一八三州郡一三富水郡（郢州）：「西至江陵郡二百八十里。」此「八」下脱「十」字。

〔一六〕北至襄州三百一十六里　「一十六」，同通典州郡一三，萬本作「一十」，同元和郡縣圖志郢州。庫本作「一十二」。

〔一七〕晉武帝改爲長壽縣屬竟陵郡　按宋書卷三七州郡志三：竟陵郡，「晉惠帝九年分江夏西界立。」萇壽縣，「明帝泰始六年立。」元和郡縣圖志郢州長壽縣序云「宋分置長壽縣」，則晉武帝時不應有竟陵郡，亦無長壽縣，此誤。

〔一八〕又名武陵青泥池即三國志樂進與關公相拒之所　底本「又」上衍「地」字，「武陵」與「青泥池」間不相連，「志」作「時」，皆據萬本、庫本及輿地紀勝卷八四郢州引本書删改。三國志卷三二蜀書先主傳云「樂進在青泥與關羽相拒」，即本書引三國志云云。

〔一九〕西四十步　按輿地紀勝郢州引本書云「故城在今縣南」，此疑誤。

〔二〇〕在縣南二百步　「南」，輿地紀勝郢州引本書作「東」，未知孰是。

〔二一〕在縣南六十里　按輿地紀勝郢州引本書列有曲水池條，云：「梁太清四載，邵陵王綸爲富水郡太守，雅好賓客，樂於詩酒，每慕王右軍蘭亭流觴曲水之興，故効焉。」宋本方輿勝覽卷三三郢州引本書略同，底本、萬本、庫本皆無；又紀勝竇香山引本書云「在長壽縣北」，底本、萬本、庫本亦皆無，今並附録於此。

〔二二〕隋初廢州改爲京山縣　按隋書地理志下云：西魏改新州爲温州，改新陽縣爲角陵縣，「大業初州廢，改角陵曰京山。」此「初」上疑脱「大業」二字，又缺脱改角陵爲京山文。

〔二三〕在縣南二里　嘉慶重修一統志卷三四二安陸府引本書云「山上有石如鴨喙」，此蓋脱。

〔二四〕在縣東十五里　「東」，元和郡縣圖志郢州作「南」，輿地紀勝引同，又引本書作「東南」，此疑脱「南」字。

〔二五〕隋置　按隋書地理志下：「舊曰南新市，西魏改爲富水。」元和郡縣圖志云後漢置(南)新市縣，後魏改爲富水縣，此謂隋置，恐非。

〔二六〕在縣北一百步　「步」，底本作「里」，萬本、庫本同。按元和郡縣圖志郢州富水縣：「富水，南去縣一百步。」唐富水縣即今湖北京山縣東北富水寺，富水即今大富水，富水寺北瀕大富水，正合元和志所記，此「里」爲「步」字之誤，據改。

〔二七〕後周得之以其地置郢復二州　「郢」，底本作「城」，庫本同，萬本無此及「二」字。按隋書地理志下、元和郡縣圖志卷二一、輿地廣記卷二七、輿地紀勝卷七六復州總序皆載北周置復州，不載有「城州」，通典州郡一三云：「後周以其地置郢、復二州。」正合本書下文云隋煬帝「於舊郢州置竟陵郡」，則此「城」爲「郢」字之誤，據改。

〔二八〕煬帝初廢州　「初」，底本脱，據萬本、庫本及通典州郡一三復州補。

〔二九〕貞觀七年　「貞觀」，底本脱，萬本同，據元和郡縣圖志、舊唐書地理志二、新唐書地理志四復州補。

〔三〇〕白紵布　「紵」，底本作「苧」，據萬本、庫本及元和郡縣圖志復州改。

〔三一〕水經　按下文云「竟陵郡有巾成山」，載於水經沔水注，此「水經」下脱「注」字。

〔三二〕周昭王南征乘膠船以進尋没此水　「周」，底本脱，據萬本、庫本及輿地紀勝復州引本書補。按周昭王南征不見於春秋，左傳僖公四年：「管仲曰昭王南征而不復。」文亦差異。史記卷四周本紀正義引帝王世紀云：「昭王德衰，南征，濟于漢，船人惡之，以膠船進王，王御船至中流，膠液船解，王及祭公俱没于水中而崩。」樂史或本於帝王世紀而變文。

〔三三〕漁父所歌歌于此水其側又有熨斗陂存　萬本、庫本皆無後一「歌」字，作「漁水所歌于此水」。輿地紀勝復州引郡國志云：「漁父所歌，其水内有熨斗陂。」疑此「歌于此水」四字衍。

〔三四〕河口　輿地紀勝復州引本書作「江口」。水經江水注：魯山「左即沔水口矣，沔左有郤月城。」初學記卷二四引荆州記：「沌陽縣至沔口，水北有郤月城。」沔水入大江之口曰沔口，郤月城位於沔水左，或曰沔水北，即在江口，則作「江口」是。

〔三五〕本漢沔陽縣地　按此地漢無沔陽縣，元和郡縣圖志復州沔陽縣：「本漢雲杜縣地，梁天監二年分置沔陽縣，即今縣東三十里沔陽故城是也。今沔陽縣，即後魏所置建興縣。」此誤。

〔三六〕夏水合諸水同入漢　「諸」，底本作「豬」，萬本、庫本同，據嘉慶重修一統志卷三三八漢陽府引本書及輿地紀勝、宋本方輿勝覽卷三一復州引周地圖記改。

〔三七〕爲中夏水　按水經沔水篇：「東南過江夏雲杜縣東，夏水從西來注之。」注云：「即堵口也，爲中夏水。」則此爲注文，「爲」上宜有「注」字。

〔三八〕在縣東十五里　輿地紀勝復州：「在故沔陽縣東五十里。」未知孰是。

太平寰宇記卷之一百四十五

山南東道四

襄州　光化軍

襄州

襄州，襄陽郡。今理襄陽縣。禹貢荆、豫二州之界，禹貢曰：「荆及衡陽惟荆州。」又曰：「荆河惟豫州。」即襄、鄧二州之界也。周禮職方氏：「正南曰荆州，其川江、漢。」亦荆州之分。於周諸國則穀、鄧、鄾、盧、羅、鄀之地。〔一〕春秋時屬楚，習鑿齒襄陽記云：「襄陽城，本楚之下邑，〔二〕檀溪帶其西，峴山亘其南，爲楚國之北津也。楚有二津：謂從襄陽渡沔，自南陽界出方城關是也，通周、鄭、晉、衛之道；其東則從漢津渡江夏，出平皋關是也，通陳、蔡、齊、宋之道。又爲秦南陽郡，即昭王十六年使左更錯伐楚，取鄧，封公子悝，始置南陽郡。〔三〕兩漢爲鄧縣之地。」荆州圖副云：「建安十三年，曹操平荆州，始置襄陽郡，以地在襄山之陽爲名。」按郡西極梁州，南包臨沮，北接陰鄧，襄陽爲郡始于此矣。又楚地記云：「漢江之北爲南陽，漢江之南爲南郡。蜀關公攻没于禁等七軍，兵勢甚盛，獨襄陽徐晃屯守不下，操謂晃曰：『全襄陽，徐公之力也。』後吴大帝帥兵向西，時曹仁鎮此，司馬宣王言于魏帝曰：『襄陽，水陸之衝，禦寇要地，〔四〕不可失也。』」魏自赤壁敗後，因失江陵，於是荆州都督專在宛沔，此地屬吴。郭仲産云：「劉表嗣子北降襄陽，沔北爲戰伐之地。自羊公鎮此，吴不復入。」東晉大將軍庾翼將謀北伐，遂鎮襄陽。

元領縣七。今六：襄陽，鄧城，穀城，中廬，宜城，南漳。一縣割出：樂鄉。入荆門軍。

州境：東西二百四十六里。南北三百六十七里。

四至八到：東北至東京九百里。〔五〕北至西京八百五十五里。西北至長安一千八十五里。〔六〕東至隨州三百五十里。南至荆門軍三百二十五里，至荆州四百七十里。西至房州四百七十里，水路五百八十四里。北至鄧州一百八十二里。西至均州三百六十里。東南至郢州三百七十里。西南至峽州六百一十九里。〔七〕西至光化軍一百八十里。東北至唐州二百五十里。

户：唐開元户八萬九千一百。皇朝户主一萬一千三百六十三，客一萬五千五百二十九。

風俗：襄陽風俗記云：「屈原五月五日投汨羅江，其妻每投食於水以祭之。原通夢告妻，所祭食皆爲蛟龍所奪，龍畏五色絲及竹，故妻以竹爲粽，以五色絲纏之。今俗，其日皆帶五色絲，食粽，言免蛟龍之患。又原五日先沈，十日而出，楚人於水次迅檝爭馳，櫂歌亂響，有悽斷之聲，意存拯溺，喧震川陸。風俗遷流，遂有競渡之戲，人多偷墮。信鬼神，崇釋教。」

人物：卞和，南漳人。〔八〕　王延壽，字文考，宜城人。侍中逸之子。　龐德公，襄陽人。居峴山之南，未曾入城。　龐統，字士元。〔九〕　向朗，字巨達。〔一〇〕仕蜀光禄勳。　馬良，字季常，宜城人。兄弟五人，並有才名，諺曰：「馬氏五常，白眉最良。」　向寵，宜城人。　羅友，字它仁，襄陽人。〔一一〕　習鑿齒，襄陽人，字彦威。著漢晉春秋。　唐張柬之，襄陽人。相則天，首謀誅張易之，以功拜天官尚書、鳳閣鸞臺三品，封漢陽王。　孟浩然，襄陽人。〔一二〕　杜審言，襄州襄陽人。孫甫。　鮑防，襄州人。　皮日休，字襲美，襄陽人。　席豫，字建侯，襄陽人。　柳渾。字夷曠，襄陽人。篤學登第。〔一三〕

土産：貢：鹹乾魚。丹麞皮，火麻布，庫路真，麝香，鼈甲，縮砂，弓弩材，漆器。宜城出美酒，今在宜城縣也，俗號宜城美酒，爲竹葉杯。襄陽耆舊傳云峴山下漢水中出鯿魚。味極肥而美。

襄陽人採捕，遂以槎斷水，因謂之槎頭縮項鯿魚，爲水族上味。孟浩然詩「試垂竹竿釣，果得槎頭鯿」是也。

襄陽縣，舊三十鄉，今四鄉。本漢舊縣，屬南郡。應劭曰「在襄水之陽」，縣因名焉。州郡志云：「襄陽，本漢中廬縣地，漢初徙駱越之人居之。」

望楚山，在縣南三里。鮑至南雍州記：「凡三名，一名馬鞍山，又名災山。〔一四〕宋元嘉中，武陵王駿爲刺史，屢登陟焉，因其舊名，以望見鄢城，改爲望楚山。後遂龍飛，爲孝武帝所望之處，時人號爲鳳嶺，高處有三磴，是劉弘、山簡等九日宴賞之所。」

峴山，在縣南九里。〔一五〕羊祜常與從事鄒湛等共登，慨然嘆息曰：「自有宇宙，便有此山。由來賢達勝士，登此遠望，如我與卿者多矣！皆湮没無聞，〔一六〕使人悲傷。如百年後有知，魂魄猶應登此山也。」湛等對曰：「公德冠四海，道嗣前哲，令聞令望，必與此山俱傳。若湛輩，乃當如公言耳。」後以州人思慕，遂立羊公廟，并碑于此山。

石梁山。南雍州記云：「石梁山形如橋梁也，白雲起，即崇朝而雨，人以爲準。」

萬山，在縣西八里，一名漢臯山。習鑿齒襄陽記云：「山北隔沔水，父老相傳即交甫見遊女弄珠之處。」

漢水。盛弘之荆州記：「城北沔水渥潭極深，先有蛟龍，年爲人害。鄧遐爲襄陽太守，氣果兼人，拔劍入水，蛟繞其足，遐因揮劍截蛟被傷，〔一七〕流血丹水，勇冠當時，自後無復蛟患矣。」

柳子水，即池之别派也。〔一八〕

檀溪，即梁高祖沈竹木于此溪中，先主乘的盧馬躍過之所也。〔一九〕

涑水，亦名襄水。荆楚之地水駕山而上者，皆呼爲襄上也。今土人呼涑水上流亦呼爲襄，水名即無定。故陸澄地理志云：「襄陽無襄水也。」又按襄沔記云：「中盧有涑水，注于沔。此水中有物，如三四歲小兒，膝頭如虎，掌爪常没水中，出膝頭示人，小兒不知者，欲取弄之，輒便啖人。或人有生得者，摘其鼻厭，可小使之，名曰水虎。」

習郁池，在縣東南十五里。襄陽記云：「峴南八百步，西下道百步，〔二〇〕有習家魚池。郁將死，勑其長子葬于池側，池中起釣臺尚在。〔二一〕」按郁即鑿齒之先也，餘事跡解鹿門廟。

墮淚碑，在縣東九里。晉羊祜之鎮襄陽，有功德于人，及卒，百姓于峴山祜平生遊憩之所，建碑立廟，歲時饗祭，望其碑莫不流涕，杜預因名墮淚碑。

貞女樓。按南雍州記云：「王整之姊適衛玠，十六而寡，父母欲嫁之，乃自截鼻以誓墓前，柏樹爲之連理。」

高陽池，在縣東南十五里。晉山簡，字季倫，嘗鎮襄陽，〔二二〕每臨此池，未嘗不大醉而還。時人爲之歌曰:「山公出何許,往至高陽池。日夕倒載歸,酩酊無所知。時時能騎馬,倒著白接䍦。〔三三〕舉鞭問葛彊,何如并州兒?」通典云:「馬鞍山,昔劉弘、山簡九日宴處。」

古堤。襄陽城有古堤,皆後漢胡烈所築,嘗爲襄陽太守,惠化及人,塞補決隄。民因歌曰:「譬春之陽,如冬之日。耕者讓畔,百姓豐溢。惟我胡父,恩惠難置。」

冠蓋里。盛弘之荆州記云:「襄陽郡峴首山南至宜城百餘里,其閒雕墻峻宇,閭闔填列,漢宣帝末,其中有卿士、刺史、二千石數十家,朱軒駢輝,〔三四〕華蓋連延,掩映于太山廟下。荆州刺史行部見之,欽嘆其盛,勑號太山廟道爲冠蓋里。」

諸葛亮宅。按蜀志云「先帝三顧臣于草廬之中」,即此宅也。今有井深四丈,廣尺五寸,迄今疊砌如初。

桓温冢。冢聞鼓角聲,襄陽必有軍旅。

古魚井。按南雍州記云:「古魚井内一魚無肉,唯骨相連耳。」

張漢陽碑,在縣西二里,即柬之也。

孟浩然碑,在縣東南十二里。

杜預碑,在縣東南九里峴山上。

鄧城縣，北二十三里。〔二五〕舊十四鄉，今八鄉。漢鄧縣地，即古樊城。齊書云：「建武中，大將軍曹虎鎮此，魏孝文率兵十萬人圍樊城，〔二六〕經月不下。」即此城也。荆州圖副，郭仲産、摯虞等記俱云：「樊，本仲山甫之國。」隋改河南郡爲鄧城郡，廢赫陽、襄鄉二縣立安養縣。〔二七〕唐天寶中改爲臨漢縣，〔二八〕以臨漢江爲名。貞元二十一年以襄州爲襄陽府，徙臨漢縣于東古鄧地，乃改爲鄧城縣。

宛水，自鄧州新野縣界流入。

鄾城，即古鄾子之國，鄧之南鄙。

夫人城，即晉朱序爲刺史，母韓夫人深識兵勢，知城西北角必偏受敵，率女婢斜築二十許丈以捍賊。後苻丕果以兵攻此處，不克而退，因號「夫人城」。

查牙山，在縣東四十里。

泌河，在縣東北一百一十里，流經縣界與白河合。

呼鷹臺，在縣東南一里。劉表所築，表往登之，鼓琴作樂，有野鷹來至，因名。

泌白水，在縣東北九十七里，是泌、白相合河口。

穀城縣，西北四十五里。〔二九〕舊十八鄉，今七鄉。本春秋穀國。漢爲築陽縣。自漢魏迄今，並爲筑陽縣地，宋于此置扶風郡。隋開皇七年改爲穀城縣。〔三〇〕

漢陰城，在縣北。漢爲縣，今廢城存。

酇城，在縣東北。漢書地理志南陽，〔三〕即漢蕭何所封也。按説文：「酇作管、作旦二切，南陽有酇縣。鄌，昨何切，沛國縣。」若云何之所封，何在沛，又云此邑乃高后封何夫人之邑也。

蕭相國祠。鮑至南雍州記云：「何昔受封于此廟，今相傳爲城隍神。」

薤山，在縣西六十里。諸山雲起，此山無雲，終不降雨，諸山無雲，此山雲起，必降大雨，土人以爲恒驗，因山薤爲名。山上有孤竹三莖，三年生一筍，筍就竹死，〔三〕代謝如春秋。又有白鹿一，紫麗一，人不敢犯之。

穀神山，在縣西十里。上有石城，號曰穀神山。

筑水，在縣南一百步。陸澄地理志云：「筑水會沔水之處，謂之筑口。」

粉水，在縣北六十里。〔三〕出房州房陵縣，東流入縣。南雍州記云：「蕭何夫人漬粉鮮潔，異于諸水，因立名。」

穀城，在縣北五里。南雍州記云：「穀伯綏之舊國也。昔城門前有石人，刻其腹曰『摩鞬慎莫言』，亦金人緘口銘之流也。今無矣。」

中廬縣，西南五十八里。舊六鄉，今三鄉。本漢中廬縣地，春秋廬戎之國。南齊于此立義清縣，〔三四〕屬義安郡。唐貞觀二年自今縣東北三十里移于今所，在州西五十三里，復爲中廬縣。

山都縣城，秦之邑名，廢城在今縣東北。

宜城縣，南九十五里。元二鄉。本楚之鄢都，在漢爲鄢縣地，〔三五〕宋大明元年以胡人流寓者，立華山郡于大隄村，即今縣也。後魏改華山郡爲宜城郡，分新野郡之池陽縣地因立率道縣，屬威寧郡。後周保定四年省宜城郡入率道縣。今縣南石宜城，即舊郡。唐武德四年以此邑屬鄀州。貞觀八年廢鄀州，改屬襄州。天寶元年改爲宜城縣，從古郡名。

蠻水，西自義清縣界流入，東南經縣西，去縣三十里，有白公湍。南雍州記云：「秦將白起伐楚之日，涉此水而濟，因號白公湍。今有三磧，亦名三洲赤石湍。」

大隄城，今縣城也。其俗相傳爲大隄城，至今不改。

黎丘城，漢縣，〔三六〕廢城在今縣北。

宜城故城，漢縣，在今縣南。其地出美酒。

鹿門廟。習鑿齒襄陽記云：「習郁爲侍中時，從光武幸黎丘，與光武通夢見蘇嶺山神，光武嘉之，拜大鴻臚，録其前後功，封襄陽侯，使立蘇嶺之祠，刻二石鹿，夾祠神道，百姓謂爲鹿門廟。」

木香村。段成式別業於此村，村生異竹，成式圖送徐商，商爲稱謝。

廢樂鄉縣，在州南二百二十里。舊管四鄉。本春秋鄀國之地，迄今有若鄉，在若水之傍。晉隆安五年於今城戍置樂鄉縣，屬武寧郡。後魏廢帝元年置鄀州。貞觀六年廢鄀州，〔三七〕以其地卻屬襄州。周顯德二年併入宜城縣。皇朝開寶五年割隸荆門軍。

都亭山，在縣西南。山上有城壘，極峻拔，爲險隘之所，一名中山城。

鄀水，亦名女泉。系本云：「鄀，允姓之國，〔三八〕黄帝之子昌意降居若水爲諸侯，此其後也。」

南漳縣，西南一百四十里。舊五鄉，今四鄉。漢之臨沮縣地，屬南郡。郭仲產南雍州記云：「晉平吴，割臨沮之北鄉立上黄縣。」後魏又置重陽縣。周改爲思安縣。隋文帝三年改爲南漳縣。〔三九〕唐武德二年分襄陽郡南漳縣于今所置。貞觀九年廢縣來屬襄州。〔四〇〕

荆山。禹貢：「荆及衡陽惟荆州。」韓子：「卞和得玉於楚。」荆山三面險絶，惟東南一隅纔通人徑。頂上有池，周迴四十餘步，喬松翠柏，列繞其旁，并有石室，相傳爲卞和宅。

柤山。習鑿齒襄陽記：「吴時朱然、諸葛瑾、萬彧從柤中尋山險道，北出柤中，〔四一〕柤音如楡柤之柤。〔四二〕其地在上黄西界，〔四三〕去襄陽城一百五十里。」按此是地名，非山稱也，蓋以其地去山密邇，因爲山名。舊傳云司馬宣王鑿八疊山，開路于此停阻，以屈曲八疊爲名。

清溪山，其山高峻。庾仲雍荆州記云：「臨沮縣清溪山，山東有泉。」晉郭璞爲臨沮長，常遊此，賦遊仙詩云：「青溪千餘仞，中有一道士。」即此也。

臨漳山，在縣西一百八十里。本雞頭山，北臨漳水。

八疊山，在縣西四十五里。解在前。

光化軍

光化軍，理乾德縣。本襄州之陰城縣地，後廢爲鎮，故城在今穀城縣北。皇朝乾德二年四月改鎮爲光化軍，〔四四〕仍割穀城縣遵教、翔鸞、漢均等三鄉置乾德縣，以年號爲名。

領縣一：乾德。

軍境：東西八十五里。南北四十一里。

四至八到：新置軍未有至東、西京并長安里數。東至鄧州穰縣松陽堰爲界三十一里。西至均州武當山爲界五十五里。南至襄州穀城縣公田村爲界一十五里。〔四五〕北至鄧州穰縣曹溪潤爲界三十一里。西南至房州永清縣石桶村爲界三百里。東南至襄州鄧城縣古樓村爲界三十里。東北至鄧州穰縣大充村爲界二十九里。〔四六〕西北至均州武當縣博口泉潤爲界七十一里。

户：皇朝户主三千六百八十五，客三千三百四十五。

風俗：同襄州。

土産：元無所貢及土産物。

乾德縣，元三鄉。本漢穀城縣遵教、翔鸞、漢均三鄉，〔四七〕乾德二年置，〔四八〕以年號名縣。

漢江，經縣。

馬窟山，在縣東南六里，下有窟。按南雍州記：「漢時有馬百匹，從此窟出，舊名馬頭山，勑改爲馬窟。」

温水，在縣南七里，西南流入漢江。南雍州記云：「温水出紅農縣境。〔四九〕冬月微温。」

固王古城，在縣東北五里。按穀城縣圖經云：「晉咸寧中封扶風王子暢爲順陽王，城内有順陽碑。」

五陌洲，在縣西南四里。南雍州記：「酇城南四里有五陌村，榆樹連理，異本合幹，高四丈，鄉人以爲社，其洲並樹在五陌村，因此爲名。其樹今已枯。」

漢鄭縣，縣北三里，西臨漢江。

卷一百四十五校勘記

〔一〕於周諸國則穀鄧鄾盧羅都之地　「於周諸國則」，底本作「周時即」，萬本作「於諸侯國則」，據輿地紀勝卷八二襄陽府總序引本書及元和郡縣圖志卷二一襄州總序改補。

〔二〕本楚之下邑　「下」，底本脱，萬本、庫本同，據初學記卷八、太平御覽卷一六八、輿地紀勝襄陽府總序引習鑿齒襄陽記補。

〔三〕即昭王十六年至始置南陽郡　庫本同，萬本、中大本皆無此二十三字。按史記卷五秦本紀：「昭襄王十六年，左更錯取軹及鄧，」「封公子悝鄧。」正義引括地志云：「故軹城在懷州濟源縣東南十三里，故鄧城在懷州河陽縣西三十一里，並六國時魏邑也。」則鄧城不在南陽，此一誤；史記秦本紀：「昭襄王三十五年，「初置南陽郡。」此置郡年代不合，二誤；萬本、中大本是。

〔四〕禦寇要地　「禦寇」，底本作「寇之」，萬本同，庫本無「之」字。太平御覽襄州引楚地記作「禦寇要地」，晉書卷一宣帝紀：帝曰：「襄陽水陸之衝，禦寇要害，不可棄也。」此脱「禦」字，衍「之」字，據以補删。

〔五〕東北至東京九百里　「九百」，萬本同，庫本作「九百一十三」。元豐九域志卷一襄州：「東京九百五十里。」則底本、萬本脱「五十」二字，庫本亦誤。

〔六〕西北至長安一千八十五里　「八十五」，萬本作「八百五」，庫本作「八百一」。按元和郡縣圖志襄州：「西北至上都（即長安）一千二百五十里。」「二」，岱南閣本、畿輔本作「八」，則與萬本、庫本近似。

〔七〕西南至峽州六百一十九里　「峽」，底本作「陜」，萬本、庫本同。按通典卷一七七州郡七襄陽郡（襄州）：「西南到夷陵郡（峽州）五百七十里。」元豐九域志卷一襄州：「西南至本州界三百三十四里，自界首至峽州二百八十五里。」此「陜」爲「峽」字之誤，據改。

〔八〕卞和南漳人　萬本、庫本皆無，而列有「宋玉，宜城人。見郢州」，庫本無「見郢州」三字。按宋玉已列於郢州，萬本重出，當誤。

〔九〕龐統字士元　萬本、中大本、庫本皆無，蓋非樂史原文。

〔一〇〕字巨達　「巨達」，底本作「臣遠」，萬本、庫本同，據三國志卷四一蜀書向朗傳改。

〔一一〕向寵宜城人羅友字它仁襄陽人　萬本、中大本、庫本皆無，蓋非樂史原文。

〔一二〕孟浩然襄陽人　萬本、中大本、庫本皆無，蓋非樂史原文。

〔一三〕皮日休字襲美至柳渾字夷曠襄陽人篤學登第　萬本、中大本、庫本皆無皮日休、席豫、柳渾傳略，蓋非樂史原文。

〔一四〕災山　萬本同，庫本作「筴山」，未知是否。

〔一五〕在縣南九里　萬本同；庫本作「在縣十里」，輿地紀勝襄陽府引本書作「在襄陽府十里。」宋本方輿勝覽卷三二襄陽府：「峴山，去襄陽十里。」則庫本是。按本書下列杜預碑云「在縣東南九里峴山上」，則此宜有「南」或「東南」字。

〔一六〕登此遠望至皆湮没無聞　「遠」、「無」，底本作「眺」、「不」，並據萬本及晉書卷三四羊祜傳、太平御覽卷四三引十道志改。

〔一七〕遐因揮劍截蛟被傷　按晉書卷八一鄧遐傳云「遐揮劍截蛟數段而出」，初學記卷七及太平御覽卷六二、四三七、九三〇引盛弘之荆州記皆作「遐自揮劍，斬蛟數段」，輿地紀勝襄陽府引本書作「遐因揮劍截蛟」，皆無「被傷」二字，此衍。

〔一八〕即池之别派也　「池」，萬本、中大本、庫本皆作「海池」。

〔一九〕先主乘的盧馬躍過之所也　「馬」，底本脱，據萬本、庫本及水經沔水注、三國志卷三二蜀書先主傳裴松之注引世語、輿地紀勝襄陽府引皇朝郡縣志補。

〔二〇〕西下道百步　「西」，底本作「而」，據萬本、庫本及初學記卷八引襄陽記改。

〔二一〕尚在　底本脱，據萬本、庫本及嘉慶重修一統志卷三四六襄陽府引本書補。

〔二二〕嘗鎮襄陽　「嘗」，底本脱，據萬本及輿地紀勝襄陽府引本書補。

〔二三〕倒著白接䍠　「䍠」，底本作「羅」，據萬本、庫本及宋本方輿勝覽襄陽府改。又藝文類聚卷一九、太平御覽卷四九七引襄陽耆舊記作「離」，太平御覽卷四六五引襄陽耆舊傳作「籬」。

〔二四〕朱軒騈輝　「騈」，底本作「軿」，據萬本、庫本與太平御覽卷一五七、一六八、四七〇及輿地紀勝襄陽府引盛弘之荆州記改。

〔二五〕北二十三里　「二」，底本脱，萬本、庫本同。嘉慶重修一統志卷三四七襄陽府引本書作「二十三」。按元和郡縣圖志襄州臨漢縣（唐貞元末改名鄧城縣）：「南至州二十里。」元豐九域志襄州鄧城縣：「州北二十里。」則作「二十三」是，此脱「二」字，據補。

〔二六〕魏孝文率兵十萬人圍樊城　「十」，底本脱，據輿地紀勝襄陽府引本書及南齊書卷三〇曹虎傳、資治通鑑卷一四一齊永泰元年改。萬本、庫本作「數」，誤。

〔二七〕隋改河南郡爲鄧城郡廢棘陽襄鄉二縣立安養縣　按隋書卷三一地理志下安養縣載：西魏置河南郡，「開皇初郡廢焉。」此云「隋改河南郡爲鄧城郡」，恐誤。又元和郡縣圖志臨漢縣序云：「西魏於此安養縣。」此謂隋置，亦非。

〔二八〕天寶中改爲臨漢縣　「天寶中」，通典州郡七同，元和郡縣圖志、舊唐書卷三九地理志二、新唐書卷四〇地理志四皆作「天寶元年」。

〔二九〕西北四十五里　元和郡縣圖志襄州穀城縣：「東南至州一百四十五里。」元豐九域志襄州穀城縣：「州西北一百五十里。」按唐宋襄州治襄陽縣，即今湖北襄樊市，穀城縣即今縣，在襄樊市西北一百四、五十里，此脱「一百」二字。

〔三〇〕隋開皇七年改爲穀城縣　按隋書地理志下穀城縣：「舊曰義城縣，開皇十八年改縣名焉。」輿地廣記卷八襄州亦云晉孝武帝置義城縣，隋開皇十八年改名穀城縣，此脱誤。

〔三一〕漢書地理志南陽　按漢書地理志南陽郡領酇侯國，此「南陽」上脱「屬」或「在」字，下疑脱「郡」字。

〔三二〕筍就竹死　「筍」，底本作「幹」，據萬本、庫本及輿地紀勝襄陽府、嘉慶重修一統志卷三四六襄陽府引本書改。

〔三三〕在縣北六十里　輿地紀勝襄陽府載粉水「在穀城縣北六里」。據水經粉水注記，粉水即今南河，由今保康縣西北流逕穀城縣西南、南，東入於漢水，此云「在縣（今穀城縣）北」，誤；「六十」，衍「十」字。

〔三四〕南齊于此立義清縣　按隋書地理志下云梁置穰縣，西魏改爲義清縣，元和郡縣圖志襄州謂「西魏於此置義清縣」，此説恐非。

〔三五〕在漢爲鄢縣地　漢書卷二八地理志上：「宜城，故鄢，惠帝三年更名。」水經沔水注：宜城「故鄢郢之舊都，秦以爲縣，漢惠帝三年改曰宜城。」則秦鄢縣，漢惠帝三年已改名宜城縣。元和郡縣圖志：宜城縣「本漢邔縣地也」，漢書地理志南郡有邔縣，則此「鄢」爲「邔」字之誤。

〔三六〕黎丘城漢縣　按漢書地理志無「黎丘縣」。後漢書卷一光武帝紀第一上：更始二年，「秦豐自號楚黎王。」李賢注引習鑿齒襄陽記曰：「秦豐，黎丘鄉人。黎丘，楚地，故稱楚黎王。」續漢書郡國志四：「邔有犁丘城。」即是，此云「漢縣」，誤。

〔三七〕貞觀六年　「六年」，舊唐書地理志二、新唐書地理志四皆作「八年」。

〔三八〕允姓之國　「允」，底本作「元」，萬本、庫本作「姬」，據秦嘉謨輯補世本卷七下氏姓篇下引杜氏釋例、姓氏書辯證、路史國名紀改。

〔三九〕隋文帝三年改爲南漳縣　按隋書地理志下謂隋開皇十八年改思安縣爲南漳縣，此蓋誤。

〔四〇〕唐武德二年分襄陽郡南漳縣于今所置貞觀九年廢縣來屬襄州　按舊唐書地理志二謂武德二年分南漳縣置荆山縣，屬重州，貞觀元年廢重州，改屬襄州，開元十八年荆山縣移治於南漳故城，因改爲南漳縣，新唐書地理志四同，此誤脱。

〔四一〕北出柤中　「北」，底本脱，萬本、庫本同，據輿地紀勝襄陽府引習鑿齒襄陽記及元和郡縣圖志襄州、通鑑地理通釋卷一一補。

〔四二〕柤音如榆柤之柤　按三國志卷五六吴書朱然傳裴松之注引襄陽記作「柤音如租稅之租」，資治通鑑卷七四魏正始二年胡三省注引襄陽記同。

〔四三〕其地在上黄西界　按三國志吴書朱然傳裴松之注、資治通鑑魏正始二年胡三省注引襄陽記皆無「西」字。

〔四四〕乾德二年四月　「四月」，續資治通鑑長編卷七作「三月」，輿地紀勝卷八七光化軍總序引同。

〔四五〕南至襄州穀城縣公田村爲界一十五里　「南」，萬本、庫本皆作「西」。

〔四六〕大充村　「充」，萬本、中大本、庫本皆作「克」，蓋是。

〔四七〕本漢穀城縣遵教翔鸞漢均三鄉　「鄉」，底本作「縣」，據萬本、中大本、庫本及輿地紀勝光化軍引本書改。

〔四八〕乾德二年置　「二年」，底本作「三年」，萬本、庫本同，據本書光化軍總序、嘉慶重修一統志襄陽府引本書及續資治通鑑長編卷七改。

〔四九〕紅農縣　「紅」，萬本、庫本同；中大本作「弘」，輿地紀勝光化軍同，此疑誤。

太平寰宇記卷之一百四十六

山南東道五

荆州　荆門軍

荆　州

荆州，江陵郡。今理江陵縣。禹貢：「荆及衡陽惟荆州。」史記以爲「鶉首，楚之分，自張十八度至軫十二度，楚之分野。」〔一〕春秋以來，楚國之都，謂之郢都，西接巴、巫，東連雲夢，亦一都會之所。秦以鄢郢爲南郡，今州也。秦又取巫中地爲黔中郡，以楚之漢北立南陽郡。襄王子熊元爲考烈王，徙于壽春，命之曰郢，其庶子負芻篡弟哀王而立，五年爲秦將王翦所虜，楚自此滅焉。項羽改南郡爲臨江國。漢初復爲南郡，置南蠻校尉以領之。高帝末分長沙爲桂陽郡，改黔中爲武陵郡，分南郡爲江夏郡。景帝又改南郡爲臨江國。武帝元封元年置刺史部十三州，分荆州置交州。〔二〕建初三年徙鉅鹿王恭爲江陵王，三公上言江陵在京師正南，不可以封，乃徙封六安王。〔三〕漢末劉表爲荆州牧，表卒，子琮代位，魏恐蜀先主據之，於是來伐，敗于赤壁，荆州入蜀，先主得益州。吴大帝就先主求還荆州，不得，遂來伐，取長沙、桂陽、零陵三郡。蜀求和，遂分荆州，以長沙、江夏、桂陽以東屬吴，南郡、零陵、武陵以西屬蜀，蜀以糜芳爲南郡太守。及先主歿後，所分之地悉復屬吴，而荆州南北雙立，故三國志魏荆州理宛，即今南陽郡是也；吴荆州理江陵，今郡是也。又晉書云：「荆州領郡十九，理襄陽，洎平吴，復理南郡。」即今所也，〔四〕郡改爲新郡，又分南郡江南爲南平郡，頗爲重鎮。故晉書：「桓元子以永和元年督荆州，鎮夏口，八年還江陵，始營城府。」盛弘之荆州記云：「元嘉十四年，荆州所隸三十郡。自晉室東遷，王居建業，則以荆揚爲京師根本之所寄，荆楚爲重鎮，上流之所總，擬周之分陜，故有西陜之號焉。自後桓沖爲大將軍，屯上明，使劉波守江陵是也。」又晉列傳：羊叔子、杜元凱繼理荆州，或鎮襄陽，或鎮江陵；王敦爲刺史，理武昌；至桓元子、陶侃、王忱始于江陵營城府，此後嘗以江陵爲州理。宋武帝分置荆、司、郢、雍、湘五州，皆州城地也。齊、梁因之。按安□志：「荆州之境含帶蠻蜑，土地遼延，〔五〕稱爲殷曠。江左大鎮，莫過荆揚，若非時望名賢，不居此郡。」梁初陷於魏，後復之，梁元帝爲湘東王、荆州刺史，居之凡二十年，侯景既平，即位，遂都之；爲西魏所陷，復遷後梁居之，位爲藩國，又因置總管府。隋初改爲江陵鎮，以隸襄州，至七年改爲荆州。煬帝初復爲南郡。義寧二年爲蕭銑所據。唐武德四年平銑，改爲荆州，領江陵、枝江、長林、安興、石首、松滋、公安七縣；五年荆州置大總管，管荆、辰、朗、澧、東松、沈、基、復、巴、睦、崇、峽、平十三州，統潭、桂、交、循、夔、高、康、欽、尹九州；六年改平州爲玉州，改巴州爲岳州；七年廢基州入郢州；其年改大總管爲大都督，督荆、辰、澧、朗、東松、岳、峽、玉八州，仍統潭、桂、交、夔、高、欽、尹等七州，其沈、復、睦、崇四州，循、康二州都督並不統；八年廢玉州，以當陽縣來屬。貞觀元年廢郢州，以章山來屬；二年降爲都督府，唯督前七州而已，其桂、潭等七州，不統也；八年廢東松州入峽州，又省章山入長林；十年辰州改隸黔州，都督荆、峽、澧、朗、岳五州，〔六〕都督從三品，荆州領江陵、枝江、當陽、長林、安興、石首、松滋、公安等八縣。龍朔二年升爲大都督，督荆、峽、岳、復、郢五州。〔七〕天寶元年改爲江陵郡。乾元元年三月復爲荆州大都督府。自至德後，中原多故，襄、鄧百姓，兩京衣冠，盡投江、湖，〔八〕故荆南井邑，十倍其初，仍置荆南節度。上元元年九月置南都，以荆州爲江陵府，長史爲尹，官寮制置，〔九〕一準兩京，以舊相吕諲爲尹，充荆南節度使，領澧、朗、峽、夔、忠、歸、萬等八州，又割黔中之涪，湖南之岳、潭、衡、郴、邵、永、道、連八州，增置萬人軍，以永平爲名；二年置長寧縣于郭内，與江陵並治；其年省枝江縣入長寧。至德二年，江陵尹衛伯玉以湖南闊遠，〔一〇〕請于衡州置防禦使。自此，八州別置使，改屬江南西道。

元領縣八。今九：江陵，枝江，公安，松滋，石首，建寧，潛江，玉沙，以上三縣新置。監利。復州割到。

三縣割出：荆門，別爲軍。當陽，入荆門。武安。並入荆門軍。

州境：東西五百五十里。南北七百五十五里。〔一一〕

四至八到：東至東京一千八百八十五里。北至西京一千三百九十五里。西北至長安一千六百五十五里。北至郢州三百里。東至復州陸路三百五十里，水路八百里。南至澧州三百里。西至峽州水路三百三十里。北至襄州四百五十里。西至岳州水路五百七十里。〔一二〕西南至澧州四百五十里。西北至峽州遠安縣界二百六十五里。東北至郢州長壽縣界二百二十里。

户：唐開元户八萬六千八百。〔一三〕皇朝户主三萬六千一百七十四，客二萬七千二百七十三。

風俗：荆之爲言强也，陽盛物堅，其氣急悍，故人多剽悍。唐至德之後，流傭聚食者衆，五方雜居，風俗大變。然五月五日競渡戲船，楚風最尚，廢業耗民，莫甚於此。皇朝有國以來，已革其弊。又人俗多居于江津諸洲。

姓氏：武昌郡六姓：吴、伍、程、史、龍、郢。武陵郡三姓：卞、伍、龔。

人物：文種，楚南郢人。後相越。　江上丈人，伍子胥進千金之劍，丈人不受。　伍員，監利人。〔一四〕　陸通，字接輿。楚人謂之楚狂接輿。　申包胥，楚人。與伍員善。〔一五〕　老萊子，楚人。年七十，服斑斕衣，爲嬰兒戲于親前。〔一六〕　漢陰叟，楚人，居漢水之陰。子貢南遊，見丈人爲圃鑿池，抱甕出灌園，用力多，〔一七〕子貢教鑿木爲桔槔，丈人曰：「吾聞有機事者，必有機心也。」　後漢胡廣，字伯始，華容人。三登太尉，再作司徒，一履司空，又爲太傅。　劉凝之，字志安，枝江人。隱居不仕。　劉之遴，字思貞，虬子。八歲能文。　劉之亨，字嘉會，虬子。爲司農卿。〔一八〕　唐劉洎。江陵人。拜給事中，封清苑縣男。〔一九〕

土產：綿絹，方綾，甘草，烏梅，貝母，柑子，橙子，白魚，橘，史記云：「江陵千樹橘，與千户侯等。」又江津諸洲，其土沃壤，所利丹石、齒革、羽毛、檜柏、金銀。　松滋縣出碧澗茶。沈子曰茶餅、茶芽，今貢。

江陵縣，舊十三鄉，今七鄉。〔二〇〕漢舊縣，屬南郡。史記曰：「江陵故郢都，〔二一〕西通巴、巫，東有雲夢之饒。」秦昭王二十九年，白起伐楚，取郢置南郡，分爲江陵縣。漢景帝改郡爲國，故荆州記云：「昔荆州城掘地得石函，有鐵契云『楚都郢邑，代無絶』」。

畫扇峯。荆州記云：「修竹亭西一峯迴然，西映落月，遠而望之，全如畫扇。」

景里洲。三國魏將夏侯尚圍南郡，作浮橋，渡景里洲。〔二二〕今在郡西。

龍洲、寵洲。盛弘之荆州記云：「龍、寵二洲之間，舊云多魚，而漁者投罟揮網輒絓絶，乃有水客泅而視之，見水下有石牛二頭，嘗爲網礙，故漁者懲之，皆鼓枻而去。」

枚迴洲，在縣西南六十里。荆州志云：「自籍州次東，大洲有三名城，首曰枚迴，盛弘之記以爲村名，舊云是梅、槐合生成樹，故謂之梅槐。中名景里，下名燕尾。」荆南志云：「此洲北江呼爲薔薇江，始自梅槐，下迄燕尾，上有奉城，故江津長所居。」家語云：「江出岷山，其源可以濫觴。及至江津，不方舟避風，不可以濟。」郭璞江賦所謂「濟江津以起漲」，言其深廣。

瀆水。出紀南赤坂岡，下流入城，今名曰子胥瀆，蓋入郢所開也。〔三三〕

夏口水。左傳：「吴伐楚，沈尹射奔于夏汭。」〔三四〕杜注：「漢水曲入江，今名夏口。」〔三五〕盛弘之云：「夏首又東二十餘里有滑口，二水之閒謂之夏洲，首尾七百里，華容、監利二縣在其中矣。」楚辭云：「過夏首而西浮。」郭仲産云：「此水冬塞夏通，因名夏水也。」

荒谷水，荆州記云：「春秋所謂『莫敖縊于荒谷』是也。」

涌水，江陵城東南五十里有涌水源，東行百餘里會于江。左傳云「閻敖游涌而逸」也。

東天井。荆州記云：「在天井臺之東，井周迴二里許，深不可測。中有潛室，人時見之，則有兵寇，祈之多驗。」又渚宫故事云：「江陵城東二十里有天井，周迴二里，深不可測，旱而禱之，則大雨時至。」

高沙湖，在枚迴洲上。荆南志云：「翠澤平晶，水陸彌曠，芰荷殷生，鱗羽滋阜。湖南林野清曠，可以棲託，〔二六〕故徵士宗炳昔常家焉。北有小水，自湖通江，謂之曾口。」又荆渚故事云：〔二七〕「江陵城西二十里高沙湖，其中多魚。」

五葉湖。荆南志云：「昔湖側有土人張被五葉同居，〔二八〕因以爲名。」

馬鞍溪，昔子胥奔吴避難于此。

紀南城。左傳：「蔡侯、鄭伯會于鄧，始懼楚也。」杜注：「楚國，今南郡江陵縣北紀南城也。」

故郢城，在縣東北十二里。〔二九〕漢志有郢縣，云：「楚别邑。」左氏傳：「楚莊王襲羣舒，使公子燮與子儀守，二子作亂，城郢。」至襄王十四年，子囊臨終，遺言「必城郢！」太史公曰：「楚都城，至平王而更城郢也。」杜預以爲史所言郢者，即州北紀南城是。盛弘之荆州記云：「昭王十年，吴通漳水，灌紀南，入赤湖，進灌郢城，遂破楚。則是前攻紀南，而後破郢也。」伍端休江陵記云：「南門二門，〔三〇〕一名龍門，一名修門。」離騷九章曰：「過夏首而西浮，顧龍門而不見。」招魂曰：「魂兮歸來入修門。」王逸注：「郢城門也。」

故奉城，在燕尾洲上。郭仲産荆州記云：「江津長車之領百家，主渡江南諸州貢奉，〔三〇〕謂之奉城。」

冶父城。盛弘之荆州記云：「荒谷西北有苑，號曰王園，北有小城，名曰冶父城。左傳所謂『莫敖縊于荒谷，羣帥囚于冶父』是也。」

蚌城，在江内燕尾洲上。相傳云饑年人民結侣拾蚌止憩于此，故以爲名。城即關公所築，以防吴、魏。

津相故城，漢爲縣，故城在今縣東。〔三一〕

渚宫。左傳：「楚子西沿漢泝江，將入郢。王在渚宫，下，見之。」江堤。梁始興忠武王憺，字僧達，爲荆州刺史，過大江，水溢堤壞。憺親率將吏，冒雨計所壞丈尺築之。雨勢甚猛，人皆恐懼，或請避之。王曰：「王尊尚欲身塞河堤，我獨何心以免。」乃登堤嘆息，終日輟膳，刑白馬祭江神，酹酒于流，以身爲百姓請命，言終而水退堤出。

湘東苑。渚宫故事云：「湘東王于子城中穿池構山，長數百丈，植蓮蒲，〔三二〕緣岸雜以奇木。其上有通波閣，跨水爲之。南有芙蓉堂，東有禊飲堂，堂後有隱士亭，亭北有正武堂，堂前有射堋馬埒，〔三四〕其西有鄉射堂，堂置行堋，可得移動。東南有連理堂，堂前棕生連理，太清初，生比柯連理，〔三五〕當時以爲湘東踐阼之瑞。北有映月亭、修竹堂、臨水齋，齋前有高山，山有石洞，潛行宛委二百餘步，〔三六〕山上有陽雲樓，樓極高峻，遠近皆見。北有臨風亭、明月樓，顏之推詩云：『屢陪明月宴。』並將軍扈羲所造。」〔三七〕

竹林堂。宋臨川王義慶所作，梁元帝因而修之。亭前有竹名桂竹。〔三八〕郭璞云：「桂竹出始興小桂縣，來風防露，上合下疏，每日出羅紈金翠，春光秋月，隔林而望若花開也。〔三九〕其西有篠箭，冬月抽筍，似桂而辛。」呂覽有「駱越之篠」，爾雅有「會稽之竹箭」。隆暑赫曦，但有涼氣入其下者，咸以御風。其中多種薔薇，劉宅紫薔薇，康家四出薔薇，白馬里薔薇成百里鄉，〔四〇〕長沙千葉薔薇，多有品彙，並以長格校其上，〔四一〕使花葉相通。其下有十間花屋，仰而望之，則枝葉交映，迫而察之，則芬芳襲人。新陽太守鄭裒送雌鶴在此堂，留其雄者尚在裒宅，霜天月夜無日不鳴，商旅江津聞而墮淚。時有野鶴飛赴庭中，〔四二〕驅之不去，即裒宅之雄也，交頸頡頏撫翼，聞奏鍾磬，翻然共舞，婉轉低昂，妙會絃節。其間花卉雖繁，竹林彌盛，昔豫章以樹名郡，酸棗以棘爲邦，故號竹林堂。

清暑臺，一名大暑臺，在江陵城東北二十一里。

羅含宅。渚宮記云：「安成王在鎮，以羅含故宅。録事劉朗之嘗見一丈夫，衣冠甚偉，披襟而立，朗之驚問，忽然失之，未及還，朗之以罪見黜。人謂君章有神。羅君章宅在江陵城西三里，庾信亦嘗居之。」

郭仲產宅。渚宮故事云：「郭爲南郡從事，宅在枇杷寺南。江陵城東十五里有枇杷寺，其村亦名枇杷。元嘉末起齋屋，〔四三〕以竹爲櫺，竹遂漸生枝條，長數尺，扶疏蓊翠，蔚然如屋，仲產以爲祥。俄而同義宣之謀，被誅。」

萍實。渚宮故事云：「宋文帝爲宜都王，臨川有人獻王萍實六，〔四四〕子大者如升，小者如鶴卵，圓而赤。初莫有識者，以問長史王華，華曰：『此萍實也，宣尼所謂王者之應，宋祚當卜年六百。』頃之，宜都王即位，祚終于六十矣。」

子晉廟。有枯樹，庾子山感而成賦。

梁河東王譽廟，在江陵西北三十五里。宣帝即位收葬于此，謚武桓王。

諫獵冢，即樊姬墓也，爲楚莊王夫人。今爲諫獵冢。

章華臺，在縣東三十三里。楚靈王成章華之臺，願與諸侯落之。按渚宮故事云：「靈王所築，臺形三角。」

白碑驛，在縣西北四十八里。

梁宣明二帝陵，唐開元二十一年建。

楚莊王冢，在縣西龍山鄉三十里。渚宮故事：「莊王墓前後陪葬十冢，皆爲行列。」

枝江縣，西一百二十里。舊十一鄉，今十鄉。漢舊縣，屬南郡。古羅國之地。江沱出邑西，東入江。即史記謂楚文王自丹陽徙都此，亦曰丹陽，即今巴東郡是也。〔四五〕唐上元元年析枝江縣置長寧縣于郡郭，〔四六〕以視兩京赤縣；至二年又廢枝江入長寧，寄户口實于長寧。久之不便，至大曆六年復廢長寧，卻立枝江于舊地，即今邑也。

百里洲。荆州圖云：〔四七〕「其上寬廣，土沃人豐，陂潭所產，足穰儉歲，又特宜五穀。〔四八〕洲首派别，南爲外江，北爲内江。」荆南志云：「縣界内洲大小凡三十七，其十九有人居，十八無人居。」盛弘之荆州記云：「縣南自上明，〔四九〕東及江津，其中有九十九洲。楚諺云：『洲不滿百，故不出王者。』桓玄有問鼎之志，故增一爲百，以充百數，僭號旬時，身屠宗滅，及其傾覆，洲亦消毁。至宋文帝在藩，忽生一洲，果龍飛江表，斯有驗矣。」三洲，洲中最大號曰陽洲、隴洲、迴洲，是百洲之數。

獲湖。宋沈攸之爲荆州刺史，堰湖開瀆，通引江水，田多收獲，故以獲名其湖。

新洲。渚宫故事云：「梁王僧辯滅侯景，百寮勸進，湘東王即皇帝位，柵江陵城，周迴七十里。時議遷都，御史中丞劉瑴等進曰：〔五〇〕『臣等聞荆南之地有天子氣，又聞渚宫洲已滿百。』」梁典云：「太清末，枝江縣陽閤浦忽生一洲，〔五一〕羣公上疏稱慶，明年元帝即位。承聖末，其洲與大岸相連，唯九十九而已。」

蜀江，在縣南九里。

公安縣，東水路八十里。舊八鄉，今九鄉。即後漢作唐縣地，在西偏又爲孱陵縣地，俱屬吳之南郡。荆州記云：「先主敗于襄陽，奔荆州。吳大帝推先主爲左將軍、荆州牧，鎮油口，即居此城。時號先主爲左公，〔五三〕故名其城爲公安也。」

黄山，字或作「皇」，昔或呼爲睢山，今鄉人或爲王山云。宋大將軍謝晦被誅，死于此山，立廟，因呼此神爲王山祠，壇基址猶在。

油水，自松滋縣界入，一謂之白石水也。

景口、淪口。酈道元注水經云：「油水東有景口，景口東復有淪口，淪水南與景水合。」

孱陵城。十三州志云：「吳大帝封吕蒙爲孱陵侯，即此也。」

馬頭戍，在縣西北。盛弘之荆州記云：「灌羊湖西三十里有馬頭戍，吳大司馬陸抗所屯，以對江津口，與晉太傅羊祜相拒，大弘信義，抗有疾，祜饋之藥，抗即推心服之。于時，談者以爲華元、子反復見于今。」

香積山，在縣西二百五十七里。

麝香山，在縣西二百七十里。

涔港，在縣西六十里。

松滋縣，西南一百二十里。舊五鄉，今六鄉。本漢舊縣。〔五三〕古今地志云：「松滋，古鳩茲地。」〔五四〕漢屬江陵郡。〔五五〕後漢省。魏復立之，以屬安豐及廬江等郡，廬江即廬州是也。晉太康地志：「咸康三年以松滋流户在荆土者立松滋縣，以隸河東郡邑也。〔五六〕」至東晉孝武帝時，荆州刺史桓沖以苻堅強盛，自襄陽退屯之，因上疏云：〔五七〕「孱陵縣界，地名上明，田土膏良，可以資業軍人。」在吴時樂鄉城以上四十餘里，北枕大江，西接三峽。」今縣西廢上明城即沖所築，其樂鄉即吴陸抗所築，皆在邑界。

灉山。漢書地理志：南郡高城縣，〔五八〕「灉山，灉水所出，東入繇。」即爲此也。

巴山。左氏傳：「巴人伐楚。」荆南志云：「巴人復遁而歸，因有巴復村，在山北，故曰巴山也。」

明月山，在縣西七十里，山嶺彎彎如月。

九包山，在縣西九十五里。

石瓦山，在縣西六十里。

蜀江，在縣北一里，源自宜都縣來。

劉虬墓。渚宫故事：「松滋縣西有劉虬墓，今陟屺寺即虬宅。」

石首縣，東南水路二百里。舊四鄉，今三鄉。唐武德四年置，縣北有石首山，取以爲名。本漢華容縣之地也。

石首山。水經云：「大江右逕石首山北也。」〔五九〕

陽岐山，〔六〇〕在縣西一百步。宋鮑明遠陽岐守風詩云：「洲迴風正悲，江寒霧未歇。」即此也。荆州記曰：「山無所出，不足書，本屬南平界。」范玄平記云：「故老相承云胡伯始以本縣境無山，置此山上計偕簿。」

石門山。梁邵陵王綸崇奉道士張京，於此置觀以處之，鑿石開徑，其狀若門，因名石門山，與岳華容縣分半境爲之也。

繡林山，在楚望山前。漢昭烈娶孫夫人于此，錦繡如林。

披甲湖，在縣東十六里。劉先主與曹戰，飲馬披甲于此，因名。

曹屯湖，在縣西二十五里。相傳曹操屯兵于此。

張屯湖，在縣西十里。昔張飛屯兵處。

喪停港，在縣西六十里。晉謝麟爲荆州刺史卒，經此停泊，一夕雷電大風，其棺自葬，故名。

調絃亭，在縣東六十里。相傳伯牙鼓琴于此。

照影橋，在縣西楚望山下，云孫夫人照影于此。

望夫臺，在楚望山上。先主入蜀，孫夫人鑿此望之。今石臺猶存。

劉郎浦，在大江北。漢昭烈娶孫夫人渡此。〔六一〕

龍穴。水經注云：「大江右得龍穴水口，〔六二〕江浦右池也。北對虎洲。又洲之北有龍巢，地名也。昔夏禹濟江，黄龍夾舟，舟人失色無主。禹笑曰：『吾受命于天，竭力養民。生，性也，死，命也，何憂龍哉？』于是二龍弭鱗掉尾而去，故地俱取名焉。」〔六三〕

建寧縣，東二百三十里。七鄉，新置。唐元和十一年以人户輸納不便，于白臼置徵科巡院。〔六四〕皇朝乾德三年因之升爲建寧縣。

石龍山，在縣東南六十五里。下有石龍淙，石壁上有龍隱形踪。

潛江縣，東一百一十里。十二鄉。新置。唐大中十一年以人户輸納不便，置徵科巡院于白洑。〔六五〕皇朝乾德三年因之升爲潛江縣。〔六六〕

漢水，〔六七〕在縣北二十里，自長林縣來，至獅子口經縣界。

玉沙縣，南一百二十里。五鄉，新置。朱梁開平四年分漢江南爲白沙徵科巡院。皇朝乾德三年因之升爲玉沙縣。

白螺山，在縣西南一百四十五里。

監利縣，三十二里。〔六八〕無鄉。本漢華容縣地，荆州圖副云：「晉太康五年立監利縣，〔六九〕屬南郡。」梁開平三年以荆州割據，遂屬荆州。

章華臺，在縣郭内。

陶朱公冢，在華容縣西，碑見在。

乾溪、涌水，皆在邑界。

五花山，在縣三里。〔七〇〕

雞鳴渡，在縣北二十里。〔七一〕

荆門軍

荆門軍，本漢舊縣，〔七二〕隋時廢，即荆襄之要津。唐貞元二十一復置。唐末，荆州高氏割據，建爲軍，領荆州當陽縣。皇朝開寶五年割荆州之長林縣、襄州之故樂鄉縣合爲一縣，置于郭下。

領縣二：長林，當陽。

軍境：東西三百八十里。南北三百二十五里。

四至八到：東北至東京一千三百里。西北至西京一千七百里。東至郢州漢江一百里。西至峽州界二百八十里。南至荆南界一百五十五里。北至襄州界一百七十里。西南至荆南枝江縣界二百八十里。東南至荆南潛江縣界二百八十里。〔七三〕西北至襄州南漳縣界二百里。東北至郢州、襄州界漢江一百八十里。

户：舊户在襄、荆二州籍。皇朝户主一千七百三十四，客二千三百三十六。〔七四〕

風俗：並與襄、荆二州同。

土産：並與襄、荆二州同。

長林縣，□□□，□□□。晉安帝隆安五年，刺史桓玄立武寧郡于故編縣城，其屬有長林縣，與郡俱立，分編縣所置也。盛弘之荆州記云：「當陽東有櫟林長坂。昔時武寧至樂鄉八十里中，拱樹修竹，隱天蔽日，長林蓋取名于此。」武德四年于縣東界一百二里置基州及章山縣；七年廢基州，以章山屬郢州，州廢，屬荆州；八年省入長林。皇朝開寶五年割襄州故樂鄉縣合爲一縣，來屬本軍。樂鄉者，即春秋鄀國之地，晉置樂鄉縣也。

章山。漢書地理志：江夏郡竟陵縣，「章山在東北，古文以爲内方山」。尚書禹貢：「導嶓冢至于荆山，内方至于大别。」孔安國注云：「内方在荆州，漢水之所經也。」

漳水，〔七五〕在郡北角田村，去城一百里。伍端休江陵記云「帶漳水」，〔七六〕謂此水也。荆南志：「荆潭以上爲漳水，荆潭以下爲漕水。」

層臺。荆南志云：「楚地以北山東有層臺，昔楚莊王築之，延袤百里，砥石千里。時有諸卿士諫王，王從而毀也。」

石橋。荆州記云：「南石橋津泉水從紫蓋山下東流爲溪，故累石爲橋，以渡行者，因以是爲稱。」

雲夢澤。周禮：「荆州之藪是爲雲夢。」鄭玄注：「在華容縣。」爾雅十藪：「楚有雲夢。」郭璞注：「巴丘湖是也。」春秋文耀鉤大别云：〔七七〕「巴東、雷澤、九江、衡山皆雲夢是也。」宋永初山川古今記：「雲夢澤，一名巴丘湖，荆州之藪。故魏武帝與吴主書云：『赤壁之困，過雲夢澤中有大霧，遂使失道。』是此。」

章華臺。左氏傳云：「楚子成章華之臺，願與諸侯落之。」春秋外傳：「楚靈王登章華之臺，顧謂伍舉曰：『美夫！』舉對曰：『先君莊公爲臺，高不過望國氛，大不過宴俎豆，人不廢時，官不廢朝，是以能除亂克敵。今君爲此臺也，國人疲焉，財用盡焉，百官煩焉，而以爲美，楚其殆矣！』」

當陽縣，西一百五十里。舊十鄉，今六鄉。漢舊縣，屬南陽郡，〔七八〕即廣陽王子益之所封地。又爲臨沮侯國，今縣北有故城焉。又按庾仲雍荆州記云：「本楚之邑也。春秋左氏傳：『楚潘崇伐麇，至于錫穴。』潁容釋例云：『麇，當陽也。』」

緑林山。王莽末，王匡、王常、王鳳起兵于緑林山中。

南北紫蓋山，在縣南八十里。南者與覆船山相接。二山頂上方而四垂，若繖蓋之狀，常有林石皆紺色，〔七九〕故以紫爲稱。上有丹井。

當陽坂，即曹操追先主之所。

綵水，出紫蓋山下。綵碧甘馨，異于常派。

金牛。荆州記云：「紫蓋山有名金，每雲晦日，輒見牛出食，光照一山，即金之精爾。」

漳口。荆州圖副謂之漳口。左傳宣公四年，「楚若敖攻王師于漳澨。」謂此水也。

沮水，經當陽北十餘里，〔八〇〕東南流一百里入沱江，即左傳：「楚昭王取其妹季芈畀我以出，涉睢」是也。又按漳、沮二水並出建安界，而合流于此，故左傳所謂：「江、漢、沮、漳，楚之望也。」〔八一〕

麥城。荆州圖副云：「故老相傳云是楚昭王所築。王仲宣嘗登其東隅，故其賦云：『挾清漳之通浦，倚曲沮之長洲。』關公爲吕蒙所算，還至當陽，保此城，詐降而遁，朱然、潘璋斬于臨沮之漳鄉也。」〔八二〕

磨城。盛弘之荆州記云：「麥城東有驢城，沮水之西有磨城，犄角麥城。昔伍子胥造此二城，以攻麥城，假驢磨立名，俗諺云：東驢西磨，麥自破。」〔八三〕

卷一百四十六校勘記

〔一〕史記以爲鶉首楚之分自張十八度至軫十二度楚之分野　按史記卷二七天官書無此文，晉書卷一一天文志上：「自張十七度至軫十一度爲鶉尾，於辰在巳，楚之分野，屬荆州。」隋書卷三一地理志下：「自張十七度至軫十一度爲鶉首，於辰在巳，楚之分野。」疑此引書名與文皆有誤。

〔二〕武帝元封元年置刺史部十三州分荆州置交州　按漢書卷五武帝紀：元封五年，「初置刺史部十三州。」同書卷一九百官公卿表上同，此云「元年」爲「五年」之誤。又漢書卷二八地理志上：「武帝攘卻胡、越，開地斥境，南置交阯，北置朔方之州。」顔師古注引胡廣記云，漢既定南越之地，置交阯刺史，别於諸州，令持節治蒼梧。」則漢武帝置十三州刺史部時稱爲交阯，而不是「交州」，王莽改稱交州，見于揚雄十二州箴。

〔三〕建初三年至乃徙六安王　「三年」，底本作「二年」；「六安王」，底本作「安陸王」，萬本、庫本並同，皆據後漢書卷五〇彭城靖王恭傳改。

〔四〕又晉書云至即今所也　原校：「按晉書地理志：『荆州名南北雙立，吴荆州領十五郡，魏荆州領郡七。』未見今記所引之文。惟通典云晉平吴，置南郡，及荆州領郡十九，理于此，今記豈引通典而誤爲晉書耶！通典荆州領郡十九，理南郡，反在平吴之後，而今記領郡十九，理襄陽，乃在平吴之前，此尤舛誤，又皆與晉志不合，當考。」按晉書卷一五地理志下云武帝平吴，分改諸郡，荆州統郡二十二。

〔五〕土地遼延　「延」，庫本同，萬本作「落」，同通典卷一八三州郡一三。

〔六〕都督荆峽澧朗岳五州　按舊唐書卷三九地理志二云「都督硤（即峽）澧、朗、岳四州」。

〔七〕督荆峽岳復郢五州　按舊唐書地理志二云「督硤、岳、復、郢四州」。

〔八〕盡投江湖　「湖」，舊唐書地理志二作「湘」。

〔九〕官寮制置　「官寮」，輿地紀勝卷六四江陵府總序同，庫本作「官僚」，「僚」、「寮」同；萬本作「觀察」，同舊唐書地理志二。按舊唐書卷一〇肅宗紀作「官吏」。

〔一〇〕與江陵並治其年省枝江縣入長寧至德二年江陵尹衛伯玉以湖南闊遠　「並治」，底本脱，萬本、庫本同，據輿地紀勝江陵府總序引本書及舊唐書地理志二補。「其年省枝江縣入長寧至德二年江陵」，底本脱，萬本、庫本同，據舊唐書地理志二補。

〔一一〕南北七百五十五里　「五十五」，萬本、庫本皆作「五十」。

〔一二〕西至岳州水路五百七十里　通典州郡一三江陵郡（岳州）：「東南至巴陵郡（岳州）五百七十五里。」元豐九域志卷六江陵府：「東南至本府界三百三十里，自界首至岳州六十里。」按唐荆州、宋江陵府治江陵縣，即今湖北江陵縣，岳州治巴陵縣，即今湖南岳陽市，在荆州東南，此「西」爲

「東南」之誤。

〔一三〕唐開元户八萬六千八百　「六」，萬本、庫本皆作「四」。

〔一四〕伍員監利人　萬本、中大本、庫本皆無，蓋非樂史原文。

〔一五〕申包胥楚人與伍員善　萬本、中大本、庫本皆無，蓋非樂史原文。

〔一六〕年七十服斑斕衣爲嬰兒戲于親前　「七」，底本作「八」，萬本、庫本同。輿地紀勝江陵府引本書作「事親常服斑斕之衣，年七十，爲嬰兒戲於親前」，宋本方輿勝覽卷二七江陵府引本書略同，文與此有異。北堂書鈔卷一二九引孝子傳亦作「七十」，此「八」爲「七」字之誤，據改。

〔一七〕用力多　「力多」，底本作「多力」，據萬本、庫本及輿地紀勝、宋本方輿勝覽江陵府引本書乙正。

〔一八〕劉凝之字志安枝江人隱居不仕至劉之亨字嘉會虬子爲司農卿　萬本、中大本皆無劉凝之、劉之遴、劉之亨傳略，蓋非樂史原文。「思貞」，底本作「司貞」，據梁書卷四〇、南史卷五〇劉之遴傳改。

〔一九〕唐劉洎江陵人拜給事中封清苑縣男　「洎」，底本作「伯」；「拜給事中」，底本作「中」，錯簡於「封」下，萬本同，皆據舊唐書卷七四、新唐書卷九九改乙補。庫本作「洎」。

〔二〇〕舊十三鄉今七鄉　「三」、「七」，萬本、中大本、庫本皆作「二」、「十七」。

〔二一〕郢都　「郢」，底本作「郡」，萬本、庫本同，據史記卷一二九貨殖列傳、漢書卷二八地理志上改。

〔二二〕景里洲三國魏將夏侯尚圍南郡作浮橋渡景里洲　按三國志卷五五吴書潘璋傳：「魏將夏侯尚等圍南郡，分前部三萬人作浮橋，渡百里洲上。」則夏侯尚渡者乃百里洲，非景里洲。

〔二三〕紀南赤坂岡至蓋入郢所開也　輿地紀勝江陵府引本書云：瀆水，「出紀南城赤坂崗，下流入城，子胥瀆，吴師入郢所開也。」水經沔水注：紀南城「西南有赤坂岡，岡下有瀆水，東北流入城，名曰子胥瀆，蓋吴師入郢所開也。」此「紀南」下蓋脱「城」字，「蓋」下脱「吴師」二字。

〔二四〕沈尹射　「射」，底本作「戍」，據萬本、庫本及左傳昭公四年改。

〔二五〕杜注漢水曲入江今名夏口　楊伯峻春秋左傳注：「夏汭，杜注謂爲夏口，恐不確。今之西淝河古亦稱夏肥水，見漢書地理志城父縣。其下游入淮水處在今安徽鳳臺縣西南，此夏汭及五年傳『會于夏汭，皆指此處，非漢口。』」

〔二六〕可以棲託　「託」，底本作「托」，據萬本、庫本及太平御覽卷六六引荆南志改。

〔二七〕荆渚故事　太平御覽卷六六引作「渚宫故事」。

〔二八〕昔湖側有土人張被五葉同居　「土」，底本作「工」，萬本同，據庫本及輿地紀勝江陵府引本書改。太平御覽卷六六作「主」。

〔二九〕在縣東北十二里　「十二」，庫本同，萬本作「二十」。按史記卷二三禮書正義引括地志云：「郢城，荆州江陵縣東北六里，即吴公子光伐楚，楚平王恐，城郢者也。又楚武王始都郢，紀南故城是也，在江陵北十五里也。」則萬本誤。

〔三〇〕南門二門　「二」，底本作「三」，萬本、庫本同。按本書下文云「一名龍門，一名修門」，明爲二門，何有三門？讀史方輿紀要卷七八引楚記：「楚郢都南面舊有二門，一曰修門，一曰龍門。」則此「三」爲「二」字之誤，據改。

〔三一〕江津長車之領百家主渡江南諸州貢奉　「車之」，當誤，萬本作「治所」，恐亦不確。「諸」，底本作「渚」，當爲「諸」字之誤，故改。水經江水注：奉城「故江津長所治，舊主度州郡貢于洛陽，因謂之奉城。」

〔三二〕治父城盛弘之荆州記云至津相故城漢爲縣故城在今縣東　萬本、庫本皆無治父城、蚌城、津相故城三城事蹟。按漢書地理志無「津相縣」。續漢書郡國志四南郡江陵縣有津鄉，通典州郡一三江陵縣：「漢津鄉故城，在今縣東也。」則此「津相」爲「津鄉」之誤，「漢爲縣」，亦誤。

〔三三〕穿池構山長數百丈植蓮蒲　「穿池構山」，底本作「穿構池山」；「蒲」，底本脱，皆據太平御覽卷一九六引渚宮故事、説郛（宛委山堂本）弓一七渚宮故事改補。萬本、嘉慶重修一統志卷三四四荆州府引渚宮故事「蒲」下有「中」字。

〔三四〕堂前有射堋馬埒　「射堋」底本作「堋垛」，庫本同，據萬本及太平御覽、説郛引渚宮故事補删。「埒」，底本作「埒」，下注「音呼」，並據萬本、庫本、嘉慶重修一統志及渚宮故事改删。

〔三五〕生比柯連理　庫本同，萬本無此文。太平御覽、説郛引渚宮故事皆無「柯」字，當是。

〔三六〕齋前有高山山有石洞潛行宛委二百餘步　底本「前」下脱「有」字，萬本、庫本同，據太平御覽、説郛引渚宮故事補。底本「有石洞」上脱「山」字，「宛」作「苑」，「委」作「中」，皆據萬本及太平御覽、説郛、嘉慶重修一統志引渚宮故事補改。

〔三七〕扈義　萬本、庫本同，太平御覽、説郛引渚宮故事皆作「扈義熙」，未可考知。

〔三八〕亭前有竹名桂竹　「亭」，萬本、庫本作「庭」，嘉慶重修一統志荆州府引本書作「堂」，當是。

〔三九〕隔林而望若花開也　「林」，萬本、庫本皆作「簾」。

〔四〇〕白馬里薔薇成百里鄉　庫本作「白馬寺黑薔薇，名十里香」。萬本文闕。

〔四一〕並以長格校其上　「校」，萬本、庫本皆作「支」。

〔四二〕時有野鶴飛赴庭中　「庭」，萬本、庫本同，渚宮舊事作「堂」，此「庭」蓋爲「堂」字之誤。

〔四三〕齋屋　「屋」，萬本、庫本皆作「堂」。

〔四四〕臨川　「川」，底本作「州」，庫本同，據萬本及説郛弓一七渚宮故事改。宋書卷三六州郡志二有臨川内史。

〔四五〕史記謂楚文王自丹陽徙都此亦曰丹陽今巴東郡是也　原校：「按史記：『楚熊繹始封于楚，居丹陽。』徐廣云：『在南郡枝江縣。』又云：『楚文王熊貲立，始都郢。』今記謂丹陽在今巴東，楚文王自丹陽徙都枝江，似與史記及徐廣注不合。然楚始封今巴東，曰丹陽，後徙枝江，亦曰丹陽，則徐廣謂枝江爲丹陽者是也。楚屢徙都，所至皆曰郢，州今記謂文王自丹陽徙都郢，爲枝江者，枝江初亦嘗爲郢乎？但未見本何書，當考。」

〔四六〕唐上元元年析枝江縣置長寧縣于郡郭　唐會要卷七一州縣改置上同，舊唐書地理志二謂上元元年分江陵縣置長寧縣，新唐書卷四〇地理志四同，與此異。

〔四七〕荆州圖　嘉慶重修一統志卷三四四江陵府引本書同，萬本、庫本作「荆州圖記」，太平御覽卷六九引作「荆州圖副」。

〔四八〕特宜五穀　按太平御覽引荆州圖副云「特宜五果，甘、柰、梨、蔗於此是出」，水經江水注亦云百里洲「中有桑田甘果」，此云恐不確。

〔四九〕縣南自上明　「南」，水經江水注、太平御覽卷六九引盛弘之荆州記皆作「西」，此誤。

〔五〇〕御史中丞劉穀　按梁書卷四一劉瑴傳：瑴，「歷尚書左丞，御史中丞。」此「穀」豈「瑴」之訛耶？

〔五一〕陽閤浦　按南史卷八梁元帝本紀作「楊之閤浦」。

〔五二〕時號先主爲左公　「左」，底本脱，萬本、庫本同，據太平御覽卷一六七引荆州記補。輿地廣記卷二七江陵府亦載：劉備「時號左公，因名其地曰公安。」

〔五三〕本漢舊縣　按輿地紀勝江陵府引元和郡縣圖志、舊唐書地理志二、輿地廣記江陵府皆載松滋縣本漢高城縣地，按漢書卷二八地理志上，南郡領有高成縣，即是，此誤。

〔五四〕古今地志云松滋古鳩茲地　「古今地志」，太平御覽卷一六七引作「古今地名」。又左傳：「襄公三年春，楚子重伐吴，爲簡之師，克鳩茲。」杜預注：「鳩茲，吴邑，在丹陽蕪湖縣東。」即在今安徽蕪湖市東南，此誤。

〔五五〕漢屬江陵郡　按漢無「江陵郡」，此地屬南郡，舊唐書地理志二：松滋縣，「漢高城縣地，屬南郡。松滋，亦漢縣名，屬廬江郡。晉時松滋縣人避亂至此，乃僑立松滋縣，因而不改。」此誤。

〔五六〕以隸河東郡邑也　輿地紀勝江陵府引晉太康地志云：「咸康三年以松滋流户在荆土者立松滋縣，以隸河東郡，即此邑也。」此「邑」上蓋脱「即此」二字。

〔五七〕因上疏云　「疏」，底本作「書」，據萬本、庫本及晉書卷七四桓沖傳改。

〔五八〕高城縣　「城」，漢書地理志上作「成」。

〔五九〕水經云大江右逕石首山北也　按「大江右逕石首山北」，見於水經注，非水經。

〔六〇〕陽岐山　萬本此下有「一名東嶽山」五字，是否爲樂史文，待考。

〔六一〕繡林山在楚望山前至劉郎浦在大江北漢昭烈娶孫夫人渡此　萬本、中大本、庫本皆無此繡林山、披甲湖、曹屯湖、張屯湖、喪停港、調絃亭、照影橋、望夫臺、劉郎浦共九條一八五字，新定九域志、輿地廣記、輿地紀勝諸宋代志書皆不引載，皆非樂史原文。

〔六三〕水經注云大江右得龍穴水口　「注」，底本脱，據萬本及水經江水注補。又底本「龍穴水口」下衍「注云」二字，萬本、庫本同，據水經江水注删。
〔六三〕故地俱取名焉　按水經江水注云「故水地取名矣」，此疑脱「水」字。
〔六四〕于白臼置徵科巡院　「白臼」，底本脱，庫本同，據萬本及嘉慶重修一統志荆州府引本書改補。
〔六五〕唐大中十一年以人户輸納不便置徵科巡院于白洑　按輿地紀勝江陵府潛江縣序引江陵志曰：「梁末，高氏置徵科院于白洑，年月不同。」
〔六六〕乾德三年因之升爲潛江縣　按輿地紀勝潛江縣序引國朝會要云「乾德三年升安遠鎮爲潛江縣」，與此異。
〔六七〕漢水　「水」，底本作「山」，萬本、庫本同。按元豐九域志、輿地廣記潛江縣列有漢江，無「漢山」之稱，本書下文所云亦指漢水逕流，此「山」爲「水」字之誤，據改。
〔六八〕三十二里　萬本無，庫本闕。元豐九域志江陵府監利縣：「府東南一百八十里。」輿地紀勝江陵府監利縣：「在府東一百八十里。」此脱「東南」二字，里數亦誤。
〔六九〕晉太康五年立監利縣　按宋書卷三七州郡志三：「晉起居注，太康四年復立南郡之監利縣。」
〔七〇〕在縣三里　庫本同，「縣」下注「闕」。萬本作「在縣北七十里」。
〔七一〕鷄鳴渡在縣北二十里　萬本、庫本皆無此九字。

〔七二〕本漢舊縣　按漢無「荆門縣」，輿地紀勝卷七八荆門軍總序云：「前漢南郡有臨沮、當陽、編、都（疑「鄀」字之誤，漢書地理志作「若」，續漢書郡國志作「鄀」）縣，皆荆門之地。」此誤。

〔七三〕東南至荆南潛江縣界二百八十里　「潛江」，底本作「沅江」，萬本、庫本同。按荆南即荆州，因唐至德二年置荆南節度使，本書荆州無「沅江縣」而有潛江縣，正處於荆門軍東南，此「沅」爲「潛」字之誤，據改。

〔七四〕客二千三百三十六　庫本同，「三百」，萬本作「一百」；「三十六」，中大本無。

〔七五〕漣水　「漣」，庫本同，萬本作「建」，無水旁，輿地紀勝荆門軍、嘉慶重修一統志卷三五二荆門州引本書同。下同。

〔七六〕帶漣水　輿地紀勝荆門軍引本書云：「伍端休江陵記云：北帶建水。」此「帶」上蓋脱「北」字。

〔七七〕春秋文耀鈎　「鈎」，底本作「鈞」，萬本、庫本同，乃「鈎」字之訛，據改。

〔七八〕屬南陽郡　按漢書地理志上當陽屬南郡，此誤。

〔七九〕常有林石皆紺色　「林」，底本脱，據萬本、庫本及輿地紀勝荆門軍、嘉慶重修一統志荆門州引本書補。

〔八〇〕經當陽北十餘里　「十餘里」，底本作「十里餘」，據萬本、庫本、嘉慶重修一統志荆門州引本書乙正。

〔八一〕左傳所謂江漢沮漳楚之望也　按左傳哀公六年：「江、漢、睢、漳，楚之望也。」此「沮」爲「睢」字之誤。

〔八二〕漳鄉　「漳」，底本作「章」，萬本同，據三國志卷五四吴書吕蒙傳、水經漳水注改。

〔八三〕麥自破　按輿地紀勝荆門軍淬劍池引本書「在當陽縣北二十里」，底本、萬本當陽縣皆無，當脱，今附録於此。

太平寰宇記卷之一百四十七

山南東道六

峽州　雲安軍

峽州

峽州，夷陵郡。今理夷陵縣。春秋及戰國時並爲楚地，故曰荆門、虎牙，即楚之西塞。秦將白起攻楚，燒夷陵，即其地。秦以此地屬南郡。二漢因之。魏操平荆州，于此置臨江郡。吴録云「蜀昭烈皇帝立宜都郡于西陵」，即夷陵也，在吴、蜀之界，吴得之，頗爲重鎮。故大將軍陸遜上疏曰：「夷陵要害，國之關限，若失之，非徒損一郡之地，荆州亦可憂也。」歷晉、宋、齊，並爲宜都郡理。又宜都記云：「郡城，即陸抗攻步闡，拒晉于此壘。」梁武帝天監中于此置宜州，以舊宜都爲州之名。後魏改宜州爲拓州，蓋取開拓之義。周武帝以州扼三峽之口，復改爲峽州。陳嘗得之，以爲重鎮。隋伐陳，陳人守荆門、狼尾灘，並在宜都界也。又荆渚記云：「夷陵郡居大江之上，西通全蜀，故夷陵有安蜀古城存焉。」隋爲夷陵郡。唐武德四年平蕭銑，〔一〕置峽州，領夷陵、夷道、遠安三縣。貞觀八年廢東松州，以宜都、長陽、巴山三縣來屬，其年省夷道入宜都，九年自下牢鎮移治陸抗故壘。天寶元年改爲夷陵郡。乾元元年復爲峽州。

元領縣五。今四：夷陵，宜都，長陽，遠安。一縣舊廢：巴山。

州境：東西二百二十里。南北二百九十五里。

四至八到：東北至東京一千六百里。西北至西京一千八百二十里。東取江陵府大路至長安一千八百八十五里。東至江陵府三百四十里，南取水路三百三十里。西至歸州二百里。北至襄州五百七十里。東南至江陵府界一百四十里。西南至施州七百六十里。西北至歸州界二百三十里。東北至江陵府界九十里。

户：唐開元户八千九十八。皇朝户主二千九百八十三，客一千四百一十八。

風俗：楚之俗，剽悍巧猾。管子曰：「水弱而清，其民輕果而好詐」是也。士女事麻楮，不事蠶桑，男子刀耕火種，〔二〕不知文學。其信巫鬼，重淫祀，與蜀同風。

人物：無。

土産：葛，貢。蠟，硝，茶。

夷陵縣，元七鄉。本漢舊縣，屬南郡尉。吴謂之西陵，即此。按郡國志云：「郡置在石鼻山上，縣即白起所焚之地。」

夷山故城，即漢舊縣城，在今縣西北。

温泉，在縣之西。

西陵峽，在縣西北二十五里。吴志云：「陸遜破劉玄德，還屯夷陵，守峽口以備蜀。」即此是也。

白馬穴。宜都記云：「自西陵北崖有石穴，遠望常有白馬出入其閒，尋之莫覩。」

虎牙山，在縣東南三十里。袁山松宜都山川記：「虎牙山有石壁，其色黄，閒有白文，亦有牙齒形。」

爾雅臺。郭璞注爾雅于此臺，故郡有郭雅臺焉。

方山。有神祠壇，或人誤有穢污，四面風動竹以拂之如掃。

高筐山，〔三〕在縣西七十七里。袁山松句將山記云：「登句將，北見高筐山，嶷然半天。」荆州圖副云：「昔堯時大水，此山不没如筐也。」

黄牛山。盛弘之荆州記云：「南岸重嶺疊起，最大高崖間有石色，〔四〕如人負刀牽牛，人黑牛黄，成就分明。此巖既高，加以江湍紆迴，雖途經信宿，猶望見之。行者歌曰：『朝發黄牛，暮宿黄牛，三朝三暮，黄牛如故。』」

望相山，俗呼爲鍾武山是也。

七谷村。郡國志云：「西陵縣有七谷村，有石馬穴，一曰馬穿穴。〔五〕昔日常有白馬出穴，人逐之入穴，潛行出漢中，漢中人失馬，亦出此穴，相去數千里相通。石鈷鉧。有一石水沸其中，號曰『千石鈷鉧』」。

宜都縣，東六十里。元九鄉。本漢夷道縣，屬南郡，故城在今縣西。後周天和三年，江南爲陳所併，陳文帝天嘉元年于漢夷道縣城置宜都縣。唐武德四年置江州。貞觀八年州廢，來屬。〔六〕

荆門山，在縣西北五十里。袁山松宜都山川記云：「南崖有山名荆門，北崖有山名虎牙。」

羊腸山，在縣南七十里。高一千三百丈，其山盤屈如羊腸之狀。盛弘之荆州記云：「登羊腸，望見南平沮漳，自巴陵左右數百里皆見此山。」

故夷道縣城，在縣東五十里。唐貞觀八年廢入宜都縣。

長陽縣，西六十九里。〔七〕元七鄉。本漢佷音恒。山縣，屬武陵郡。孟康曰：「出藥草恒山」

是也。隋開皇八年，李伯禽據縣，背陳入隋，即改佷山縣爲長陽縣，南崖有長陽溪，因以爲名。

長陽溪。荆州圖副云：「長陽溪側有異花，韶艷奇絶，欲摘，先乞，不得輒取，輒取即隨手零落。〔八〕」

魚城，在今縣西北五十里。四面險絶，有林木池水，爲守禦之要。

故睦州城，在縣東三百步。隋開皇九年置，〔九〕十七年廢。唐武德四年復置，八年又廢。

故佷山縣城。隋開皇九年廢，今基在縣西六十五里。

武落鍾山，〔一〇〕一名難留山，在縣西北七十八里。本廩君所出處也，世本云：「廩君之先，故出巫蜑，〔一一〕落鍾山石穴中有二所，其一色赤，其一色黑，如丹漆狀，廩君出于赤穴，餘姓亦出黑穴。〔一二〕廩君曰務相，姓巴氏，與樊氏、瞫氏、〔一三〕相氏、鄭氏五姓俱出，未有君長，皆爭神，廩君五姓皆往登呼躧穴屋，〔一四〕以劍刺之，劍不能著，獨廩君劍著而懸于穴屋，因立爲君。」盛弘之荆州記云：「難留山北有石室，可容數百人，人常入此室避難，〔一五〕巘不可攻，因名爲難留城。」西北有石穴，把火行百餘步，有二大石，相去可丈餘，名爲陰陽石。陰石常濕，陽石常燥，旱則鞭陰石，應時而雨，雨則鞭陽石，俄時而晴。但鞭者不壽，復不得稱名，人頗憚之。」

清江，一名夷水，東自施州開夷縣界流入。昔巴蠻有五姓，未有君長，俱事鬼神。又各令乘土船，約浮當以爲君。唯務相獨浮，因共立之，是爲廩君。乃乘土舟，從夷水下至陽鹽。鹽水有神女，謂廩君曰：「此地廣大，魚鹽所出，願留共居。」不許，鹽神暮輒來宿，旦化爲蟲，〔一六〕羣飛蔽日，天地晦冥。積十餘日，廩君因伺便射殺之，天乃開明。廩君乘土船，下及夷城。夷城山石險曲，其水亦曲，廩君望之而嘆，山崖爲崩。廩君登之，上有平石，方二丈五尺，因立城其傍而居之，四姓臣之。後死，精魄亦化爲白虎也。

廢巴山縣，在縣南七十里。本佷山縣地，即古捍關，楚肅王拒蜀之處。〔一七〕隋開皇五年分佷山置巴山縣，今縣北有山曲折似巴字，因以爲名。今廢。

遠安縣，州北一百六十里。元管四鄉。本漢臨沮縣地，晉安帝立高安縣，屬汶陽郡。後周明帝武成元年改高安爲遠安縣。

孤山。郡國志云：「遠安有陸抗故城，故城之南有孤山。袁山松爲郡，嘗登此山四望，俯見大江如縈帶，舟船如鳧鴈焉。」

佷山。山谷之中有石穴，穴出清泉。水中有神魚，大者二尺，小者一尺。釣者先陳所須多少，拜而請之，數滿便止。水側有異花，欲摘，如魚請之。又有異木，名千歲葉，似棗，冬夏青青。復有蒼茫溪相近。

宜陽山，有風井穴，大如甕，夏出冬入。有樵人置笠穴口，風噏之後，于長陽溪口得笠，則知潛通也。

丹山。郡國志云：「有石鵝在仙室山，西復連丹山。」袁山松宜都記云：「丹山時有赤氣籠井如丹，故加此名。」

五龍山。郡國志云：「山有五峯，若龍狀，因以名之。」

灄水，即清溪源也，在邑界。

百井山，在縣西南四十五里，高三千五百丈。有清泉數十，汲之可飲，因名百井。或天氣晴朗，即山頂望江陵府二百餘里，歷歷如在目前，亦髣髴見長沙之地。

清溪，在縣南六十五里。源出清溪山下，冬無夏增，鬼谷先生傳云：「楚有清溪，下深千仞，其水靈異。」

雲安軍

雲安軍，理雲安縣。〔一八〕皇朝乾德二年以夔州雲安縣上水去州二百里，〔一九〕人户輸納不便，于本縣建一軍，從本州之所奏請也，仍領雲安縣。

軍境：東西八十五里。南北二百四十九里。

四至八到：初置軍未有至東西京里數。東至夔州奉節縣一百三十里。西至萬州南浦縣一百四十三里。南至施州清江縣三百七十里。東北至夔州奉節縣二百四十三里。〔二〕北至夔州大昌縣四百二十六里。東北至萬州二百一十六里。〔三〕西北至萬州南浦縣二百一十四里。

户：舊户載夔州籍。皇朝户主四千三百一十，客三千四百八十九。〔三〕

風俗：同夔州。

土産：同夔州。

雲安縣，舊十四鄉，今十三鄉。本漢朐䏰縣地，屬巴郡。有橘官、鹽官。十三州志：朐䏰，「地下濕，多朐䏰蟲，故以爲名。」朐音蠢，䏰音閏。

朐䏰城，漢縣，在萬户城西三十一里。

蜀江，在縣南三百步。

卷一百四十七校勘記

〔一〕唐武德四年平蕭銑　「四年」，底本作「二年」，萬本同。按平蕭銑在武德四年，據舊唐書卷一高祖紀、資治通鑑卷一八九改。

〔二〕男子刀耕火種　「刀」，底本作「力」，萬本同，據宋版、庫本改。

〔三〕高筐山　「筐」，底本作「笄」，萬本、庫本同，據宋版及太平御覽卷四九引袁山松句將山記、輿地紀勝卷七三峽州改。下同。

〔四〕南岸重嶺疊起最大高崖間有石色　「疊」，底本作「壘」，據宋版、萬本、庫本及水經江水注、太平御覽卷五三引盛弘之荆州記改。「崖」，底本作「岸」，萬本、庫本同，據宋版及水經江水注、太平御覽引荆州記改。

〔五〕馬穿穴　「穴」，底本無，萬本、庫本同，據宋版補。

〔六〕唐武德四年置江州貞觀八年州廢來屬　按舊唐書卷三九地理志二載：武德二年置江州，六年改江州爲東松州，貞觀八年廢東松州，以宜都縣屬硤州（按「硤」、「峽」二字音同通用）。新唐書卷四〇地理志四同，此處誤脱。

〔七〕西六十九里　「六」，底本作「北」，萬本、庫本脱，據宋版改。元豐九域志卷六峽州長陽縣：「州西南六十九里。」按峽州治夷陵縣，即今湖北宜昌市，長陽縣即今縣，在峽州西南。

〔八〕輒取即隨手零落　「輒」，底本無，萬本、庫本同，據宋版補。

〔九〕隋開皇九年置　按隋書卷三一地理志下載開皇八年置，與此異。

〔一〇〕武落鍾山　「鍾山」，底本作「山中」，萬本同，中大本、庫本作「中山」，據宋版改。按後漢書卷八六南蠻傳、通典卷一八七邊防三及本書卷一七八四夷七皆作「武落鍾離山」，輿地紀勝峽州同，此脱「離」字。

〔一一〕故出巫蜑　按後漢書南蠻傳李賢注引代本曰：「廩君之先，故出巫誕。」此「蜑」當作「誕」。

〔一二〕餘姓亦出黑穴　「亦」，後漢書南蠻傳及秦嘉謨輯補世本卷七下氏姓篇下皆作「皆」，是也。

〔一三〕瞫氏　宋版、萬本同，庫本作「瞫」，疑誤。

〔一四〕皆往登呼䟤穴屋　「䟤」，萬本、庫本同，宋版作「䟤」。

〔一五〕人常入此室避難　底本作「常以此室僻」，萬本作「常以此室避」，庫本作「常以此室避難」，據宋版改補。水經夷水注：「每亂，民入室避賊，無可攻理，因名難留城。」

〔一六〕旦化爲蟲　「旦」，底本作「且」，萬本同，據宋版、庫本及後漢書南蠻傳、水經夷水注改。

〔一七〕楚肅王拒蜀之處　「肅」，底本作「蕭」，萬本、庫本同，據宋版及輿地紀勝峽州引本書改。史記卷四〇楚世家：「肅王四年，蜀伐楚，取茲方。於是楚爲扞關以距之。」「扞」即「捍」。

〔一八〕理雲安縣　底本脱，萬本、庫本同，據宋版及下雲安縣補。

〔一九〕乾德二年　按續資治通鑑長編卷一四：「開寶六年春正月甲子，以雲安監爲雲安軍。」宋會要方域七之九、元豐九域志卷八皆載：「開寶六年以夔州雲安縣建軍。」此建軍年恐非。

〔二〇〕東北至夔州奉節縣二百四十三里　「東」，底本脱，據宋版補。萬本、庫本皆無此文，當誤。

〔二一〕東北至萬州二百一十六里　元豐九域志雲安軍：「西南至本軍界一百一十四里，自界首至萬州九十六里。」又載：「西北至本軍界一百一十四里，自界首至萬州一百二里。」按雲安軍治雲安縣，即今縣，萬州治南浦縣，即今萬縣市，在雲安西南，不在「東北」，此「東北」蓋爲「西南」或「西北」之誤。

〔二二〕客三千四百八十九　「八十九」，底本作「九十」，萬本、庫本同，據宋版改。

太平寰宇記卷之一百四十八

山南東道七

夔州　大寧監　歸州

夔州

夔州，雲安郡。今理奉節縣。春秋時爲夔子國，其後爲楚滅，故其地歸楚。後秦滅楚，置三十六郡，此即爲巴郡地。兩漢十三州，〔一〕皆益州部。漢書地理志云：「江關，都尉理，魚復有橘官。」即今郡也。三國時，蜀先主爲吴將陸遜敗于夷陵，退屯白帝城，因改爲永安，即此地。又按郡國記：〔二〕「白帝城，即公孫述至魚復，有白龍出井中，因號魚復爲白帝城。」劉先主改魚復爲永安，仍于州西七里别置永安宫，城在平地。其後，吴將全琮來襲，不克。又羅獻爲領軍，〔三〕守永安，聞魏軍平蜀，三日哭于都亭是也。晉太康中復永安爲魚復。有故江關，在江南岸，北對州城，即先主于此置故陵郡，〔四〕後主改爲巴東郡。宋泰始三年以三峽險隘，多山巒據峙，以爲寇賊，立三巴校尉以鎮之。宋末廢三巴校尉。齊建元二年以荆州之巴東建平二郡、益州之巴郡、梁州之涪陵四郡立巴州。永明元年省巴州。梁大同三年于郡理立信州。〔五〕後魏廢帝三年移巴東郡于梁置陽口縣理，其縣蓋今州西陽水口，今無餘址。周明帝二年又于州理置永安郡，以魚復、巫山縣屬焉，巴東郡惟領雲安一縣。武帝天和元年自白帝城移理于永安宫南五十步。宣政元年州復還白帝城，仍置總管府。隋開皇二年罷郡，郡所領縣並屬信州。大業元年廢總管府，三年罷州爲巴東郡。唐武德元年改爲信州，領人復、〔六〕巫山、雲安、南浦、梁山、大昌、武寧七縣；二年以武寧、南浦、梁山屬浦州，又改信州爲夔州，仍置總管，管夔、峽、施、業、浦、涪、渝、谷、南、智、務、黔、充、思、巫、平十九州；〔七〕八年以浦州之南浦、梁山來屬；九年又以南浦、梁山屬浦州。貞觀十四年爲都督府，督歸、夔、忠、萬、涪、渝、南七州。後罷都督府。天寶元年改爲雲安郡。至德元年于雲安置七州防禦使。乾元元年復爲夔州，二年刺史唐論請升爲都督府，尋罷之。按郡城臨江而險，蓋據三峽之上。

元領縣四。今三：奉節，巫山，大昌。一縣割出：雲安。置軍。

州境：東西。缺。南北。缺。

四至八到：東取江陵府至長安二千四百一十五里。東至歸州三百三十里。南至施州山路五百里。西至萬州水路三百里。北至金州九百五十一里。東南至歸州四百四十二里。西南至施州六百六十二里。東北至達州五百二十六里。〔八〕西北至開州四百五十六里。

户：唐開元户一萬五千九百。皇朝户主三千八百五十七，客三千二百三。〔九〕

風俗：同峽州。

人物：無。

土產：蠟，今貢。紵布，巴戟，黄蘗，橘，〔一〇〕瓜疇芋區，區似薯蕷，疇似貫瓜，皆伏草根也。〔一一〕吐綬鳥，大如翟，而五色可愛，天和淑景，即吐綬長一尺，須臾還吞之。巫山多鵬。

奉節縣，去州四里。舊十三鄉，今十一鄉。本漢魚復縣也，今縣北三十里有赤甲城，是舊魚復縣基。〔一二〕漢書地理志魚復縣江關，都尉所居，有橘官，屬巴郡，〔一三〕是。蜀先主改爲奉節縣。

白帝城。盛弘之荆州記云：「巴東郡峽上北岸，有一山孤峙甚峭，巴東郡據以爲城。」水經注云：「白帝山，北緣馬嶺，接赤甲山，其間平處，南北相去八十五丈，東西七十丈。東傍東瀼溪，〔一四〕即以爲隍。西南臨大江，瞰之眩目。唯馬嶺小差逶迤，猶斬山爲路，羊腸數轉，然後得上。」故記云：「寒山九坂，最爲嶮峻。」按後漢初，公孫述據蜀，自以承漢土運，故號曰白帝城。

南鄉峽，在縣西四十七里。盛弘之荆州記云：「南鄉峽西八十里有巴鄉村，善釀酒，故俗稱巴鄉酒也。村傍有溪，溪中多靈壽木。」

三峽山，謂西峽、巫峽、歸峽。俗云：「巴東三峽巫峽長，清猿三聲淚沾裳。」〔一五〕即禹疏以導江也，絶峻萬仞，暫見陽光，不分雲雨。

八陣圖，在縣西南七里。荆州圖副云：「永安宫南一里，渚下平磧上，周迴四百十八丈，中有諸葛武侯八陣圖。聚細石爲之，各高五尺，廣十圍，歷然棊布，縱横相當，中間相去九尺，正中開南北巷，悉廣五尺，凡六十四聚。或爲人所散亂，及爲夏水所没，冬水退，復依然如故。八陣圖下東西三里有一磧，東西一百步，南北廣四十步。磧上有鹽泉井五口，以木爲桶，昔常取鹽，即時沙壅，冬出夏没。」盛弘之荆州記云：「壘西聚石爲八行，行八聚，聚閒相去二丈許，謂之八陣圖。因曰八陣既成，自今行師更不復敗。八陣及壘，皆圖兵勢行藏之權，自後深識者所不能了。桓温伐蜀經之，以爲常山蛇勢，此蓋意言之。」

黄龍灘。荆州記曰：「三峽之首北岸有白鹽峯，下有黄龍灘，水最急，沿泝所忌。」

赤甲城。公孫述築，不生樹木，土石悉赤，如人袒臂，故曰赤甲。與舊白帝城相連，皆在縣北，即楚地江關之要焉。鄧芝從先主入蜀，爲江關都尉，城即芝鎮于此也。

永安宮。漢末公孫述所築。蜀先主崩于此城中，故曰永安宮。

古魚復縣，在縣西一十五里。蜀先主改爲永安縣，今無城壁。

灩澦堆，周迴二十丈，在州西南二百步，蜀江中心，瞿塘峽口。冬水淺，屹然露百餘尺，夏水漲，没數十丈，其狀如馬，舟人不敢進。又曰猶與，言舟子取途，不決水脈，故曰猶與。諺曰：「灩澦大如幞，瞿塘不可觸；灩澦大如馬，瞿塘不可下；灩澦大如鼈，瞿塘行舟絶；灩澦大如龜，瞿塘不可窺。」

三鉤鎮，在州東三里。鐵鎖斷江，山横江亘張兩岸，造舟爲梁，施戰床于上以禦寇，〔一六〕爲鎮居數溪之會，故曰三鉤。唐武德二年廢。

瞿塘峽，在州東一里，古西陵峽也。連崖千丈，奔流電激，舟人爲之恐懼。

龍洞溪，在州西一百里。輿地志云：「永安宮西有南鄉峽，峽西八十里有溪，溪中有靈壽木，此即是龍洞溪，善釀酒之村也。」

白鹽山，在州城澗東。山半有龍池，天旱，燒石投池，鳴鼓其上，即雨。左思蜀都賦云：「潛龍蟠于沮澤，應鳴鼓而興雨。」即此也。

柏柱。巴郡有柏柱，大可十圍，高二十丈餘，乃公孫述時樓柱所斫之處，忽生枝而不朽。

巫山縣，東南七十二里。舊六鄉，今八鄉。本楚巫郡地，史記云：「秦昭王三十年伐楚，取黔中、巫郡。」漢改爲巫縣，屬南郡。故城在今縣北，晉移于此，立建平郡。〔一七〕梁武帝廢郡。隋加「山」字。縣本夔子熊摯所治，縣今多姓熊者。

巫山。盛弘之荆州記云：「沿峽二十里有新崩灘，〔一八〕至巫峽，因山名也，首尾一百六十里。舊云自三峽取蜀數千里，恒是一山，此蓋好大之言也。唯三峽七百里，兩岸連山，略無缺處，重巖疊嶂，〔一九〕隱天蔽日，自非亭午夜分，不見日月，所謂高山尋雲，怒湍流水，絶非人境。」

神女廟，在峽之岸。

高都山。江源記云：「楚辭所謂巫山之陽，高丘之阻，高丘蓋高都也。」

大江。水經曰：「江水又東逕巫峽。」〔二〇〕注云：「夏水襄陵，沿泝阻絶，王命急宣，有時朝發白帝，暮到江陵，其間千二百里，雖乘奔御風，不加疾也。」復有嘉魚，春出景穴。

楚宫，在縣西北二百步，在陽臺古城内。即襄王所遊之地。

陽雲臺，高一百二十丈，南枕長江。楚宋玉賦云：「遊陽雲之臺，望高唐之觀。」即此也。

烏飛山，在縣西南六十里。言山高鳥飛不能越也。

大昌縣，東北六十四里。依舊四鄉。本漢巫、秭歸二縣地，輿地志云：「晉太康元年分秭歸、巫縣置建平縣，後改爲大昌縣，屬建平郡。」

千頃池，在縣西三百六十里。波瀾浩渺，莫知涯際。分爲三道：一道東流當縣西爲井源，一道西流爲雲安縣陽溪，一道南流爲奉節縣西瀼水。

大寧監

大寧監，本夔州大昌縣前鎮煎鹽之所也，在縣西六十九里溪南山嶺峭壁之中，有鹽泉湧出，〔二〕土人以竹引泉，置鑊煮鹽。皇朝開寶六年置監，〔三〕以收課利。

歸州

歸州，巴東郡。今理秭歸縣。土地所屬與雲安郡同。周夔子之國。戰國時其地屬楚。秦爲南郡之地。漢于此置秭歸縣。袁山松云：「屈原，此縣人也，既被流放，忽然暫歸，其姊亦來，因名其地爲秭歸。」「秭」與「姊」同。按三國志云「吳置建平郡」，宜都之西部也，甚爲重鎮，其地險固。孫皓末，晉將王濬自蜀沿流伐吴，守將吾彦表皓曰：〔三三〕「請增建平兵，若建平不可，晉師終不過。」皓不從。旋見亡國。東晉、宋、齊皆因之。隋屬巴東郡之秭歸縣。唐武德二年割夔州之秭歸、巴東二縣置歸州，三年分秭歸置興山縣，治白帝城。〔三四〕天寶元年改爲巴東郡。乾元元年復爲歸州。

元領縣三：〔三五〕秭歸，巴東，興山。

州境：東西一百八十一里。南北二百四十八里。

四至八到：東北至東京一千九百里。東北至西京一千八百四十五里。東取江陵府路至長安二千九百一里。東至峽州二百里。南至施州山路五百五十里。西至夔州三百三十二里。北至房州山路五百里。東南至峽州界一百三十二里。西南至夔州同前。西北至夔州界一百三十六里。東北至峽州界二百一十七里。

户：唐開元户四千八百四十五。皇朝户主一千一百二十七，客一千四百三十五。

風俗：同峽州。

人物：六國有屈原。

土産：今貢黄蠟，白茶，椒，馬鞭，紵蔴，葶藶子。

秭歸縣，舊七鄉，今八鄉。〔三六〕漢舊縣，屬南郡。有歸鄉，故歸子國也。〔三七〕魏爲臨江郡。吴爲建平郡。晉不改。隋屬巴東郡。唐武德二年置歸州，來屬。

空舲峽山，在縣東一百二十五里。荆州圖記曰：「此峽絶崖壁立數百丈，飛鳥所不能棲，有一火燼，插石崖間，望見可長數尺。相傳云，堯洪水時，行者泊舟崖側，爨于此，以餘燼插之，至今猶曰插竈。」

夔子城，在縣東二十里。春秋夔子之都，熊摯所治也，而此城亦稱爲夔子所都，蓋初封于彼而滅于此。故郡國志云：「昔周成王封楚熊繹，〔二八〕初都丹陽，後移枝江，即此地，亦曰丹陽。後又徙都郢。」吴置建平郡在此。

太清鎮，在縣東南八十五里。吴置，以備蜀，居三峽要衝之會，塞山蠻之路，絶寇掠之徑。

屈大夫宅。有女須廟在宅東，女須即大夫姊也，有擣衣石，猶存。

麝香山，在縣東南一百一十里，山多麝。

紫極宫黄魔神廟，其記云：「咸通壬辰歲令翰林蘭陵公自右史竄黔南，秋八月二十七日夕，泝三峽，次秭歸。時蜀水方漲，横濤蔽日，公積悸而寢，夢神人赤髮碧眸，且云險不足懼。公異之，再寐又夢，公詰其所自，則曰：『我黄魔神，居紫極宫之西北隅，將祐助明公出于此境。』公曰：『吾斥去荒徼，危殆未已，神能惠我，何止朝夕所幸，與我俱遊，我不忘矣。』亟言之，神許諾。自是抵于黔，又遷于羅，每陟險難，神怳然如在。洎公遷于朝，〔二九〕夢神告歸。公因爲設廟，列塑于宫之傍。丁酉歲，公從弟侁，自澧陽尹亞西蜀，路出祠下，以囊金致公，意謂前制不專，請别修敞。太守清河崔公承命感異，躬親營之。心匠既陳，層軒以新，神樂來斯，靈儀蹲蹲。按靈寶經，五方有大魔，其中央曰黄天魔王，横天擔力，謂能扶是，蒼旻同覆，萬有天其。或者以公有弘濟之業，將扶危定傾，作鎮天步，俾黄魔降監爲公之兆朕乎？〔三〇〕噫！天之功，必藉于大賢神之靈，故輔于有德，必鴻猷盛績，萃于公之心，未可知也。循以學官謫秭歸，奉太守命，弗敢讓所記，乾符丁酉歲，仲春月九日，司户參軍袁循記。蘭陵公，即唐朝蕭遘，尋爲宰相，此異事也，故編于寰宇記。」

巴東縣，西六十里。舊二鄉，今七鄉。本漢巫縣地，三國時屬吴。後周天和三年于巴陵故城置樂鄉縣。隋開皇十八年改樂鄉爲巴東縣，在巴之東，因以爲名。

石門山，在縣東北三十五里。山有石逕，深若重門。劉先主爲陸遜所破，退經此門，追之既急，先主乃燒鎧斷道，然後得免也。

興山縣，北八十五里。舊五鄉，今七鄉。本漢秭歸縣地，三國時其地屬吴。至景帝永安三年分秭歸縣之北界立爲興山縣，屬建平郡。隋廢之。唐武德初又置。

香溪，在邑界。即王昭君所遊處。

王昭君宅，漢王嬙即此邑之人，故云昭君之縣，村連巫峽，是此地。
玉虛洞，在縣南五十里。唐天寶五載，其洞忽開，可容千人。

卷一百四十八校勘記

〔一〕兩漢十三州 「兩」，底本作「西」，萬本、庫本同，據宋版改。按西漢元封五年設置十三州刺史部：冀州、兖州、青州、徐州、揚州、荆州、豫州、益州、凉州、幽州、并州、交趾、朔方。征和四年增置司隸校尉部，共爲十四部。東漢建武十一年省朔方，改稱交趾爲交州，共爲十三部。此云不確。

〔二〕郡國記 「記」，底本作「志」，據宋版、萬本、庫本及太平御覽卷一六七引郡國記改。

〔三〕羅獻 華陽國志卷一巴志同，三國志卷四一蜀書霍峻傳及裴松之注引襄陽記、晉書卷五七羅憲傳、華陽國志卷七劉後主志皆作「羅憲」，則作「憲」爲正。

〔四〕故陵郡 「故」，萬本、庫本同，宋版作「固」。按華陽國志巴志、三國志卷四〇劉琰傳皆作「固陵郡」，水經江水注作「故陵郡」，則「故」、「固」字通也。

〔五〕梁大同三年于郡理立信州 按梁書卷三武帝紀下云普通四年分益州置信州，與此異。

〔六〕人復 「人」，底本作「魚」，宋版、萬本、庫本同。按隋書卷二九地理志上云西魏改魚復爲人復，舊唐書卷三九地理志二云漢魚復縣，隋改爲人復縣，貞觀二十三年改爲奉節縣。此「魚」應作「人」，據改。北周地理志卷四云：「按近年出土大隋開府儀同三司龍山公墓誌：『公諱質，青州樂安人也。司徒公倉之苗裔，隨宦巴庸，即此民復人也。祖齊巴州刺史，父梁授巴東、建平二郡太守。』據是，『人復』西魏周隋作『民復』。蓋唐臣修隋志時，避諱追改。」

〔七〕仍置總管管夔峽施業浦涪渝谷南智務黔充思巫平十九州　原校：「按今記所引皆舊唐書地理志之文，凡十六州，其三州闕，今夔州圖經以歸、萬、忠三州足之。然萬州本浦州，忠州本臨州，貞觀八年方改今名，圖經既不應析萬浦爲二，又武德二年不應已有萬忠之名，今當闕疑。」按「充」，舊唐書地理志二作「克」。

〔八〕東北至達州五百二十六里　按夔州治在今四川奉節縣東，達州治即今達縣市，在夔州西北，不在東北，此「東」蓋爲「西」字之誤。

〔九〕客三千二百三　底本「三」下衍「十」字，萬本、庫本同，據宋版、中大本删。

〔一〇〕橘　宋版、萬本、庫本皆無，蓋非樂史原文，爲後世竄入。

〔一一〕皆伏草根也　「草根」，底本作「根草」，萬本、庫本同，據宋版乙正。

〔一二〕今縣北三十里有赤甲城是舊魚復縣基　按舊唐書地理志二云漢魚復縣在奉節縣北三里赤甲城，與此異。

〔一三〕巴郡　「郡」，底本作「都」，據宋版及漢書卷二八地理志上改。
〔一四〕東瀼溪　「東」，底本脱，宋版、庫本同，據萬本及水經江水注補。
〔一五〕清猿三聲淚沾裳　「清猿」，宋版、庫本同；萬本作「猿鳴」，按水經江水注、藝文類聚卷九五引宜都山川記、太平御覽卷五三引盛宏之荆州記皆同，此疑誤。
〔一六〕山横江亘張兩岸造舟爲梁施戰床于上以禦寇　「亘」，底本作「逗」；「施」，底本作「拖」，庫本同，皆據宋版改。萬本作「浮梁禦敵處也」，嘉慶重修一統志卷三九八夔州府引本書同。
〔一七〕晉移于此立建平郡　按三國志卷四八吴書孫休傳：永安三年，「分宜都置建平郡。」水經江水注：「吴孫休分爲建平郡，治巫城。」宋書卷三七州郡志三載同，則建平郡始置於三國吴。
〔一八〕沿峽二十里有新崩灘　「二十」，萬本、庫本作「三十」，嘉慶重修一統志卷三九七夔州府引作「十二」。
〔一九〕重巖疊嶂　「巖」，底本作「崖」，據萬本、庫本及水經江水注、太平御覽卷五三引盛宏之荆州記改。
〔二〇〕水經曰江水又東逕巫峽　按水經江水篇作江水「東過巫縣南」，而水經注作「江水又東逕巫峽」，此「水經」應作「水經注」，於文才合。
〔二一〕有鹽泉涌出　「泉」，庫本同，萬本及嘉慶重修一統志卷三九八夔州府引本書皆作「井」。
〔二二〕皇朝開寶六年置監　原校：「按今圖經：『開寶六年置監，端拱元年以大昌縣來屬。』詳此，則置監時猶屬夔州，而今記作于大昌未來屬之前也。」

〔二三〕吾彦　「吾」，底本作「吴」，萬本、庫本同，萬本注「一作吾」，據三國志卷四八吴書孫晧傳裴松之注引干寶晉紀、通典卷一八三州郡一三、資治通鑑卷八一晉太康元年改。

〔二四〕三年分秭歸置興山縣治白帝城　原校：「按興山縣在巫山下流，去白帝城尚遠，而云治白帝城，蓋仍舊唐志之誤耳。」按舊唐書地理志二云：「武德三年分秭歸縣置，治白帝城。」又云：「舊治高陽城，貞觀十七年移治太清鎮，天授二年移治夔子城。」輿地紀勝卷七四歸州興山縣序引同，則興山縣屢經遷治，舊唐志不誤。

〔二五〕元領縣三　「元」，底本無，據宋版、萬本、庫本補。

〔二六〕舊七鄉今八鄉　底本「舊七鄉今八」五字空闕，萬本、庫本同，據宋版補。

〔二七〕漢舊縣屬南郡有歸鄉故歸子國也　底本作「本周夔子之國戰國時屬楚秦爲南郡地」，中大本、庫本皆無此文，據宋版改，「南郡」，宋版作「南陽郡」，據漢書地理志上，秭歸屬南郡，此「陽」字衍，刪。萬本作「漢置秭歸縣屬南郡後漢因之」。

〔二八〕昔周成王封楚熊繹　「昔」，底本錯簡于「王」下，據宋版、萬本、庫本及通典州郡一三乙正。

〔二九〕洎公遷于朝　「遷」，萬本、庫本及嘉慶重修一統志卷三五〇宜昌府引本書同，宋版作「還」。

〔三〇〕爲公之兆朕乎　「兆朕」，底本作「朕兆」，據宋版、庫本乙正。

太平寰宇記卷之一百四十九

山南東道八

萬州　忠州　梁山軍

萬州

萬州，南浦郡。今理南浦縣。其地即春秋時楚之西鄙，爲夔子國，亦熊摯受封之所。秦、漢皆爲巴郡朐䏰縣地。朐音蠢，䏰音如尹切。東漢末以朐䏰屬巴東郡。魏、晉亦同，宋、齊因之。後魏分朐䏰縣地置安鄉郡及魚泉縣，後又改安鄉郡爲萬川郡，〔一〕魚泉縣爲萬川縣，〔二〕兼立南州于此。隋開皇初郡廢而州存，十八年改萬川縣爲南浦縣。大業三年州又廢，併其地復入巴東郡。唐武德三年以其地曠源深，〔三〕須資郡府，仍割信州之南浦、梁山、武寧三縣，于此置南浦州，領南浦、梁山、武寧三縣；八年廢南浦州，以南浦、梁山屬夔州，武寧屬臨州；其年復立浦州，依舊領三縣。貞觀八年改爲萬州。天寶元年改爲南浦郡。乾元元年復爲萬州。

元領縣三。今二：南浦，武寧。一縣割出：梁山。置軍。

州境：東西二百二十八里。南北四百五十里。

四至八到：東至東京三千二百九十里。東取江陵府路至西京二千四百五十五里。東取江陵府路至長安二千七百一十里，若取開、通、洋三郡路至長安一千六百里。東至夔州水路三百里。西至渠州四百五十里。南至施州六百八十三里。北至開州二百三十二里，又有小路一百六十里。東南至施州清江縣三百四十里。西南至忠州界九十六里。西北至通州四百里。東北至瀘溪、開州兩郡界一百七里。〔四〕

户：唐開元户五千一百。皇朝户主六百一十九，客一千二百八十五。

風俗：正月七日，鄉市士女渡江南，娥眉磧上作雞子卜，擊小鼓，唱竹枝歌。二月二日，〔五〕擕酒饌，鼓樂于郊外，飲宴至暮而回，謂之迎富。

人物：無。

土産：金，貢。白膠香，蠲紙，苦藥子，始因京兆尹黎幹撰方進上，云：「此藥多療諸疾。」〔六〕遂爲常貢。

南浦縣，舊八鄉，今一十五鄉。本漢朐䏰縣地，後魏廢帝元年分朐䏰之地置魚泉縣，以地土多泉，民賴魚罟爲名。後周改爲萬川縣。隋開皇十八年改萬川爲南浦，以浦爲名。

高梁大山，在縣北四十里。尋江源記云：「高梁山尾東跨江，西首劍閣，東西數千里，山嶺長峻，其峯崔嵬。于蜀市望之，若長雲垂天。一日行之，乃極其頂，俯視衆山，泯若平原。劍閣銘所謂『巖巖梁山，積石峨峨』，即述此山也。」

千金島，在縣南三里。揭立江心，石高數丈，廣百步。

娥眉磧，在州對江岸，磧形如眉，多細石斕斑，可以遊戲。

使君灘，在州東二里大江中。昔姚亮赴任益州，〔七〕行船至此覆，故名之。

新婦灘，東南岸十里，崖石上有婦人容狀。〔八〕

岷江，在縣東三十步。自成都而來，下入雲安縣界。

武寧縣，西南一百三十里。依舊四鄉。本漢巴郡臨江縣地，〔九〕後周武帝初分臨江縣地置源陽縣，屬南都郡。至建德四年改南都郡爲懷德郡，又改源陽縣爲武寧縣，取威武以寧斯地爲名。隋開皇三年罷郡，以縣屬臨州，大業二年廢臨州，〔一〇〕以縣屬巴東郡。唐武德二年改屬浦州，〔一一〕即今萬州是也。

木櫪山，在縣東南十三里。山頂有池，冬夏可驗，其淺深隨大江水漲增減。

大江，在縣南三十步。〔一二〕

金磧山，在縣西南十五里。

石笋山，在縣東北三十五里，其狀如笋。

雙渠，在縣東十里。灘心有石，水分爲二，〔一三〕狀如雙渠。

忠州

忠州，南賓郡。今理臨江縣。按其所屬自秦、漢之代與夔州同。又譙周巴記云：「後漢初平元年臨江縣屬永寧郡，〔一四〕今郡東二里臨江南古城是也。建安六年改永寧郡爲巴東郡，〔一五〕臨江縣屬焉。」歷晉、宋皆因之。至梁大同六年于此立臨江郡，以郡城臨于江也。後魏廢帝二年改爲臨州，〔一六〕領臨江、萬川二郡。隋開皇三年郡廢而州存。大業五年州廢，以其地入巴東郡。義寧二年又于臨江縣立臨州，又分置豐都縣。唐武德二年分浦州之武寧置南賓縣，又分臨江置清水縣，並屬臨州；八年又以浦州之武寧來屬；其年又隸浦州；九年以廢隣州之墊江來屬。〔一七〕貞觀八年改臨州爲忠州，以地邊巴徼，意懷忠信爲名。天寶元年改爲南賓郡。乾元元年復爲忠州。

元領縣五：〔一八〕臨江，豐都，墊江，南賓，桂溪。

州境：東西一百六十里。南北三百八里。

四至八到：東至東京三千一百二十五里。東取江陵府路至西京二千七百一十五里，若取開州路至西京一千九百里。東取江陵府路至長安二千九百七十五里。東至萬州水路二百六十里。南至黔州六百五十里。西至涪州三百五十里。北至渠州五百一十四里。東南至萬州界四百五十六里。西至涪州水路三百五十里，南渡江山路至黔州四百里。西取桂溪、隣山二縣路至渠州五百里。〔一九〕

户：唐開元户六千七百二十二。皇朝户主一千九百七十，客一萬六千七百二十。

風俗：夷獠頗類黔中，正月三日拜墓，二月二日攜酒郊外迎富，〔二〇〕除夜然燈照先祖墳墓。

人物：無。

土産：苦藥子，大曆十一年，京兆尹黎幹奏稱此藥性寒去熱，能解一切毒，每服之立效。〔二一〕巴戟，麥門冬，黄連，天門冬，綿，紬，文刀，蘇薰席。按段氏遊蜀記云：「忠州墊江縣以蘇薰爲席，絲爲經，其色深碧。」

臨江縣，元十鄉。本漢舊縣也，屬巴郡。梁立郡于此縣，本以臨江川爲名。

東溪水，在郡東南三里。源自南賓縣，南流于江。〔二二〕

故石城，在縣東百里，當岷江之北岸。李雄之亂，巴西郡寄理此城，其城四面懸絶焉。

鳴玉溪，在州西十里。上有懸岩瀑布，高五十餘丈，潭洞幽邃，古木蒼然。前刺史房式嘉其幽絶，特置蘭若，凡置五橋，以渡溪水，今廢。

豐都縣，西九十二里。元四鄉。本漢枳縣地，〔二三〕屬巴郡。續漢書郡國志云「永元二年分枳縣地置平都縣」，取界内平都山爲名。蜀延熙中省入臨江。隋義寧二年復置，〔二四〕改爲豐都焉。〔二五〕

平都山，在縣北二里。神仙傳云：「後漢延光元年，陰長生于馬明生邊求仙法，〔二六〕乃將長生入青城山中，煮黄土爲金以示之，立壇啀血，取太清神丹經授之，乃别去。〔二七〕長生後于平都山白日昇天，即此。」張道陵所化二十四化，居其一也。

大江，在縣南一百步。

墊江縣，北一百七十里。元五鄉。本漢臨江縣地，屬巴郡。後魏恭帝三年分臨江地于此置墊江。後周天和二年改墊江爲魏安縣。隋開皇十八年改魏安復爲墊江縣。

容溪水，在縣南十里，西流。

南賓縣，西南一百里。舊五鄉，今三鄉。本漢臨江縣地，自漢至梁爲臨江縣地，不改。後周初分臨江縣置源陽縣，後改源陽爲武寧縣，屬南賓郡，尋又改爲懷德郡，〔二八〕屬南州。唐武德二年分浦州之武寧縣西界地置南賓縣，屬臨州。貞觀八年改臨州爲忠州，仍不改所屬。

望途溪，在縣北二百步。西流至豐都縣南注蜀江。〔二九〕

桂溪縣，西一百三十九里。舊五鄉，今三鄉。本漢臨江縣地，按漢臨江縣在今臨江縣界臨江故城是也。唐武德二年分臨江地于此置清水縣，屬臨州。天寶元年以隴右有清水縣，名同，改爲桂溪，以縣界桂溪爲名。

容溪水，在縣南三里，西流入墊江界。

梁山軍

梁山軍，理梁山縣。本萬州梁山縣，皇朝開寶三年置屯田務，因建爲梁山軍，管梁山一縣。

領縣一：梁山。

軍境：東西一百八十五里。南北七十三里。

四至八到：新建軍無至東西京里數。〔三〇〕東至萬州南浦縣界六十五里。南至忠州桂溪縣界四十三里。東北至開州新浦縣界六十四里。東南至忠州臨江縣界二十里。西南至忠州臨江縣界四十里。西北至達州三岡縣界一百五十里。

户：舊户載萬州籍。皇朝户主六百八十二，客四千六百七十二。

風俗：同忠州。

人物：無。

土産：苦藥子。事載前。〔二〕

梁山縣，依舊四鄉。本漢朐䏰縣地，後魏廢帝分朐䏰置魚泉縣，今縣即魚泉縣地，周天和二年于此置梁山縣，蓋因界内高梁山爲縣名。皇朝開寶三年割立軍。

柏枝山，在縣東南十五里。尋江源記云：「景穴有嘉魚，其味甘美，景穴出柏枝，即此山是也。」

逢溪山，在縣南八十步。水西南流入忠州桂溪縣界。〔三〕

石瓦山，在縣西一百一十三里。山嶺有古人礪刀劍亂石，如積瓦焉。

七城山，在縣西二十里。

卷一百四十九校勘記

〔一〕後魏分朐䏰縣地置安鄉郡及魚泉縣後又改安鄉郡爲萬川郡　輿地紀勝卷一七七萬州總序：「輿地廣記以爲後周置安鄉郡，而圖經亦書曰後周置安鄉郡。……象之謹按梁元帝末年，武陵王紀敗，地入西魏，次年即禪于周，故書曰後周。隋志巴東郡南浦縣下亦云後周置安鄉郡，後改縣曰安鄉，改郡曰萬川，當從隋志。」按通典卷一七五州郡五亦云「後周置安鄉郡，後改爲萬川郡」，王象之説是也。

〔二〕魚泉縣爲萬川縣　舊唐書卷三九地理志二云：「後魏分朐䏰縣置魚泉縣，周改爲萬川，隋改爲南浦。」本書南浦縣序略同，然隋書卷二九地理志上南浦縣下云後周置安鄉郡，後改縣曰安鄉，開皇十八年改縣名南浦，輿地廣記卷三三萬州南浦縣序同，當從隋志、廣記。

〔三〕唐武德三年　「三年」，舊唐書地理志二、新唐書卷四〇地理志四、輿地廣記萬州皆作「二年」，此「三」疑爲「二」字之誤。

〔四〕東北至瀘溪開州兩郡界一百七里　按云「瀘溪郡」，乃辰州，治今湖南沅陵縣，而萬州治今四川萬縣市，辰州在萬州東南，不在東北，亦不毗鄰，此云「東北至瀘溪郡界」，當誤，或屬衍文。又底本「七」下衍「十」字，萬本、庫本同，據宋版及通典州郡五删。

〔五〕二日　「二」，底本作「三」，萬本、庫本同，據宋版改。

〔六〕始因至多療諸疾　「始因」，底本作「大曆十一年」，據宋版、萬本、庫本改。「上」，萬本、庫本同，宋版無。「多療諸疾」，底本作「性寒去熱能解一切毒每服之立有應效」，據宋版、萬本、庫本改删。

〔七〕姚亮　宋版、庫本同，萬本作「楊亮」，蜀中名勝記卷二三雲陽縣引本書同，未知孰是。

〔八〕崖石上有婦人容狀　底本「狀」下衍「故名」二字，據宋版、萬本、庫本删。

〔九〕本漢巴郡臨江縣地　底本「郡」下衍「即」字，萬本、庫本同，據宋版及輿地紀勝萬州武寧縣序删。

〔一〇〕隋開皇三年罷郡以縣屬臨州大業二年廢臨州　「罷郡以縣屬臨州大業二年」十一字底本脱，萬本、庫本同，據宋版補。隋書地理志上載云開皇初廢懷德郡，大業初廢臨州，正合本書記載。

〔一一〕唐武德二年改屬浦州　按舊唐書地理志二及本書萬州總序，唐武德二年於南浦縣置南浦州，武寧縣屬之，八年廢南浦州，同年復立浦州，則此「浦州」應作「南浦州」，才合。

〔一二〕在縣南三十步　「三十」，底本作「十三」，萬本、庫本同，據宋版乙正。

〔一三〕水分爲二　「水」，底本作「泉」，萬本、庫本同，據宋版改。

〔一四〕後漢初平元年臨江縣屬永寧郡　「元年」，底本作「六年」，宋版、萬本、庫本同。按初平僅四年，無「六年」，華陽國志卷一巴志、晉書卷一四地理志上皆作「元年」，據改。按華陽國志云，初平元年，征東中郎將趙韙建議分巴爲二郡，以墊江以上爲巴郡，以江州至臨江爲永寧郡。據後漢書卷七五劉焉傳、三國志卷三一蜀書劉二牧傳，興平元年，劉焉卒，劉璋領益州牧，以趙韙爲征東中郎將，故趙韙建議分巴應在興平元年，此「初平」爲「興平」之誤。又底本「年」下有「立」字，宋版、萬本同。按臨江縣，西漢置，屬巴郡，見於漢書卷二八地理志上，非東漢置，太平御覽卷一六七引譙周巴記無此字，據刪。

〔一五〕建安六年改永寧郡爲巴東郡　續漢書郡國志五劉昭注引譙周巴記同。按華陽國志巴志云：「建安六年，魚復蹇胤白劉璋，爭巴名。璋乃改永寧爲巴郡，以固陵爲巴東，徙龐羲爲巴西太守，是爲三巴。」此「改永寧郡爲巴東郡」，誤。

〔一六〕後魏廢帝二年改爲臨州　按隋書地理志上云「後周置臨州」，通典州郡五、輿地廣記卷三三忠州同，當是。

〔一七〕隣州　「隣」，舊唐書地理志二、新唐書地理志四、輿地廣記忠州皆作「潾」，當是。

〔一八〕元領縣五　「元」，底本無，據宋版、萬本、庫本補。

〔一九〕隣山　「隣」，舊唐書地理志二、新唐書地理志四皆作「潾」，當是。

〔二〇〕二日　「二」，底本作「三」，庫本同，據宋版、萬本改。

〔二一〕每服之立效　底本「立」下衍「有應」二字，據宋版、萬本、庫本刪。

〔二二〕源自南賓縣南流于江　「南」，宋版、庫本同，嘉慶重修一統志卷四一六忠州引本書作「北」，萬本據改。按南賓縣在今豐都縣東南，位於忠州治臨江縣即今忠縣南，東溪水源自南賓縣，當自南而北流入於江，此「南」爲「北」字之誤。

〔二三〕本漢枳縣地　「枳」，底本作「拱」，據宋版、萬本、中大本、庫本及漢書地理志上、續漢書郡國志五改。下同。

〔二四〕隋義寧二年　「二年」，底本作「三年」，萬本同。按義寧只二年，據宋版及舊唐書地理志二改。

〔二五〕改爲豐都焉　底本此下有「拱一作枳」，實衍誤，據宋版、萬本、庫本删。

〔二六〕陰長生于馬明生邊求仙法　「邊」，底本作「處」，萬本、庫本同，據宋版及太平御覽卷四九引神仙傳改。

〔二七〕乃别去　「去」，底本作「出」，據宋版、萬本、庫本及太平御覽引神仙傳改。

〔二八〕屬南賓郡尋又改爲懷德郡　按隋書地理志上武寧縣下云後周置南都郡、源陽縣，後改郡爲懷德，改縣爲武寧，本書卷萬州武寧縣序同，此又云武寧縣屬南賓郡，尋又改郡爲懷德，二者牴牾相混。按南賓郡乃唐忠州之郡名，後周時無此郡，後周改南都郡爲懷德郡，此誤。

〔二九〕蜀江　「蜀」，底本作「濁」，萬本、庫本同，據宋版及嘉慶重修一統志忠州引本書改。

〔三〇〕新建軍無至東西京里數　「無」，底本作「未有」，據宋版、萬本、庫本改。

〔三一〕事載前　宋版、庫本皆作「事在萬州卷内載」，按事並載於萬州和忠州。萬本無此文。

〔三二〕逢溪山在縣南八十步水西南流入忠州桂溪縣界　「水」，底本脱，萬本同，據蜀中名勝記卷二三梁山縣引本書補。「逢溪山」，萬本、庫本作「溪山」，誤；嘉慶重修一統志忠州引本書作「逢溪水」，考輿地紀勝卷一七九梁山軍引本書作「逢溪山」，蜀中名勝記同，則一統志引誤。